하버드에서 배우는 부동산 투자전략

하버드 교수가 알려주는 부동산 시장 읽는 방법

저자 페르난도 레위 하라 교수
Prof. Fernando Levy Hara
in collaboration with
Alejandro Sparacino

감사의 말

위기에 처한 가장 어려운 시기에 저를 믿고 제가 하버드에서 공부하도록 격려해 준 저의 아내 재키와 매일 매일 어려운 순간들에 '원하는 것을 얻기 위해 싸울 만한 가치가 있다'는 것을 상기 시켜준 저의 자녀 브라이언과 이반에게 이 고마움을 전합니다.

머리말

'투자자'라는 말은, '미래의 더 큰 수익을 얻을 목적으로, 현재 시점에서 자기 자산 일부의 소비를 포기한 모든 사람'이라고 정의할 수 있습니다.

투자자들의 유형은 무수하며 여러 가지 기준으로 다양하게 분류될 수 있습니다. 가장 정교한 결정을 하는 유형부터 가장 단순한 결정을 하는 유형까지 매우 다양합니다. 결정을 하는데 있어서는 그 어떠한 '절대적 공식'도 없다는 것은 역사를 통해서도 알 수 있습니다.

그러나 실질적으로 장기간에 걸쳐 더 나은 결과를 얻은 투자자들은 종종 체계적인 전략을 강구합니다. 그들은 복잡한 전략을 구사합니다. 탄탄한 학문적 교육은 지속적이고도 반복적으로 좋은 성과를 얻기 위한 검증된 방법이라 할 수 있을 것입니다.

한편, 성공한 투자자에게 틀림없이 적용되는 그 방법을 가장 쉬우면서도 가장 종합적으로 표현한다면, 그것은 바로 '싸게 사서 비싸게 팔아라' 라고 말할 수 있을 것입니다. 또한, 이것을 '실행한다는 것'이 바로 '승자가 된다는 것'과 동의어라는 것도 의심할 여지가 없을 것입니다.

다만 투자자들에게는 항상 선택해야 하는 무수한 선택지들이 널려있기에, 현실에서 그 목표에 이르는 것은 결코 쉽지는 않습니다.

국소적인 단위에서 그 투자 기술은 무한대로 더 복잡해질 수 있습니다. 그것을 다루기 위해, 필수 요소로 얻어야 하는 것들이 있다면, 그것은 '숙련되고 경험이 많은 우수한 부동산 관리자'일 것입니다.

부동산 개발 세계에서, 우수한 관리자란 좋은 토지를 감지하고, 전문적으로 협상하는가 하면, 만족스럽지 못한 수요를 감지하고 '어떠한 파괴적인 제품'을 상상하고, 가능한 최상의 조건에서 그것을 건설하기 위해 자본을 적절히 조달하고, 끝까지 그 목표에 도달하기 위해 지속적으로 그리고 적시에 그 프로세스를 구체화하는 능력을 가진 사람입니다.

부동산 투자 성공에 있어, '좋은 부동산 개발 전문가' 역시, 성공의 열쇠 중 하나라고도 말씀드릴 수 있습니다. 그러나 그러한 전문가 역시 프로세스 전반에 걸쳐 많은 주체들과 광범위하고도 다양한 변수들로 인해 종종 위험에 맞닥뜨리기도 합니다.

우리는 '벽돌(건축)에 대한 투자'는 보수적이라고 말합니다. 예를 들어, 무형의 기술력을 갖춘 어떠한 스타트업에 베팅하는 사람들에게 일어나는 일들과는 달리, 실제 자산이 바로 '그 장소'에 있습니다. 한편, 그 '자산을 생성'하기 위해 건축을 한다는 것에는 큰 도전이 필요합니다.

실제로, '부동산업'이라고 하는 것은 막대한 양의 돈을 장시간에 걸쳐 다른 것들과 '결합' 시킨다는 의미를 포함하고 있습니다. 부동산을 저가에 건설하거나 신속하게 완공할 수는 없으므로, 본질적으로 복잡한 활동이라고 할 수 있습니다.

또한 전략적 역할을 맡고 있는 여러 주체자들 즉 개발자, 건축가, 및 투자자 등에 대한 이해가 부족하더라도, 이러한 유형의 비즈니스에서는, 그 '여러가지 프로젝트가 하나로 통합되어야만 한다'는 점을 고려하면, 그 시나리오가 상당히 복잡하다는 것을 알아 차리게 될 것입니다.

예를 들어, 건축가는 때때로 투자자의 수익률을 극대화하는 것보다 그 자신의 명성을 위해 더 많이 일합니다. 그리고 마케터는 때때로 자본 대비 수익률보다 자신의 커미션을 우선시하여 행동합니다.

요약하면, 프로젝트를 이끄는 '관리자'의 자질은 투자자가 좋은 결과를 달성하기 위한 기본 조건에 해당할 뿐, 그 자질 자체가 수익을 보장하지는 않습니다.

사실, 관리자와 투자자 사이에는 잠재적이고 영구적인 이해상충의 면이 있습니다. 현명하게 책정된 보수는 이를 완화할 수 있지만, 결코 그것 자체가 모든 것을 해결하지는 못합니다.

결과적으로 투자자가 '투자자로서의 본질'에 대한 존중을 지향해야 할 것입니다. 즉각적인 소비를 희생하고, 그 사업의 자본 투자를 증가시키는 것은, 훌륭한 '부동산 관리자' 또는 '부동산 개발 전문가'만이 얻을 수 있는 그러한 것이 아닙니다.

아마도 이것보다 더 중요한 것은 우리 페르난도 레위 하라 교수님이, 이 위대한 책에서 우리에게 전하는 경고의 메세지들일 것입니다. '투자의 시기를 읽는다는 것', 부동산 주기에 대한 지식, 즉 새롭게 출현하는 타이밍을 읽어야 한다는 것입니다.

부동산 주기가 존재한다고 가정하자마자 모든 투자전략을 깨닫게 됩니다. 전문 관리자란 필수불가결한 도구처럼 여겨지나 그 자체로는 불충분하다는 것을 알게 될 것입니다. 누구든지 이 글을 읽고 주기에 대해 깊이 배우게 되는 사람은 부동산 투자 '철학의 요점'에 접근하게 될 것입니다.

우리를 본질로 인도하는 것은 결국, '싸게 사서 비싸게 팔아라' 입니다. '부동산 투자 성공의 열쇠'는 결국 '타이밍, 타이밍, 타이밍'이며, 이것을 중심으로 다른 모든 것들이 구성되어야 합니다.

'타이밍'이 결정되면, 실제로 누구와, 무엇을, 어떻게, 어떤 방식으로 진행할 것인지에 대해 결정하게 될 것입니다. 그러나 이와 같은 개념들이 논리적인 순서에 따라 진행되는 경우에만, 모든 것이 견고하고 확실한 기반에 놓인 상태에서 진행될 것입니다. 그래서 페르난도 레위 하라 교수가 이 책의 저자로서, 우리에게 제시하는 것들이 중요합니다. 왜냐하면, 건물처럼, 처음에 놓인 기초가 다른 모든 것을 유지하는 기반이 되기 때문입니다.

기본 개념인 '부동산 순환주기'라는 놓쳐서는 안 될 이 '지적인 개념'은 우리의 미래에 부동산 투자에 대한 접근 방식을 바꾸게 할 것입니다. 왜냐하면 일반적으로 우리는 그것과 반대로 행동하는 것에 더 익숙해 있기 때문입니다. 구매를 할 때, 비싸게, 부동산 순환 주기와 반대로 구매를 하기 때문에 여러 차례 거품이 발생합니다.

얼마 전, 페르난도 레위 하라 교수가 야심찬 집필 프로젝트를 시작하겠다고 말했을 때, 잠시도 의심하지 않고 제가 양질의 완성된 하나의 제품을 소개하게 될 것이라고 확신했습니다.

페르난도 레위 하라 교수는 우수한 학문을 기반으로 다양한 시장에서 다방면의 경험과 배경을 가진 부동산 건축가이자 개발가로서, 그의 책은 부동산 업계에 타의 추종을 불허하는 필수적인 문헌으로 자리매김할 것입니다.

다미안 타박만 Damian Tabakman

목 차

소개말

① 부동산 시장이 '주기적으로 순환' 되는 이유 / 16

② 부동산 시장의 '순환주기(Cycle, 사이클)' 이라는 것 / 20

③ 물리적 주기: '사람들의 움직임을 파악하라' / 25

④ 주기의 회기와 시장 균형 / 48

⑤ 동시에 존재하는 다른 여러가지 주기들 / 58

⑥ 임대 시장과 매매 시장의 비교 / 89

⑦ 금융주기: '돈의 흐름을 파악하라' / 103

⑧ 심리주기: '감정의 상태를 파악하라' / 114

⑨ 사례 연구 1: 주기의 지도를 그리는 방법(주기 Mapping) / 124

⑩ 쉽게 사용할 수 없는 정보들의 수집 방법: 질문하기 / 136

⑪ 사례 연구 2: 2008년 금융 위기, 부동산 주기 활용하여 돈 버는법 / 148

⑫ 외부 요인들에 대하여 / 164

⑬ 팬데믹과 COVID-19: 모든 외부 요인들의 근원 / 214

⑭ 사례 연구 3: 30년 주기와 각 단계의 변화에 적응하는 방법 / 227

⑮ 결론 / 284

소개말

우리는 사람들이 항상 부동산 투자 프로젝트의 성공에 대한 첫 번째 가는 중요한 기본 조건으로서 '**입지, 입지, 입지**'[1]라고 말하는 것을 듣습니다. 이는 즉, 우리가 부동산을 개발하기 전, 가장 기본적인 사항으로서 해당 부동산이 '좋은 입지(위치)'에 있어야 한다는 것입니다.

우리는 일반적으로 실패하는 많은 프로젝트들이, 그 프로젝트와 어울리지 않는 그 위치, 즉, '잘못된 장소'에 건축된 경우를 봅니다.

우리는 이것이 사실이라는 것을 잘 알고 있습니다. 그러나 첫 번째 만큼 중요한 두 번째 조건인, '**타이밍, 타이밍, 타이밍**'을 고려해야 합니다. 영구적이고도 빠르게 변화하는 세계에서 부동산 프로젝트를 시작하는 타이밍은 그 부동산의 입지 만큼이나 중요합니다. 좋지 않은 타이밍으로 다른 측면에서는 확실했던 프로젝트들이 실패를 맛보기도 했기 때문입니다.

토지 매입, 건설을 위한 대출, 매매(혹은 세대별 임대), 착공일, 준공일 등 관련된 모든 것들이 매순간 그 부동산 프로젝트가 진행되는 동안 각각의 기억될만한 다른 모든 중요한

---

[1] 또는 '위치, 위치, 위치.'

사건들과 함께, 그것이 행복 혹은 슬픈 결말의 이야기가 될지 예감하게 합니다. 2008년 미국 대공황은 이것의 산증인입니다. 저는 성공할 운명으로 보이는 훌륭한 부동산 프로젝트를 발견했습니다. 그러나 완공하는 데 너무 오랜 기간이 걸렸기 때문에 실패하는 것을 보았습니다. 2007년 혹은 2008년에 완공이 되었을 때, 이 부동산 프로젝트에 대한 매매를 원하는(혹은 할 수 있는) 구매자가 없었습니다. 많은 사람들이 결국 파산했고, 은행의 저당권 실행에 따른 법정 경매처분을 하게 되거나, 민간영역에서 처분조건 협상과 합의를 통해 소유권을 다른 사람에게 넘겼습니다. 결국, 많은 사람들의 프로젝트는 그러한 기회를 잡으려는 냄새를 잘 맡은 다른 개발업자들에게 매각되었습니다.

그해, 저는 하버드 대학원에 가서 부동산학을 전공했습니다. 그리고 이후 몇 년간에 걸쳐 실행에 옮길, '부실자산 투자 프로젝트'를 수립하기 위한 전략들을 바탕으로 졸업논문을 쓰게 되었습니다. 그 논문은 주거용 목적으로 지어진 많은 부동산 물량이 포함된 '패키지형 매물'로서, 당시 '거저'나 다름없는 매매가로 나온 경매 부동산 물건의 구매에 관련한 내용이었습니다. 그 부동산 기존가격의 절반에 구매할 수 있었는데, 이는 그 부동산의 소유주 였던 개발자가 거의 모든 자산을 통째로 날릴 위기에 있었고, 모두가 빠져 나가는 시장에서 구매력이 있는 사람들이 거의 없었기 때문에 이것이 가능한 경우 였습니다.

저는 경제와 부동산 순환주기 분석을 통해 이러한 자산을 저렴한 가격으로 구매할 수 있는 '기회'가 앞으로 삼년 이상 지속되지 않을 것이라고 예상했습니다.

2013년에 '다시 마이애미 지평선이 건설 크레인들로 가득 차게 될 것'이라고 주장했기 때문입니다.(논문을 발표할 때는 항시 약간의 '시구절'을 이용해야 합니다.)

하버드 대학원의 논문 심사 위원회는 미국 부동산 학계에서 가장 훌륭하다고 여겨지는 교수님들로 구성되었습니다. 부동산 각 분야에서 가장 유명한 책들의 저자들로 구성되어 있었습니다. 그들은 모두 저를 회의적인 눈초리로 바라보며 제가 너무 낙관적으로 생각한다고 말했습니다. 그분들은 그 당시 부동산매매 추이에서 시장에서 판매가 되지 않는 매물이 넘쳐 흐르고 있음을 고려할 때, 시장에 내 놓인 매물들이 청산되는 데 적어도 10년이 걸릴 것이라고 보았습니다. 그리고 새로운 건설 단계는 그때가 되어야 올 것이라고 예측하였습니다.

저는 단호하지만 정중하게 답하였습니다. (비판하는 분들에게 직설적으로 대답하는 매우 미국적인 방식입니다.) '우리의 문제는 여러분들이 보스턴 사무실 창문으로 찰스강을 바라보는 매우 지역적인 관점에서 보고 있다는 것입니다. 하지만 저는 현장에서의 경험이 있습니다.' (제 발은 땅에 닿아 있지요.)

저는 그 당시 미국에 거주한 지 이미 10년이나 되었었지만, 여전히 이 문제에 대해 보다 국제적인 견해를 가지고 있었습니다. 제 시각에서는 미국 마이애미 부동산 가격을 달러로 환산하면 부에노스 아이레스, 상파울루, 비엔나, 프라하, 베이징의 부동산 가격의 절반이라는 것을 볼 수 있었습니다. 그리고 나는 미국 마이애미가 당시 위기에 처해 있지만 여전히 세계 최고의 경제 국가에서 가장 빠르게 성장하는 10대 도시 중 하나였기 때문에 그와 같은 느린 회복에 대한 예상을 이해하기 힘들다고 주장했습니다. 저는 한 세대에 아마도 반복되지 않을 역사적으로 낮은 가격을 이용하여 현금으로 부동산을 구매할 외국인 구매자의 물결을 예측하였습니다. (당시 은행도 파산하여 유동성이 없었기 때문에 당시에는 대출 역시도 없었습니다.)

다행히도, 나는 그들의 견해를 무시했고, 저는 2년 동안 500여 채가 넘는 콘도미니엄(아파트)를 인수하게 되었습니다. 그리고 2011년, 마이애미에서 판매되지 않고 있었던 전체 물량 45,000여 채 중에서 단지 600채가 남아 있었습니다.

저는 결과적으로 한 가지만 잘못짚었던 것입니다. 건축 시장이 2013년에 재개될 것이라고 예측한 점이었는데, 이미 2012년에 첫 크레인들이 도시를 다시 장식하기 시작했습니다. 바로 그때부터 부동산 순환주기(이하 '부동산 주기') 연구에 대한 나의 열정이 시작되었습니다. 그 논문의 성공은 단순히 운 때문만은 아닙니다. 모든 비지니스의 성공에는 항상 행운이라는 처방이 존재하지만, 여전히 그렇습니다. 이 논문 연구 단계에서 저는 부동산 주기의 기능을 연구하고 분석하였습니다.

하버드 대학원 과정을 이수하는 동안 우리는 이 주제에 관한 미국 최고 권위자 중 한 명인 덴버 대학의 글렌 뮬러 교수로부터 가르침을 받을 수 있었으며, 이 시기에 저는 부동산 주기의 기능에 대한 포괄적인 이론이 존재하고, 이것을 이해하는 것이 곧 모든 투자에 있어서 성공의 열쇠라는 것을 깨달았습니다.

우리는 부동산 주기가 어떻게 움직이는지, 부동산 투자 프로젝트 계획을 세울 때 우리가 어떤 주기에 있는지 깊게 이해하지 못한다면, 21세기에 성공한 개발업자인 양 행세할 수 없습니다.

몇 년의 투자 기간 동안 어떻게 시장이 변화할 것인지 가능한 정확히 예측하려고 노력해야 합니다.

이 부동산 주기에 대한 지식을 통해서만 현명한 투자 결정을 내리고 적시에 프로젝트를 시작할 수 있습니다. 그리고 바람이 변하기 시작할 때, 그 중간에 갇히지 않을 수 있습니다. 이러한 지식들이 없다면, 일부 프로젝트에서 성공할 수는 있겠지만, 그것은 단지 우연일 뿐입니다.

게임의 규칙을 이해하면 언제 구매할 것인지, 언제 판매할 것인지 우리 자신에게 질문을 하는 데 도움이 됩니다. 그리고 언제 우리가 손익 분기점에 도달할 것인지 구매자의 시장인지 판매자의 시장인지 판단하게 합니다. 투자자들이 그 시장에 진입 혹은 퇴장하는 동기는 무엇일까요? 그리고 어떻게 그것들을 활용하여 이익을 얻을 수 있을까요? 그러나 성공적인 투자 전략을 개발하기 위해 오늘날 우리가 개발할 프로젝트가 있을 그 '도시'가 어느 주기에 있는지 이해하는 것만으로는 충분하지 않으며, 세계의 다른 시장에서 무슨 일이 일어나고 있는지도 알아야 합니다.

왜냐하면, 글로벌 경제에서 국내자본이 한 나라의 시장에서 다른 나라의 시장으로 빠르게 이동하고, 이제는 당신이 당신 지역의 지역 투자자들뿐만 아니라 전 세계의 투자자들과의 경쟁 속에 있기 때문입니다.

이에 영감을 받아, 저는 두 명의 저명한 하버드대 부동산학 교수들이 이끄는 프로젝트를 후원하게 되었습니다. 북미, 라틴 아메리카, 유럽, 아시아의 25개 도시들의 부동산 가격 변동, 임대율(공실률), 흡수 속도를 분석하고, 부동산 주기 활동을 비교 연구하였습니다. 이를 통해 각 도시가 어느 주기에 속해 있는지 이해하고 향후 몇 년 동안 어떻게 발전할 것인지 예측할 수 있었으며, 이러한 국가 중 하나를 택해 그곳에서 개발하거나 투자하기를 원할 경우 이러한 것들이 현명한 투자 결정을 내릴 수 있도록 도움을 줄 것입니다.

지구촌은 지난 수십 년 동안 더욱 밀접하고, 더 복잡해졌습니다. 세계화와 기술 발전을 통해 국경에 구애받지 않고 즉각적으로 원하는 정보에 접근할 수 있게 되었습니다. 이는 더 많은 투명성을 제공합니다. 가까이 있던지 혹은 멀리 있던지, 남녀노소를 불문하고, 모두 동일한 정보에 접근할 수 있으며, 이전에는 없었던 '동일한 결정'을 내릴 수도 있습니다. 이는 아르헨티나 또는 라틴 아메리카 국가와 같이 원거리 국가 및 새로이 두각을 나타내는 국가에서도 그러합니다. 그 결과 국경을 넘어 세계로 진출하는 부동산 투자자들이 기하급수적으로 늘어났습니다. 일부 투자자들의 국제적 투자는 리스크 관리의 다각화를 위함이었고, 다른 그룹의 투자자들은 글로벌 부동산 게임을 통해 더 높은 수익을 추구하고자 하였습니다. 만약, 유럽에서 수익률이 낮다면, 투자자들은 다른 나라로 눈을 돌릴 것입니다. 그들이 리스크를 좋아하지 않는다면, 미국에 투자할 것입니다. 만약 그들이 어떠한 더 높은 수익을 추구하기를 원한다면 신흥 시장에 투자를 할 것입니다. 윌리엄 푸르프 교수가 그의 유명한 저서 〈부동산 게임(The Real Estate Game)〉에서 지적하듯이 우리의 부동산 활동은 모노폴리와 같은 보드게임과 유사합니다. 어떤 정교한 게임과 마찬가지로 경쟁을 위한 도전이라는 같은 맥락에 있기 때문입니다.

그 보드게임에서와 마찬가지로 위험을 감수하고 최선의 결정을 내리는 사람이 큰 이익을 얻을 수 있습니다. 보드게임과 우리가 수행하는 프로젝트와의 차이점은 우리는 실제 돈으로 게임을 하게 될 것이며, 그 돈은 일반적으로 수억에서 수백억이라는 것입니다!

또한 다음과 같이 덧붙여 말하고 있습니다. '입지, 입지, 입지'에만 집중하는 진부함에서 벗어나 다음과 같은 좀 더 포괄적인 문구로 생각을 바꿀 필요가 있습니다. '입지 변화의 역학을 배우고 이러한 입지 변화에 대한 지식이 부동산 매매 및 개발에 어떻게 도움이 되는지 이해하려고 노력한다.'

미국에서 가장 유명한 컨트리 음악 가수 중 한 명인 케니로저스는 그의 노래 〈The Gambler〉에서 포커 게임을 '인생 게임'과 비교합니다. 저에게는 그것이 마치 부동산 활동의 정신처럼 보였습니다.

'게임을 잘 하려면 카드를 언제 들고 있어야 하는지 알아야해,
언제 들고 있을지, 언제 테이블에 내려놓을지, 언제 빠져 나가야 할지,
테이블에 있는 동안 이익을 계산해서는 안 돼,
사업이 끝나게 되면 충분히 돈 셀 시간을 가지게 될거야.'

한편, '글로벌화'에는 그에 상응하는 단점들이 있습니다.

세계는 이제 상호 유기적으로 연관되어 있으며, 유럽에서 '재채기'를 하면 미국은 '감기'에 걸리고, 머지않아, 질병의 일부 증상이 나머지 국가들에 퍼집니다. 이러한 현상은 새로운 일이 아닙니다. 멕시코에서 시작된 '테킬라 효과'가 브라질에서의 '칵테일 효과'가 된 것을 기점으로, 1990년대 후반 전 세계로 퍼져나간 태국의 경제위기까지 우리의 경제는

수십 년 전보다 훨씬 더 '동시성'을 가진 '상호 동기화된 방식'으로 작용하고 있습니다. 우리의 의무는 부동산업계의 전문가로서 이런 일이 발생한다는 것을 이해하고 이를 연구하여 예방조치를 취하고, '사업 계획'을 작성하며, 가능한 최선의 투자 결정을 하게 하는 것입니다.

　이 책은 그 모든 것 들에 대한 이야기 해 주고 있습니다. 흥미를 느끼셨기를 바라며, 다 읽고 난 후, 향후 여러분들의 부동산 투자 프로젝트에 접근하는 방식과 글로벌 시대의 투자 전략의 변화에 긍정적인 도움이 되시기를 바랍니다.

제1장

부동산 시장이 '주기적으로 순환' 되는 이유

부동산 시장이 다른 시장보다 더 '주기적', '순환적' 인 이유는 무엇일까요? 모든 경제 활동에는 그 경제주기의 기복이 있습니다. 그럼에도 불구하고 부동산 개발자에게는 한 가지 염려가 있습니다. 부동산업은 다른 산업들보다 이런 변화에 더 민감하다는 것입니다. 왜 그러한 것일까요?

부동산 개발과 **패션 산업**을 비교해 봅시다. 주요 차이점 중 하나는 무엇입니까?

의류 생산 주기는 일반적으로 6개월입니다. 이 6개월은 디자인이 시작된 시점부터, 그 옷이 거리에 나올 때까지의 기간 입니다. 겨울에 여름 시즌의 옷을 디자인 하고, 그 반대의 경우도 그러합니다.

그들은 트렌드를 예상하고 한겨울 추위 가운데 내년 여름에는 '이러한 패션'이 될 것이라고 예상합니다. 날씨가 선선해지고 가을이 오기 시작할 때는 이미 따뜻한 기후의 짧은 반팔옷을 거의 팔 수 없기에 시즌 작업을 지연시킬 수 없습니다.

부동산 개발 주기는 얼마나 지속될까요?

중간 규모의 프로젝트의 경우 최소 2~3년, 대규모 프로젝트의 경우 더 많은 시간이 걸립니다. 우리는 부지를 찾고, 구매 협상을 하고, 프로젝트를 수행하고, 건설 허가를 받기 위한 계획 승인, 입찰, 착공, 준공, 판매, 마지막으로 분양의 과정을 거칩니다. 예상된 코스를 벗어나 잘못될 수 있는 우발적인 상황들로 가득 찬 단계들을 가진 긴 과정입니다. 우리가 바라는 일직선의 단순한 프로세스가 아닙니다. 일반적으로는 그 결과가 우리가 원래 계획했던 것과 동일한 것이 아닌 '유사한 것'이 됩니다. 그리고 무엇보다도 시간이 걸립니다. **부동산업계의 생산과정은 길고, 처음 계획을 바꾸게 하는 사건들로 가득합니다.**

부동산 시장과 **청량음료 시장**을 비교해 봅시다. 이 경우 차이점은 무엇입니까?

청량음료의 세계에서, 한 국가나 일부 지역에 국한되어 있는 소규모 생산자들이 있기도 하지만, 시장의 대부분을 지배하는 두 가지 브랜드는 코카콜라와 펩시 입니다.

어떤 장점이 있을까요?

만약 여름이 생각했던 것보다 뜨겁지 않고, 예상했던 것보다 판매가 저조하다면, 회사 창고에 음료수들이 재고로 쌓이기 시작할 것입니다. 이 시점에서 생산 관리자는 전화기를 들어 공장 관리자에게 수도꼭지를 닫아 콜라 생산에 달콤한 갈색 시럽과 섞는 것을 중단하라는 명령을 내려, 즉시 생산을 중단하도록 합니다. 과잉 재고가 소진되거나, 날씨가 다시 더워지면, 생산을 재개하도록 지시를 할 것입니다.

공급이 수요에 따라 빠르게 조정되기 때문에, 재고가 넘쳐날 위험이 없습니다.

부동산업에도 동일한 일이 발생할까요? 물론 아닙니다.

이것은 상호 조직화 되어있지 않은 의사 결정들을 내리는 많은 소규모 주체들 사이에 완전히 세분화된 활동입니다. 예를 들어 2018년 미국의 주택 거래량은 기존주택 및 신축주택 기준 550만 호에 달하였습니다. 그 해 최대 건축업체이자 분양업체는 'D.R Horton' 사였는데, 단지 '41,652호' 라는 거래량을 기록했습니다.

그 거래량은 전체 주택 판매량의 0.075% 불과한 것이었습니다. 이 업체 다음으로 'Lennar'와 'Pulte Homes'가 각각 약 26,000 호와 20,000호를 기록했을 뿐입니다.

신축주택 판매만 계산하더라도 이 비율은 그것의 0.034%에 불과합니다. 이러한 분산된 시장의 문제점은 무엇입니까?

판매되지 않은 제품들이 재고로 쌓이기 시작하면 전화기를 들고 생산 중단을 지시할 수 있는 사람이 없습니다. 부동산 시장에는 서로 의사소통하지 않고 어떠한 상호간의 조정없이 결정을 내리는 수천 명의 참여자들이 있습니다. 안타깝게도 '오늘을 기준으로 판매용 주택 공급이 신규 주택 수요를 초과하였습니다.'라는 기사는 신문에 나오지 않습니다. 또한 그러한 신문기사가 나오더라도, 건축이 중단 되려면 많은 건축업자들이 그 신문기사를 읽어야 합니다. 그리고 모든 건축업자들이 같은 도시에 있지 않기에, 그런 일이 일어날 것 같지는 않지만, 모든 건축업자들이 동시에 건축 중단 결정을 해야 합니다.

요약하자면, **부동산 시장은 다양한 규모를 가진 각각의 전문적인 배경을 가진 여러 주체들로 나누어져 있습니다. 또한 그들이 사방에 흩어져 있다는 것은, 부동산 주기 변화에 부동산 시장이 취약하다는 것을 말해주는 또 다른 특징입니다.**

마지막으로 부동산업과 **자동차 제조업**을 비교해 보겠습니다. 그 차이 역시 분명합니다. 자동차 제조 업체가 특정 연도, 특정 유틸리티 모델 생산을 계획하는 동안 경기가 침체되면, 매출이 떨어지고 재고가 많이 쌓일 것입니다. 그러나 그 재고들을 차량 수송 트럭에 실어서, 이러한 유형의 차량이 팔리고 있는 경제가 성장하고 있는 이웃나라로 보낼 수 있습니다. 우리는 이것을 부동산 프로젝트에서 수행할 수 없습니다. 제품을 움직일 수 있는 산업이 아니기에 우리는 이것을 움직일 수 없는 물건, 즉 '부동산(不動産)'이라고 합니다.

우리가 이동식 주택을 생산하는 데 전념하지 않는 한, 일단 투자할 부동산의 위치를 결정하고 건축 하게 되면, 그 특정 위치의 '경제 기복'에 따라 그 가치가 좌우될 것입니다.

요약하자면, 우리의 부동산활동이 다른 산업보다 경제 주기에 훨씬 더 취약한 이유는 다음과 같습니다.

- 기획부터 완료까지 개발에 오랜시간 소요됨
- 분산화된 의사 결정
- 다른 소비시장으로의 이동이 불가한 상품임

이제 우리는 '경제주기가 부동산 산업에 큰 영향을 미치며, 부동산 투자의 성공과 실패는 시장의 변동을 미리 예측하게 해주는 능력을 찾으려는 노력에 달려있다'라고 결론 지을 수 있을 것입니다.

이것이 왜 그렇게 중요할까요?

'주기를 매핑(주기를 지도화)' 할 수 있다면 평소처럼 맹목적으로 행동하지 않고, 탄탄한 연구와 그 결과를 바탕으로 현명하게 투자 결정을 내릴 수 있기 때문입니다.

그리고 우리가 가능한 모든 대안을 고려하고, 이를 통해 자본 투자자와 은행과 같은 대출기관(대출의 경우)에 이러한 것들을 제시할 수 있게 합니다.

우리는 투자에 대한 '정적인 사진'을 가지고 있는 것에 만족하지 않고, 오히려 부동산 프로젝트가 시간이 지남에 따라 변화할 수 있는 '동적인 영화'임을 인식하게 됩니다.

이를 통해 우리가 가진 프로젝트의 이익을 늘어나게 할 것이며, 경제의 주기적인 변화를 우리에게 유리하게 활용할 수 있도록 할 것입니다. 이제 주기가 어떻게 작용하는지 이야기해 보겠습니다.

제2장

부동산 시장의 '순환주기'이라는 것

 2007년 미국의 주택 시장이 폭락하자 미전역의 경제가 침체되었습니다. 그 당시 '부동산 거품의 폭발'로 촉발된 경제 위기가 국가 전체의 경제 불황으로 확산되기까지는 몇 달이 채 걸리지 않았습니다. 2008년 4분기 미국 금융 재정 시스템은 1929년대 공황 이후 가장 큰 붕괴 사태를 맞이하였습니다.

 모든 것들이 침체되었고, 큰 불안감이 있었습니다. 그리고 그 당시에 들었던 말들은 2001년에 아르헨티나에서도 동일하게 들었던 말들이었습니다. '이것은 시대의 끝입니다.', '이 큰 위기에서 회복할 방법이 없습니다.', '시장은 다시 움직이지 않을 것입니다.' 등의 말들이었습니다.

 상황이 심각하다는 것을 인식하고는 있었음에도 우리에게 귀 기울이려는 사람들에게 '지금 저 터널 끝에서 빛이 보이지는 않지만, 이전에 다른 많은 위기들이 지나갔던 것처럼 이 위기 또한 지나갈 것입니다'라는 격려의 메시지를 전하는 것을 멈추지 않았습니다.

 한가지를 명확히 짚고 시작하고자 합니다. **현대 경제학에 관한 최초의 책이 저술되기 아주 오래전부터 경기 주기는 팽창과 불황의 단계를 반복해 왔습니다.** 사실, 최초경기 주기가 기록된 가장 오래된 책은 바로 성경입니다.

성경 구약의 첫 번째 장들 중 하나에서 우리는 요셉과 이집트의 왕 바로의 이야기를 발견합니다. 바로는 일련의 악몽을 꾸기 시작합니다. 어느 날 밤, 그는 풀밭에서 평화롭게 풀을 뜯고 있는 일곱 마리의 살찌고 건강한 암소를 꿈꿉니다. 갑자기, 일곱 마리의 여위고 마른 암소 무리가 첫 번째 그룹을 잔인하게 공격하고 죽이고 먹습니다. 둘째 날, 그는 비슷한 꿈을 꾸게 됩니다. 그는 들판에서 바람에 부드럽게 움직이는 잘 여문 일곱 개의 푸른 이삭들을 보았습니다. 그런데 갑자기 여물지 못한 일곱 개의 이삭이 잘 여문 이삭들을 공격하여 파괴합니다.

바로는 이러한 악몽에 대해 매우 걱정하고 있었습니다. 그때 어떠한 이유로 왕실의 감옥에 수감되어 있었던, 꿈을 해석하는 능력을 가진 요셉이라는 이야기의 주인공이 있었습니다. 바로는 사람을 보내 그를 찾았고, 요셉은 재빨리 두 꿈을 해석하게 됩니다.

그는 이렇게 해몽하였습니다. '살찐 암소 일곱 마리와 여문 밀 일곱 묶음은 이집트에서 시작되는 칠 년의 대풍년을 상징합니다. 그러나 이 기간이 끝나면 다른 칠 년 동안의 가뭄, 해충, 질병이 닥칠 것이며, 밭에서 수확할 것이 없는 흉년이 들것입니다.'

요셉은 기근에 대비하여 사람들에게 먹일 충분한 곡물을 얻기 위해 처음 칠 년이라는 시간을 활용하여, 가능한 많은 양의 밀을 비축 하도록 왕에게 제안하였습니다. 바로는 요셉에게 법정 총리직을 수여했으며, 이것이 굶주린 백성들을 선회할 수 있을 최고의 방법이라는 것을 알았기 때문에 아주 고마워하였습니다.

이 이야기가 바로 이집트의 칠 년 경기 **확장** 기간에 이어 칠 년의 경기 **수축** 기간, 즉, 총 14년의 주기를 의미한다는 것을 알 수 있습니다.

다음 장에서 우리는 오늘날의 총제적인 평균 부동산 주기가 여전히 14~15년이라는 사실을 알게 될 것입니다. 이것은 과연 우연일까요?

좋은 뉴스가 있다면, '마른 암소의 시기' 즉, 침체의 시기가 '살찐 암소의 시기' 즉, 확장의 시기보다 훨씬 짧다는 것입니다.

이 책에서 성경의 기원과 그것이 어떻게 쓰여졌는지에 대해 논의하는 것이 저의 의도는 아니지만, 우리 사회에 어떠한 학교나 대학이 없었을 때, 조만간 끝날 좋은 시절에 비축을 해야 한다고 가르쳤고, 요셉의 이야기가 사람들을 교육하는 데 도움이 됩니다.

아이들에게 유명한 우화 작가 이솝은 '개미와 베짱이' 이야기를 합니다. 개미가 여름 동안 쉬지 않고, 먹이를 비축하는 동안 베짱이는 필요에 따라 나무의 녹색 잎을 먹으면서, 개미를 조롱하였습니다. 그리고 화창한 날씨를 즐기는 데에만 전념합니다. 그러나 곧 겨울이 오고, 먹을 잎은 다 떨어졌습니다. 굶주리고 추위에 지친 베짱이는 개미에게 도움을 요청하고, 개미는 아낌없이 먹이를 줍니다. (개미는 악의가 없는 것으로 보입니다.)

전 아르헨티나 경제부 장관은 슬프게도 다음의 경제 계획 문구 '우리는 겨울을 나야 한다'로 유명세를 탔습니다.

그렇다면 역사가 시작된 이래로 이러한 주기가 존재한다면, 왜 우리는 '이번에는 다르다'라고 생각할까요? 〈이번에는 다르다〉라는 하버드 경제학 교수 케네스 로고프의 책 제목을 부연 설명하기 위한 것일까요?

후반부에서 경기를 수반하는 심리 주기가 있으며, 그것이 각 단계에서 우리의 행동 양상을 결정하는데 매우 중요한 역할을 하고 있음을 살펴볼 것입니다.

경제위기 동안 저는 이에 관하여 많은 토론을 하였고, '주기'라는 단어의 의미 자체가 순환적, 반복적인 것으로서 시작하면 끝이 나고 그리고 즉시 다시 시작하는 것임을 이에 대해 회의적인 반응을 보이는 사람들도 알아챌 수 있도록 하였습니다. 우리는 이를 원이나 음파(물리학에서는 주기라고도 함)로 표현할 수도 있습니다. 매번 비슷한 행동을 하는 반복적이고 지속적인 현상을 말합니다.

때로는 음파가 짧고, 가파를수록 더욱 고음이 되며, 음파가 길고 완만할수록 더욱 저음이 되기도 합니다. 음파는 강도, 리듬, 지속 시간에 따라 다양하게 나타납니다.

그러나 그것은 항상 다시 시작됩니다.

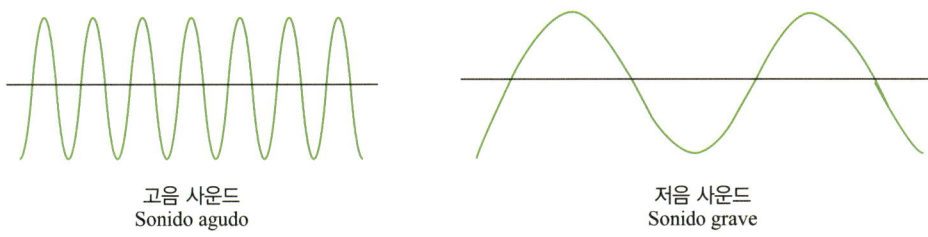

고음 사운드
Sonido agudo

저음 사운드
Sonido grave

한 열띤 토론에서 한 사람이 저에게 '당신은 이것이 간단하고, 단 하나의 주기만 있고, 곧 일어날 것이며, 그것을 예측할 수정 구슬이 있다고 나에게 말하지 못합니다. 이것은 당신이 말한 것처럼 그리 간단한 것이 아니기 때문입니다' 라고 말했습니다. 거기에서 나는 그 말에 동의해야 했습니다. 왜냐하면 일이 그렇게 간단하지 않기 때문입니다. **현실적으로 한 주기만 존재하지 않습니다. 많은 주기들이 있고, 그중에 몇 개는 겹치기도 합니다.**

이후의 장들에서는, '사람의 움직임을 파악하라' 라고 불릴 물리적 주기와 최근 저널리즘에서 유행하는 문구인 '돈의 경로를 파악하라'[2] 라고 불리는 경제주기를 보도록 하겠습니다. 이것은 '딥쓰롯'[3]이라는 가명을 가진 비밀 정보원이 미국의 '워터게이트'[4]사건에서 수사 기자들에게 누가 불법적으로 민주당 본부에 들어갔는지 알아내려고 '돈을 따라가라'고 제안했던 것에서 유래되었습니다. 두 주기는 서로 겹치고, 서로 영향을 미칩니다.

우리는 주거 시장에 대한 주기가 있고, 일반적으로 이와 비교 시 반주기적인 상업시장

---

2 Follow the Money Route
3 Deep Throat
4 Watergate

(사무실 및 건물)에 대한 주기가 따로 있음을 알 수 있습니다. 또한 호텔 시장, 산업 창고 시장 등을 위한 각각의 다른 주기들이 있다는 것도 알고 있습니다. 그리고 그것을 복잡하게 만드는, **지역단위별로 순환하는** 부동산 주기 역시 보게 될 것입니다.

언론 매체에서 미국 주택 시장이 완전히 침체되었다고 이야기할 때, 마이애미 주거용 주택 시장은 이미 큰 회복의 조짐을 보이고 있었습니다. 각 도시에는 각각의 자체적인 경제 역학과 기반에 따른 자체적인 주기가 있습니다. 그리고 같은 도시 안에도 세부적으로 각기 다른 지역과 또 나아가 각각의 다른 역동적인 지구단위가 있습니다.

일부는 더 빨리 회복되고 다른 일부는 더 느리게 회복되며, 어떤 지역들은 회복되지 않기도 합니다. 다음 장에서 **우리는 미래를 예측하는 데 도움이 되는 힘**을 함께 키워 보고자 합니다.

주기가 어떤 역할을 하는지, 어떤 요소를 고려해야 하는지 이해하려는 시도를 해 볼 것이며, 게임에 들어갈 때와 기다릴 때, 어떤 유형의 비즈니스가 최상의 결과를 얻을 것인지를 알기 위해 '주기를 매핑(주기의 지도를 그리는 법)'하는 방법과 물이 차오르기 시작할 때 위험에 휩쓸리지 않도록 중장기적 투자 전략을 세우는 방법을 배워보도록 하겠습니다.

제3장

물리적 주기: '사람들의 움직임을 파악하라'

제가 하버드에서 공부할 때 글렌 뮬러 교수님과 수업을 함께 들을 수 있는 특권을 가졌습니다. 그 교수님은 덴버 대학교에서 부동산 주기 이론을 가르치고 있었고, 미국에서 이 분야의 가장 뛰어나고 저명한 분들 중 한 분이셨습니다.

또한, 아래 5가지 유형의 부동산 자산에 대하여, 미국 54개 대도시 지역의 임대료 및 임대율(공실률)의 변화를 분기별로 분석하는 '디비던드 캐피털'[5]이라는 컨설팅 회사를 소유하고 있었습니다.

- 임대주택
- 임대사무실
- 산업용 부동산
- 상가 건물 및 쇼핑센터
- 호텔

---

5 Dividend Capital

그들의 연구를 바탕으로 이제 우리는 우리가 접근하고 싶은 시장의 주기들의 지도를 그리는 법, 즉 '주기를 매핑(Mapping)'하는 방법론을 개발하고자 합니다.

부동산 시장의 '물리적 주기'는 곧 인구 통계학적 변화와 그에 따른 부동산 수요와 공급의 변동과 관련이 있는 것들 입니다.

우리가 주택시장에 대해 이야기한다면, 그것은 기존의 주거용 주택의 양과 비교하여 주어진 시간에 집을 임대하려는 사람들의 수와 관련이 있을 것입니다.

'질문하기'에 관한 장에서도 다루겠지만 다른 요인들의 영향도 받습니다. 그러나 이것들은 결국 모두 인구 통계와 그것이 어떻게 변화하고 있는지와 관련이 있습니다. 그래서 물리적 주기라는 것은 '사람들의 움직임을 파악하라'라는 것과 연관되어 있습니다. 앞서 말했듯이, 각 국가, 주, 지방, 도시, 주변 지역이나 작은 지역구에도 각각의 물리적 주기가 있을 것입니다. 또한 각 건물 유형들에 따른 다시 말해, 주거, 상업, 산업 부문 등을 위한 각각의 그러한 주기가 있을 것입니다.

우리는 이곳에서 1995년부터 2007년까지의 미국 사무실 임대업의 주기를 예시로서 사용할 것입니다.

그래프를 보겠습니다.

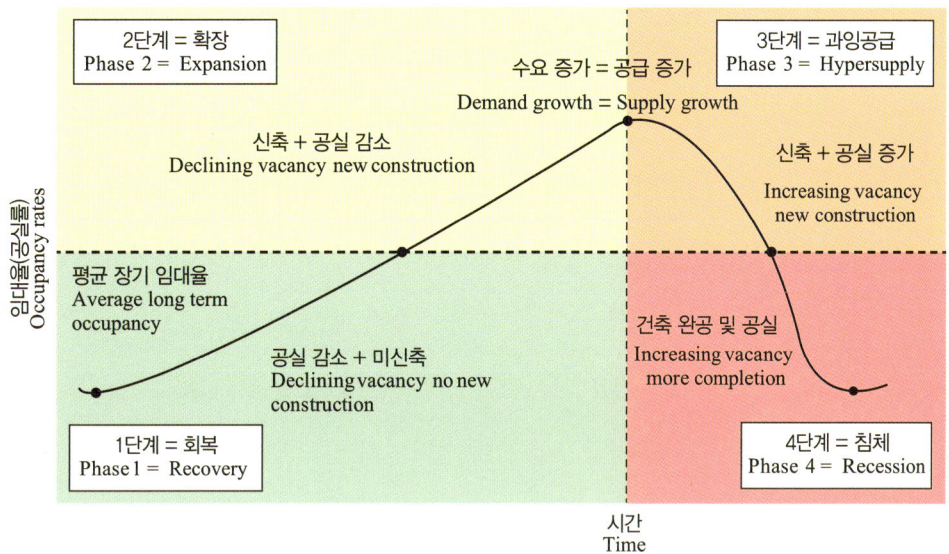

출처: PROFESSOR GLENN MUELLER-UNIVERSITY OF DENVER

가장 먼저 볼 수 있는 것은, 4개의 부분들이 다른 색깔들로 수직선과 수평선으로 나누어져 있다는 것입니다.

4개로 나누어진 각 부분들을 '사분면' 또는 '주기의 단계'라고 부를 것입니다.

왼쪽 하단에서부터 시작하면, 녹색으로 표시된 첫 번째 단계가 '회복단계'입니다. 시계 방향으로 움직이면 그 다음은 노란색 영역이 '확장단계', 그 이후 주황색은 '공급 과잉단계', 마지막으로 네 번째 단계인 '침체단계'가 빨간색으로 표시됩니다. 수평선은 시간의 경과를 보여주고, 수직선은 사이클 전체의 임대율[6], 즉 각 단계에서 임대되는 주택들의 비율을 보여줄 것입니다.

---

6 또한 공급상승과 수요상승이 일치하는 지점 역시 나타냅니다.

두 부분을 구분하는 수평선은 역사상 해당 시장의 '**장기평균임대율(반대로는 장기평균공실률)**'[7]입니다.

왜 중요한 데이터일까요? 임대율이 평균보다 높을 때 (또는 공실률이 낮을 때) 임대료는 더 올라갈 것이지만 시장에 공실이 많을수록 임대료는 내려가는 경향이 있습니다.

이것은 논리상 당연한 일입니다. 제가 상업용 건물의 소유자이고, 임대율이 높은 상태에서 저의 모든 매물들이 임대되면, 매년 임대료를 올릴 수 있다고 확신합니다. 왜냐하면 제 세입자는 다른 빈 곳으로 이동할 수 있는 옵션이 없기 때문입니다.

반대로 공실이 많으면 입주자가 들어오자마자 다른 이사할 곳을 쉽게 찾게 될 것입니다.

시장에서 장기평균임대율(장기평균공실률)이 얼마인지 알고 있습니까?

대답이 '예'라면 훌륭합니다!

만약 그것을 모른다면 알아내야 합니다. 이 책을 다 읽은 후에 기억해야 하는 몇 가지 중요한 팁이 있습니다. 첫 번째는 다음과 같습니다.

'**미래를 예측하는 힘**'을 가지는 것 즉, 주기의 어떤 단계에 있으며 어디를 향해 가고 있는지 해석할 수 있는 비결 중 하나는 현재 우리가 개발하고자 하는 시장에서의 장기 평균 임대율을 파악하는 것입니다.

후에 어떻게 그것을 수행하는지 살펴보겠습니다.

각 단계에서 무슨 일이 일어나는지 봅시다.

주기의 첫 번째 단계의 이름은 '회복'이며, 이 이름이 우리가 소유주와 개발자에게 행복의 순간이라고 생각하게 만들 수 있습니다. 시장이 느리게 개선되고 있기 때문입니다. 그러나 그 긍정적인 효과를 확인하려면 시간이 걸립니다.

---

[7] Long Term Average Occupancy Rate or Long Term Average Vacancy Rate

이 단계는 시장 상황이 가장 좋지 않을 때 시작됩니다. **회복 단계**는 가장 낮은 임대율(가장 높은 공실률) 에서 시작되며, 녹색 표기된 영역입니다. 처음부터 새로운 프로젝트들이 시작되지는 않습니다. 경제와 시장이 막 침체기를 벗어났기 때문입니다. 아직 건물주가 임차인을 찾지 못하여 공실이 많습니다.

경기 침체와 공실로 임대료가 하락하였습니다.

이 영역의 어느 시점에서는 경제가 개선되기 시작하여, 세입자가 사무실을 다시 임대하기 시작하고, 공실의 수가 조금씩 감소하게 됩니다.

한편, 건설 중인 새로운 프로젝트가 없기 때문에 기존 사무실 재고 물량이 증가하지 않습니다. 동시에, 일부 오래된 사무실은 쓸모없고 매우 낡아서 더 이상 잠재적 임차인들에게 관심을 끌지 못합니다. 따라서 이 단계에서는 사무실 재고가 서서히 감소하게 되고, 조만간 수요가 재활성화되면 임대율과 임대료가 상승할 것입니다.

어느 시점에서 임대가 증가하게 되지만 해당 지역의 과거 장기평균임대율보다는 낮은 상태에서 전환국면을 맞는 노란색 사분면인 **확장 단계**로 들어가게 됩니다. 이 구간에서는 공실률이 계속 떨어지면서, 건축이 다시 시작될 때까지 임대료가 상승합니다. 그리고 개발자들은 새로운 프로젝트를 시작합니다. 시장에서 임대 공급보다 수요가 많은 한 가격은 계속 상승할 것입니다. 그러나 앞서 말했듯이 부동산 개발업자인 우리들이 그리 영리하지도 않으며, 공급이 수요를 초과하는 시기도 알 수 없으므로, 주기의 어느 시점에서 거의 필연적으로 '공급 과잉 단계'로 들어가게 될 것입니다.

만약 어떠한 일간지에서 '현재, 이 도시의 사무실에 대한 공급과 수요가 균형을 이루었습니다.'라는 기사가 헤드라인으로 게재된다면, 우리는 많은 경제적 손실을 줄일 수 있을 것입니다.

그러나 현실적으로 수요와 공급의 균형이라는 것은 이론적인 개념입니다.

그러한 시점이 실재로는 존재하지 않는 것처럼 보입니다. 그날이 다가오면, 아무도 새로운 건축 프로젝트를 시작하지 않겠지만, 아직 완성되지 않은 공사 중인 몇몇의 프로젝트가 분명히 남아 있을 것이기 때문입니다.

그런 다음 필연적으로 '**공급 과잉 단계**(주황색 사분면)'에 진입합니다. 시작되었던 이 단계에서 당신의 첫 번째 부동산 프로젝트가 완료되면, 이는 이제 기존 매물들과 경쟁하는 더 많은 새로운 매물들이 있음을 의미합니다. 임차인은 선택할 수 있는 옵션이 더 많아지고, 제공되는 매물들이 수요보다 많아서, 임대율이 떨어지기 시작합니다.

이 단계에서 많은 개발자들이 계속해서 새 프로젝트를 시작하고, 일부 개발자들은 프로젝트를 마치게 됩니다. 어느 시점에서 임대율은 다시 평균 비율(가로선)보다 낮아질 것이며, 이를 방금 강조한 바와 같이 중요하게 고려해야 할 것입니다.

빨강이라는 색으로 표기되어 있는 것이 일반적으로 경고를 의미하는 것처럼, 우리는 그 순간에 주기의 마지막 단계인 경기 **침체 단계**에 있습니다.

이전 단계에서 건설되기 시작한 마지막 건축물들이 이 단계에서 완료되어, 기존 재고에 추가 공급으로 이어지게 되며, 임대율이 바닥에 도달할 때까지 계속해서 떨어질 것입니다. 이전에 본 것처럼, 프로젝트가 오래 걸리고, 때로는 타이밍이 우리 편이 아닐지라도, 건축을 시작한 개발자는 아마도 그 프로젝트를 완료해야만 합니다.

다행히 개발자들이 시장이 포화되었음을 깨달았고, 혹은 계획한 프로젝트에 대한 자금을 조달할 수 없었거나, 은행의 요청으로 매물을 사전 판매 혹은 사전 임대해야 했었기 때문에, 새로운 프로젝트는 더 이상 진행되지 않았을 수 있습니다. 또 다른 이유는 잠시 후에 보겠지만, 임대율이 상당히 떨어졌다는 이유일 수 있습니다. 이 단계에서 가장 낮은 임대율이 되면서, 임대하려는 세입자에게 매력적일 만큼 임대료가 떨어졌을 때, '**회복 단계**'로 다시 들어갑니다. 이러한 변천사는 중단 없이 계속 반복됩니다. 주기도 마찬가지입니다.

하지만 잠시, 지금까지 우리는 대부분 임대율에 대해 이야기하였고, 임대료에 어떤 일이 벌어지고 있는지에 대한 한 측면에서만 이야기하였습니다.

이제 실제 데이터 사례를 살펴보겠습니다:

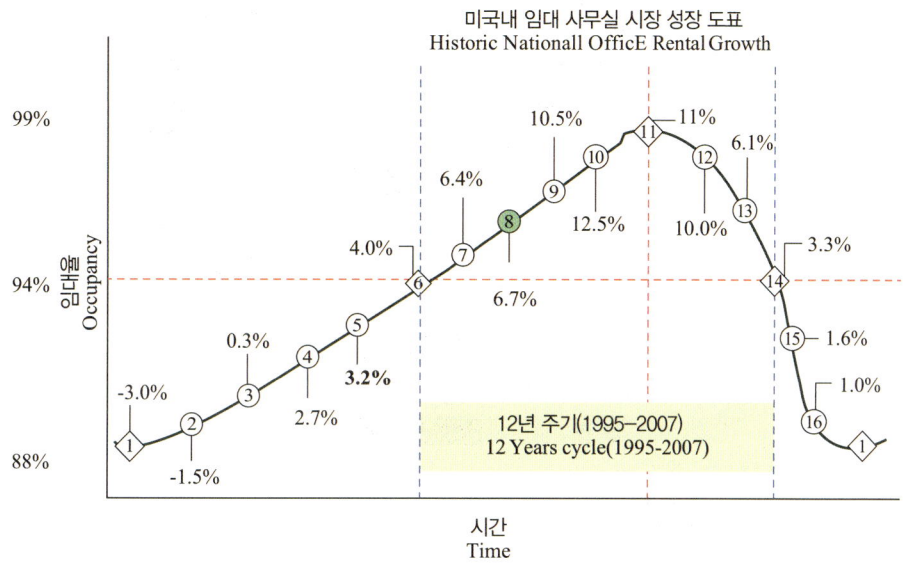

이것은 1995년과 2007년 경의 미국의 전체적인 사무실 임대 관련 시장 주기 그래프입니다.

이 주기에서 먼저 그 확장 및 과잉공급의 지속기간에 대해 주목해 봅니다. 보시다시피 처음부터 마지막까지 12년이 걸렸습니다. 여기에서 제 관심을 끄는 한 가지 사실이 있습니다. 성서에 나오는 요셉과 바로의 이야기를 기억하십니까? 제가 말씀드리고자 하는 주기는 7년의 살찐 암소(확장 시기)와 7년의 야윈 암소(침체 시기)로 구성되어 있습니다. 총 14년, 오늘날의 비즈니스 확장 및 과잉공급의 지속 기간이 10년에서 12년 사이인 것은 우연이 아니라고 생각합니다.

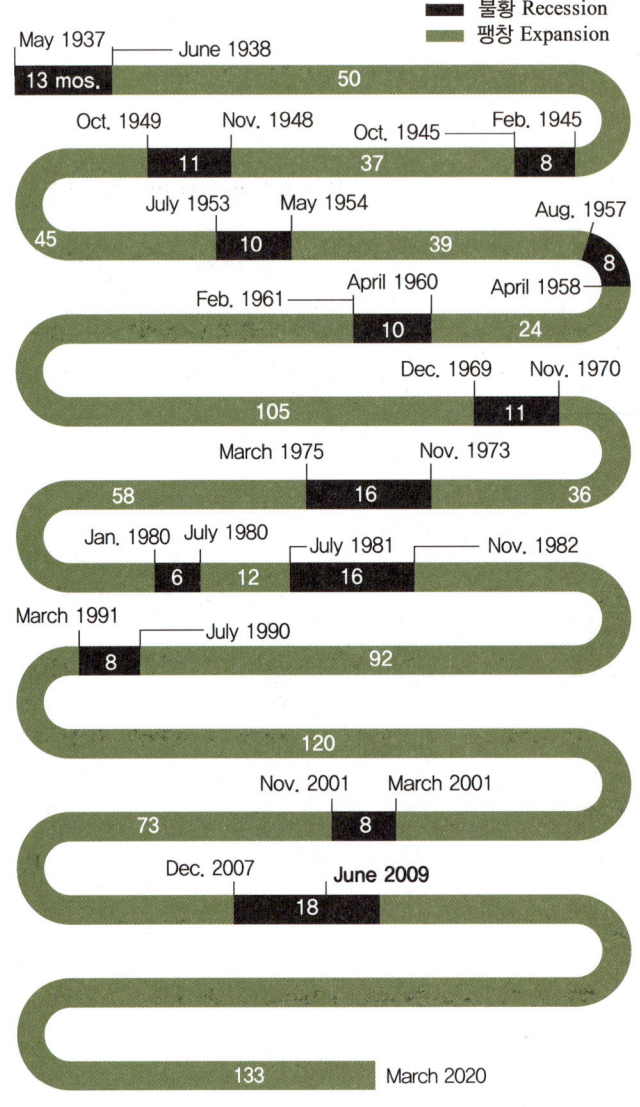

대공황에서 오늘날까지의 경기 불황과 팽창
Recessions and expansions from the great depression to today

■ 불황 Recession
■ 팽창 Expansion

출처: BOSTON GLOBE

    위 그래프는 1937년부터 시작하였고, 매사추세츠주 보스턴시의 일반 경제에서 확장 및 침체 단계가 지속된 개월 수를 보여줍니다. 다행히 오늘날 우리는 검은색으로 표시된 경기 침체 기간이 녹색으로 표기된 경기 확장 기간보다 훨씬 짧은 것을 알 수 있습니다. 우리가 야윈 암소 시대에 있었을 때는, 이 기간이 끝이 없고 매우 길게 보였지만, 2008년의 경제 대불황 시기에서도 이 기간은 '오직' 18개월 동안만 지속되었습니다.

이 책을 출판하려 원고를 보낸 시점이 2020년 9월이었는데, 이미 2019년 6월 이후 역사상 가장 긴 경기 확장 기록을 달성했으며, 이후에도 경기 침체 없이 연속적으로 133개월라는 지표를 달성했습니다.

일반적인 경제의 관점에서, 해당 국가 / 도시의 국내 총생산(GDP) – 아르헨티나를 비롯한 일부국가에서는 Gross Geographic Product 또는 GGP – 가 2분기 이상 연속으로 하락할 때 경제가 '경기 침체'에 진입한 것으로 간주합니다. 위 주기 그래프에서 볼 수 있듯이 미국 사무실 시장의 장기평균임대율은 94%입니다.

이 주기의 최악의 순간에 임대율은 88%로 떨어졌는데, 이는 시장에 공실률이 12%가 된다는 의미와 같습니다. 가장 좋았던 기간의 임대율은 99%이며, 소유주가 수리를 하거나 새로운 세입자가 한 사무실에서 다른 사무실로 이동할 때 항상 1%의 공실이 있습니다.

이제 주기를 16개의 각기 다른 시점으로 나눈 것을 볼 수 있을 것입니다. 그리고 이를 주기의 위치 혹은 단계라고 합니다. 이 주기는 1995년부터 2007년까지 12년이라는 특정 기간 동안 지속된 것입니다. 그래서 각 단계가 약 9개월씩 나뉘어진다고 추론할 수 있습니다. 그러나 모든 단계가 반드시 동일한 시간 동안 지속된 것은 아니며, 일부 단계는 다른 단계 보다 짧을 수 있습니다.

A. 회복의 단계(1~6번)

회복의 단계는 1번 지점에서 시작하여 6번 지점에서 끝나는 것을 볼 수 있습니다.

번호가 매겨진 각 지점 옆에 추가된 숫자는 무엇일까요? 이전 지점에 대한 변동된 임대료를 뜻합니다. 1번 지점에서 우리는 이전 주기에 비해 이 주기단계에서 임대료가 3% 하락('-3.0 %')한 것을 볼 수 있습니다. 당연한 결과입니다. 우리는 주기의 최저점 부분에 있으며, 소유주는 훨씬 더 오랫동안 공실로 부동산을 두는 것보다 임대료를 낮추기를 원합니다. 임대하지 않는다면 관리비만 지불하게 될 것입니다. 그들은 이것을 저울질하여, 조금이라도 손해를 덜 보는 방향으로 임대료를 낮출 것입니다.

임대 소유주의 경우, 임차인에게 더 저렴한 사무실로 이동할 수 있는 다른 옵션이 있기 때문에 임차인과 임대료를 협상할 것입니다. (물론 이것은 이사 비용과 같은 몇 가지 제한 사항이 있습니다. 또한, 사무실의 경우 각 세입자의 사용에 맞게 공간을 개조하고 조정해야 할 때 비용이 많이 들 수 있습니다.)

소유주는 여러 가지 옵션들을 저울질합니다. 만약 기존 세입자를 떠나게 한다면, 다른 세입자를 들이기 위해 새로운 중개인을 찾아야 하며, 중개 수수료를 지불해야 합니다.

경쟁이 치열한 시장에서 새로운 임차인을 확보하는 데 몇 달이 걸릴 수 있으며, 그동안 관리비를 부담해야 합니다. 사무실은 아마도 페인트를 칠하고, 낡은 카펫을 교체하고, 기타 비용을 지불해야 할 수도 있습니다. 이미 수년간 알고 있는 현재 세입자가 임대료 인하를 요구할 때, 소유주는 임대료 인하를 제공할 가치가 있는지 없는지에 대한 이 모든 계산을 이미 머릿속에서 하고 있을 것입니다.

협상 기간 중에 새로운 임차인이 집을 수리하고 사무실 인테리어를 진행하는 동안 소유주에게 몇 달간의 무료 임대를 요구할 수도 있습니다. 또는 소유주에게 이러한 개선 비용의 일부를 지불하도록 요청할 수도 있습니다. 이러한 요청에 대한 응대는 임대 계약기간 동안 실제 임대료의 감소로 이어집니다.

2번 지점에서 몇 달이 지나 임대율이 약간 상승한 것을 볼 수 있습니다. 결과적으로, 소유주는 새로운 세입자에게 실입주 금액 감축을 단지 1.5% 정도로 수용하고, 더 이상 3% 이상으로 인하할 필요가 없어졌습니다.

이것은 여전히 임대료 감축 또는 일종의 양보이지만 이미 이전 지점에서 포기하려는 것보다는 적은 금액입니다.

몇 달이 더 지나 3번 지점에 도달합니다. 임대율은 약 90%이상이며, 시장은 회복의 조짐을 보이기 시작합니다. 전체 경기도 회복되고 있으며, 새로운 사업을 확장하거나 시작할 계획인 기업가들도 많이 있습니다. 빈 사무실과 더 많은 매물들을 보기 위해 많은 사람들이 방문합니다.

부동산 중개인 혹은 다른 건물의 소유주들과 정보를 나눕니다. 그리고 그들은 모두 부동산 시장이 동일한 경향을 보이고 있다고 말합니다. 인터넷 시대에서 해당 지역에 임대할 사무실 수, 임대 계약 중으로 예약된 사무실 수, 최근 임대한 사무실 및 임대료에 대한 자세한 정보들이 매주 제공됩니다. 소유주는 임대료 조정 요청을 받았을 때와 비교하여 임대료를 인하할 필요가 없다는 것을 확신하게 되고, 2번째 지점에서 몇 달 전에 임대했을 때보다 0.3% 인상된 거래를 하게 됩니다.

다음 4번 지점과 5번 지점에서 동일한 상황이 반복됩니다.

시장은 지속적으로 개선되고 임대율은 계속 증가하며 장기평균임대율에 가까워집니다. 이로 인해 소유주는 더 안정감을 느끼고, 임대료를 각각 2.7%와 3.2%로 인상하기 시작합니다.

보시다시피 임대료의 증가는 특정 시장의 임대율(공실률) 수준과 깊은 상관관계가 있습니다.

이것은 분명한 것처럼 보이지만, 우리가 일상에서 그것을 잊어버리는 경향이 있습니다.

그렇다면, 임대료가 내려가지 않는다고 해서 이전 단계에서와 같이 소유주가 더 이상 금전적인 손해를 보지 않고 있다는 것을 의미하는 것일까요? 임대료가 3.2% 증가한다면 구매력에 손실이 없다고 간주할 수 있을까요?

대답은 '아니오' 입니다.

구매력을 측정하려면 임대료의 상승을 경제 전반의 인플레이션율과 비교해야 합니다. 이것을 우리는 '실질 인상률(Inflation-Adjusted Increase Rate)'이라고 부르며, 즉 투자자가 인플레이션의 효과를 제한 후 가지는 인상률 입니다.

그렇다면, 신규 도시(또는 국가)에서 주기를 매핑할 때, 그리고 다음 사업을 어디서 계획해야 하는지 파악하기 위한 두 번째 중요 요소를 여기에 삽입합니다.

해당 시장의 평균 인플레이션율을 알고 있습니까? 미래를 예측하는 힘을 키우는데 도움이 되는 두 번째 요소이기 때문에 알고 있어야만 합니다.

그 기간 동안 미국의 평균 인플레이션율은 연간 4%대였습니다. 즉, 소유주가 임대료를 연간 4% 이상 인상할 수 없는 한 그는 인플레이션에 비해 투자력을 잃고 있다는 것입니다. 다시 말해, 실질적인 부의 증가가 아니라 표면적인 증가에 불과할 수 있다는 것입니다. 인플레이션 이상으로 인상할 수 있을 때만이 실질적인 부의 증대를 이뤘다고 할 수 있을 것입니다.

우리는 이제 6번 지점에 도달합니다. 여러 이유로 매우 특별한 순간처럼 보이는 지점입니다.

무슨 일이 일어나고 있는 것일까요?

한편으로, 시장은 장기평균임대율 (이 경우 94%) 에 도달했습니다.

우리는 이제 주기의 좋은 부분과 나쁜 부분을 나누는, 우리가 원하던 가로방향의 점선 위에 있습니다.

투자자들이 이제 비관적인 태도를 멈추고 투자를 늘리고자 하는 낙관적이며 열망적인 순간입니다. 좋은 일이 아직 일어나지 않았지만, 시장의 흥분이 느껴집니다. 소유주들은 사무실을 너무 오래 비워 둘까 봐 걱정하지 않고 임대료를 4% 올릴 수 있다는 확신을 가지게 됩니다. 하지만 잠깐!

조금 전에 수평의 빨간색 점선이 장기평균임대율(장기임대율)이라고 말했지만 이제는 '그곳에 평균 인플레이션율이 있다' 라고도 말할 수 있습니다.

두 가지가 겹치는 이유는 무엇일까요? 대답은 간단합니다.

시장이 침체기에 있는 동안 소유주는 임차인을 잃게 될 경우, 새로운 임차인을 구할 수 없다는 두려움으로 임대료를 크게 올릴 수 없었습니다. 그는 여러 기간 동안 손실을 겪은 후, 이제 회복을 시작한다는 것에 행복을 느낍니다.

즉 이제 인플레이션과 동일한 비율로 임대료를 올릴 수 있습니다!

이제 수평의 빨간색 점선은 장기 임대율 뿐만 아니라 평균 인플레이션율을 나타냅니다.
평균 인플레이션율은 장기 임대율과 밀접한 관련이 있습니다.
임대율이 평균보다 높으면 임대료가 인플레이션보다 더 많이 인상되고, 반대로 임대율이 평균보다 낮으면, 임대료가 인플레이션보다 더 적게 인상될 것입니다.

우리가 개발을 계획하고 있는 시장의 주기 매핑을 하는 데 필요한 주요 데이터 중 하나입니다.

한편, 제가 하버드에서 가르치는 부동산 주기 관련 수업에서 학생들에게 **'당신이 평소와 같이 사업을 영위하고 있는 국가나 도시에서, 여러분들이 다루는 부동산 자산의 유형에 대한 장기 임대율을 알고 계십니까?'** 라는 질문을 합니다. 이들은 최소 15년의 경험을 가진 전 세계에서 온 MBA 부동산학과 학생들입니다. 그러나 대답할 수 있는 학생들은 절반 미만에 불과합니다.

이렇게, 이 책을 읽는 독자분들께도 동일한 질문을 합니다.

'당신이 평소와 같이 사업을 영위하고 있는 국가나 도시에서, 여러분들이 다루는 부동산 자산의 유형에 대한 장기 임대율을 알고 계십니까?'

대답이 '아니요'라면, 즉시 나가서 해답을 찾으시기를 권장해 드립니다.

B. 확장 단계

그런 다음 주기의 새로운 단계인 **확장 단계**에 진입합니다. 여기서 임대료는 인플레이션율보다 더 많이 상승하고, 임대 가능한 사무실이 부족하기 때문에 세입자는 이를 받아들일 수 밖에 없습니다. 이제 기존 사무실들이 계약되고, 매물의 약 6%만 공실이므로, 소유주에게 더 유리하게 작용하기 시작합니다. 현재 임차인의 선택 옵션이 그리 많지 않다는 것을 알고 있으며, 다른 공간으로 이사해야 하는 경우 이사 비용, 리모델링, 새로운 장소로 이전하는 불편함이 더해져야 한다는 것을 알고 있습니다. 아마도 많은 직장인들이 직장 근처 가까운 곳에서 사는 것에 익숙하며, 근거리라는 이유로 직장을 선택했을 것입니다. 만약 실업률이 낮을 때, 사무실이 집과 먼 곳으로 옮겨진다면, 그들 중 일부는 퇴사를 결정할 수도 있습니다.

이는 새로운 직원을 교육하는 데 추가 비용이 발생할 수 있는 것을 의미하며, 이러한 문제를 보완하기 위한 급여 인상으로도 이어질 수 있습니다.

이동이라는 기회에 드는 비용은 가치가 없습니다. 결국엔 돈을 아끼는 대신 더 많이 쓰게 될 것이기 때문입니다.

7번 지점에서 우리는 임대율이 계속 상승하고 있으며, 지금은 과거 평균치인 94%를 초과하고 있음을 알 수 있습니다.

이 시점에서는 다음을 명확히 하는 것이 중요합니다. 일부 시장에서는 임대율 대신 공실률을 더 많이 사용한다는 것입니다. 공실률은 논리적으로 임대율의 반대를 의미하며, 두 수치의 합은 항상 100%가 됩니다. 임대율이 94%이면 공실률이 6%임을 의미 합니다.

공실이 계속 감소함에 따라 소유주는 임대료를 6.4% 인상할 수 있었으며, 이는 인플레이션율 4%보다 훨씬 높았습니다. 다음 지점에도 이 현상이 계속 반복됩니다. 시장 임대율이 높을수록 인플레이션에 비해 임대료가 더 빨리 상승할 것입니다.

우리는 '임대인 시장 또는 건물주 시장'이라고 불리는 곳에 있습니다. 임차인이 조종석에 앉아 시장을 직접 통제할 수 있었던 주기의 순간들은 사라졌습니다(그 순간들을 '임차인 시장 또는 세입자 시장'이라고 합니다). 이 예에서 보시다시피, 8번 지점에서 6.7%, 9번 지점에서 10.5%, 10번 지점에서 12.5%, 11번 지점에서 11%의 임대료가 상승하는 것을 볼 수 있습니다. 모두 매우 높은 인상률입니다.

4%의 인플레이션율보다 높습니다. 이것은 수요가 '깨어나는' 순간이지만, 시장에 아직 건설 중인 새로운 매물이 없습니다. 그 순간 어떤 일이 일어나게 될까요?

개발자는 아마도 토지를 구입하기 시작하고, 건축가와 엔지니어를 고용하여 프로젝트를 설계하며, 투자자와 은행가에게 연락하여 자금을 조달할 것입니다. 몇 달 (또는 캘리포니아와 같은 일부 시장에서는 몇 년)의 기간이 걸릴 것입니다. 이 기간 동안 도시 계획 당국에 건축 승인을 위해 프로젝트를 제출하고, 허가를 받아야 합니다.

이 모든 것이 오랜 시간이 걸리고 공급이 수요를 따라갈 수 없으며, 부족이 발생합니다.

아시다시피, 자유 경제에서 재화가 부족할 때 그 재화의 가격이 상승하기 시작합니다. 이것이 이 단계에서 일어나는 일입니다.

이 기간에 과도하게 상승하는, 임대료의 최고치를 보게 될 것입니다.

일반적으로 상당히 긴 기간입니다. 새로운 매물이 시장에 나오게 됨으로 이전보다 임대료가 더 인상되지 않습니다.

신축 공사 시작

잠시 숨을 돌리면서, 8번 지점을 자세히 살펴보겠습니다. 이 지점은 녹색으로 구분됩니다. 이것은 무엇을 의미하는 것일까요?

이것은 새로운 오피스 빌딩 개발사업을 다시 시작해야 하는 지점입니다.

왜 그럴까요?

임대료가 상승하여 임대 사업에 바탕을 둔 개발자의 자금사정에 충분한 타당성을 부여했기 때문입니다. 좋은 사업이 되려면, 임대료에서 부동산 관리 비용이 충당되어야 합니다. 부동산의 임차 여부와 관계없이, 재산세, 건물 보험 등과 같은 고정 비용이 발생합니다. 기타 비용은 가변적이며, 부동산의 임차 정도에 따라 다릅니다. 전기세, 수도세, 쓰레기 수거 비용 등이 있습니다. 임대가 많이 될수록 이러한 비용이 높아집니다.

부동산이 모기지론(부동산 담보대출)으로 매입 또는 건축된 경우, 개발자는 상환 금액에 해당하는 이자와 원금을 매월 갚아나가야 합니다. 모든 제반 비용을 지불 후에 이익이 생겨납니다. 이것이 개발 업자가 사업을 시작한 이유입니다.

임대료가 낮았을 때는, 예상 이익이 없거나 너무 적었습니다. 우리가 회상하듯이, 첫 번째 지점에서는 인플레이션 증가 조차도 충당하지 못했습니다.

그러나 최근 지점들에서 임대료가 관리 비용들을 충당하게 되었고, 개발자가 새로운 건축을 시작하기에 충분한 수익을 창출하게 되었습니다.

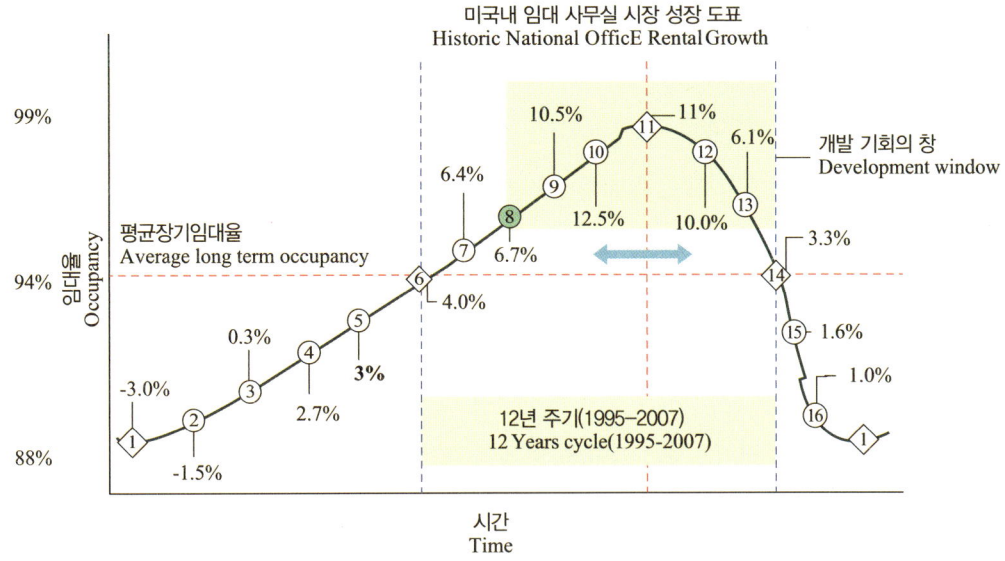

이 그래프에서 '개발 기회의 창'을 볼 수 있습니다. 즉, 새 프로젝트를 시작하고 완료해야 하는 주기의 순간으로서 이로운 결과들을 창출할 수 있는 주기라는 것입니다. 우리는 '좋은 프로젝트였는데 건축을 완료했을 때, 시장에 큰 위기가 있어 매매할 수 없었습니다. 안타깝게도 실패했습니다.'라는 말을 여러 번 들었습니다.

운이 나쁘다? 저는 이것에 동의하지 않습니다. 90% 이상이 운과 관련이 없습니다. 우리는 수백만의 비용이 드는 프로젝트를 수행하며, 그리고 그것이 마치 복권인 것처럼 운에 복종해서는 안 됩니다.

주기가 작용하는 방식을 이해하고, 우리가 어떤 단계에 있는지 파악하면 프로젝트는 더 이상 운에 영향을 받지 않습니다. 시작하기 좋은 타이밍인지 또는 다음 유리한 주기가 도착할 때까지 기다려야 하는지 결정할 수 있는 요소가 있으므로, 합리적인 결정을 내릴 수 있습니다.

기회의 창을 정의하는 직사각형을 볼 때 가장 먼저 생각나는 것이 무엇입니까?

주기의 전체 면적에 비해 얼마나 작습니까?

이 그래프를 통해 부동산 개발 사업이 경기의 기복에 따라 매우 위험하고 민감한 이유를 분명히 알 수 있습니다.

'개발 기회의 창' 안에서 프로젝트를 시작하고 완료하지 않으면 비즈니스 성공이 확실해지지 않습니다. 그것은 모두 타이밍의 문제이며 우리가 실수를 해도 되는 공간이 그리 많지 않다는 것을 알 수 있습니다.

제 학생들이 여러 번 저에게 이렇게 말하였습니다. '더 일찍 시공을 시작한다면, 시간을 벌고 개발 주기가 막 시작될 때 이미 준비되어 있지 않겠습니까?', 이것은 이상적이지만 불행히도 대부분의 경우 불가능합니다.

예를 들어, 우리가 은행 대출로 프로젝트 자금을 조달하려는 경우, 은행 측은 아직 시기가 너무 일러서 대출을 실행할 수 없다고 말할 것입니다. 또는 콘도 분양 프로젝트인 경우, 여전히 시장이 불황 상태에 있기 때문에, 도달하기 힘든 사전 분양 판매율을 요구할 것입니다.

그럼에도 불구하고, 이러한 상황에서 프로젝트의 특정 단계들을 발전시킬 수 있으며, 우리의 지식을 활용하여, 우리에게 유리하도록 주기에 베팅할 수도 있습니다.

다음 장에서 말씀드리겠지만, 마이애미 콘도 시장이 여전히 깊은 침체기에 있었을 때, 제 파트너와 저는 좋은 위치에 있는 공터를 터무니없는 가격으로 구입할 수 있는 좋은 시기라는 것을 알아차렸습니다.

그런 다음 천천히 프로젝트를 설계하고 계획하기 시작하였습니다. 프로젝트의 금융계획 단계를 그렇게 일찍 시작하게 됨에 따라 다음과 같은 몇 가지 단점들이 나타났습니다.

예를 들어, 시장이 활성화됨에 따라 건설 비용이 증가하기 시작하면서, 건설 예산과 수익성 분석을 여러 번 변경해야 했습니다. 하지만 의심할 여지없이 우리는 누구보다도 먼저 건축을 시작해야 했습니다. 건축 비용이 여전히 타당할 때 시공 계약을 하였고, 마이애미 시장이 공급 과잉 단계로 들어가기 전, 콘도 시장이 폭발하기 전에 완공을 하고 분양을 하였습니다. 우리는 모든 것이 '타이밍, 타이밍, 타이밍'이라고 말하면서 시작했고, 느리지만 타이밍이 적절한지 판단할 수 있는 방법을 알게 되었습니다.

이 모든 것을 염두에 두고 있을 때 결정의 순간이 옵니다. 건축을 시작하거나 혹은 기다리십시오. 그러한 결정을 내리는 것이 쉽지 않다는 것을 잘 알고 있습니다. 아마도 프로젝트의 예비 단계에 많은 시간과 돈을 투자했을 것입니다.

부지를 선택해 선점하고 있는 중 (또는 미국에서 쓰는 용어로 '계약 중') 일 수도 있을 것입니다. 이미 예산을 맞춰놓고, 청사진을 가지고 있으며, 투자자와 은행가들에게 연락하였을 수도 있을 것입니다. 그리고 더군다나 가장 안 좋은 일인 프로젝트와 사랑에 빠졌을 수도 있다는 것입니다.

그런 상황에서는 포기가 어렵습니다. 용기와 불굴의 의지가 필요합니다. 때때로 투자자들에게 돌아가서 '지금은 진행하지 않을 것입니다.'라고 말하는 것이 부끄럽습니다. 그들이 돈을 가지고 다른 개발자에게 투자할까 봐 두렵기도 합니다.

그러나 장기적으로 투자자들은 우리에게 감사할 것이며, 우리의 태도를 소중히 여길 것입니다. 미래에 더 많은 수익을 올리기 위해, 당장 오늘의 개발자 수수료를 포기한 것입니다.

실패로 끝나는 프로젝트는 오래도록 최악의 광고로 남게 됩니다.

그러나 주기를 매핑하고 미래를 이해하는 것은, 우리에게 또 다른 옵션을 제공합니다. 전략을 여러 번 재설계하고, 그에 대한 방법을 찾거나, 새로운 옵션을 분석할 수 있다는 것입니다.

그것이 제가 2008년 마이애미에서 부동산 버블이 터지고, 부동산 가격이 폭락했을 때 결정해야만 했었던 것이었습니다.

주기의 정점에 도달하면서

시장 확장 주기의 정점인 11번 지점에서 잠시 멈춰보겠습니다. 이론적으로 우리는 시장에서의 수요와 공급이 동일한 바로 그 순간이라고 말합니다. 불행히도 앞서 언급했듯이, 개발 프로세스의 대부분의 주체자들은 이 균형에 도달한 시기를 인식하지 못합니다. 신문에 나오는 뉴스도 아니며, 해당 분야의 많은 전문가들이 따르는 정보도 아니기 때문입니다. 설상가상으로 확장 기간에는 모두가 활기차고 행복해합니다. 다른 장에서 심리적 주기를 분석하고 심리가 주기와 어떻게 많은 관련이 있는지 살펴볼 것입니다. 인간은 무리를 따르는 경향이 있습니다.

대부분의 사람들이 무언가를 할 때 '모두 틀렸습니다.' 라고 말하는 것은 매우 어렵습니다.

다음의 역설적인 슬로건과도 같습니다. '쓰레기를 먹어 보시오, 수백만 마리의 파리가 틀릴 수가 없소.'

과잉 공급 기간 동안 부동산 중개인이 터무니없는 가격으로 부지를 제공하려고 저에게 연락하는 것은 매우 흔한 일입니다. 제가 수치를 먼저 보고, 부지 가격이 과대평가되었음을 즉시 알아챕니다.

저는 이러한 유형의 부동산에 대한 연구와 다년간의 경험을 가진 전문 중개인들을 불편한 마음으로 마주하게 됩니다.

제가 그들에게 땅값이 말이 안 된다고 말하면 그들은 '왜 그렇게 말합니까? 한 블록 떨어진 곳에 다른 개발자도 이 가격으로 구입했습니다.'라고 말합니다.

그에 대한 저의 역설적인 대답은 '제가 당신이라면 그 매수자가 저지른 실수를 깨닫기 전에, 이 땅을 그에게 팔려고 달려갈 것입니다.'입니다.

그렇기 때문에 수치를 냉정하게 분석하고, 시장에 대해 배워, 주기를 매핑하는 것은 매우 중요한 일입니다.

다음 주기 단계로 넘어가기 전에 11지점 앞에서 한 가지 더 특이한 점을 알아봅시다.

10번 지점에서는 임대료가 이전 단계에 비해 12.5% 인상되었습니다. 그러나 임대율의 최대값에 도달한 11번 지점에서 증가폭이 약간 줄어들었으며, '단지' 11%였습니다.

이렇게 둔화된 이유는 무엇일까요?

부동산 평가의 원칙 중 하나는 예측의 원칙(Principle of Anticipatoin)입니다. 바로 이러한 일이 이 지점에서 일어나고 있는 일입니다. 소유주와 임차인 모두 시장이 과열되었음을 알게 됩니다. 그들은 또한 많은 새로운 프로젝트가 완료되고 있고, 많은 회사가 새로운 사무실로 이전하기 위해 오래된 사무실을 떠나고 있다는 것을 알고 있습니다. '주기의 끝'이 다가오고 있으며 주체자들은 그것을 미리 인식하기 시작합니다.

소유주들은 임대료가 인플레이션보다 훨씬 더 많이 인상되고 있기는 하지만, 몇 달 전처럼 많이 상승하지는 않았다는 것을 알게 됩니다. 그것은 '예언된 죽음의 연대기' 또는 이 주기의 단계가 끝나는 것의 시작이라고 말할 수 있습니다.

다시 말하지만, 이것이 언제 시작되는지 감지할 수 있다면, 우리의 직업적인 성공에 매우 귀중한 결과를 가져다 줄 만한 멋진 일을 한 것입니다.

C. 과잉 공급 단계

사이클의 최악의 순간에 시작된 회복 단계와는 달리, 매우 낮은 공실률과 높은 주택 임대 가격으로, 공급 과잉 단계는 소유주와 개발자의 관점에서 볼 때 시장의 가장 좋은 시기에 시작됩니다. 이 예에서 볼 수 있듯이 공실률은 1%에 불과합니다.

임대료는 지난 5개 지점들에서 인플레이션 이상으로 상승했으며, 이는 확실히 수개월 또는 수년의 기간을 나타냅니다. 이와 같은 기간에는 '낙천주의의 풍토'와 '노다지의 느낌'이 있습니다. 많은 새로운 프로젝트가 건설 중이며, 다른 프로젝트는 계획 단계에 있습니다. 일부는 이미 완료되어 새로운 세입자에게 임대되었습니다.

명백한 위험 신호가 없기 때문에, 많은 새로운 프로젝트가 이 단계에서 기존 재고 물량에 계속 추가되어, 임차인이 필요로 하는 매물 수를 초과할 것입니다. 결과적으로, 임대율은 천천히 반대 방향으로, 즉 장기 임대율에 다다르기 시작합니다. 확장 단계에서 일어난 일과 정반대로 일치하는 현상입니다.

소유주가 여전히 합리적인 임대율과 임대료로 매물을 임대할 수 있기 때문에 아직 '고통스러운 공급 과잉'은 없습니다.

공급 과잉 단계라고 하더라도 소유주는 '고통을 겪지 않습니다.' 첫 번째 단계의 이름인 '확장'이 긍정적으로 들렸지만, 시장에서 그렇게 인식되지 않았다고 말했듯이 이 '공급 과잉' 역시 마찬가지입니다. 공실이 증가함에 따라 소유주 자신의 지위를 완화하기 시작합니다. 여전히 임대율이 인플레이션율보다 높은 상승률을 보이고, 구매력이 실질적으로 증가합니다. 12지점에서는 10%, 13지점에서는 6.1% 증가하는데, 이는 연간 4%의 인플레이션에 비해 그 상승이 무시할 수 없는 수준입니다. 14지점에서만 상승률이 3.1%로, 주기의 마지막 단계인 경기 침체 단계의 시작을 알립니다.

공급 과잉 단계에서는 신규 프로젝트 수가 줄어들 것입니다. 신규 프로젝트 수가 줄어들지 않는다면 이 기간이 길어질 것입니다.

반대로 점점 더 많은 개발자가 '무리를 따른다면' 신규 프로젝트 수가 가속화될 것이며, 더 많은 새로운 매물이 시장에 폭발적으로 늘어나면서 임대율은 빠르게 떨어질 것입니다. 공실이 많아져 조만간 소유주는 공실 기간이 길지 않도록 임대료 할인을 제공하기 시작할 것입니다. 14지점에서 우리는 다시 장기 임대율과 일치하는 임대 수준에 있으며, 보시다시피 임대료 인상은 이미 인플레이션보다 낮습니다. 소유주가 다시 '적색 지대'에 들어가고 구매력이 떨어지기 시작하며, 우리는 다시 '세입자 시장'에 진입합니다.

D. 침체 단계

여기서부터는 모든 것이 내리막길일 것입니다. 주기의 마지막 지점에서 경제는 이미 침체기에 있습니다. 공실률은 각 기간마다 증가하고, 가격은 15지점에서 계속 감소하여, 1.6%만 증가하고, 16지점에서는 이전 수치와 비교하여 '−1%'의 손실이 발생합니다. 소유자는 적어도 고정 비용을 충당하고, 돈을 잃지 않기 위해 첫 번째 단계에서와 같이 임대료를 낮춥니다.

시장이 바닥을 친 것입니다.

임대율이 계속 떨어지는 이유는 무엇일까요?

프로젝트를 시작하고 구축하는 데는 몇 년이 걸립니다.

이 단계에서는 더 이상 건설을 시작하는 프로젝트가 없을 것이며, 개발 전단계에 있던 다른 많은 프로젝트는 빛을 보지 못하고 중단될 것입니다. 그러나 더 나았던 시기에 시작된 많은 프로젝트가 아직 건설 중이며 이 기간 동안 완료될 예정입니다.

시장의 수요 성장에 비해 공급의 성장이 과도한 경우 경기 침체의 정도가 심각해집니다. 건설 중인 신축 건물이 완공되고, 수요가 서서히 공급을 초과하기 시작하면 경기 침체는 결국 바닥을 칠 것입니다. 그리고 주기는 계속해서 다시 시작될 것입니다.

사이클의 최악의 지점에서 우리들이 이를 잊어버리기는 하지만, 항상 16지점 이후, 1지점으로 다시 돌아갈 것입니다.

주기는 반복적이며 동일한 논리에 의해 계속해서 작동됩니다.

그러나, 이 주기가 항상 전진하며 동일한 순서로 이동하고 있나요?

다음 장에서 살펴보겠지만 항상 그런 것만은 아닙니다.

제4장

주기의 회기와 시장 균형

A. 주기가 항상 전진하고 있습니까?

2014년 마이애미의 임대 주택 시장은 12번 지점에 있었습니다. 많은 새로운 프로젝트가 건설 중이거나 개발 전단계에 있었고, 2016년 어느 시점에서 시장이 장기 임대율에 도달한 후 경기 침체에 진입할 것이라고 예측했습니다.

다음 주기 차트는 예상했던 대로 주기가 다음 단계의 한 지점으로 이동했으며, 마이애미는 이미 13번 지점에 있음을 나타냅니다.

이 그래프는 그 상황을 보여주며, 이는 2014년 마지막 분기에 미국에서 가장 중요한 50개 도심에 대해, 글렌 뮬러[8] 교수가 작업한 임대목적 아파트의 주기를 나타내는 '지도'입니다. 위에서 언급했듯이 그는 가장 중요한 5가지 유형의 부동산 자산에 대한 통계를 1년에 4번 수집합니다.

---

8 Glenn Mueller

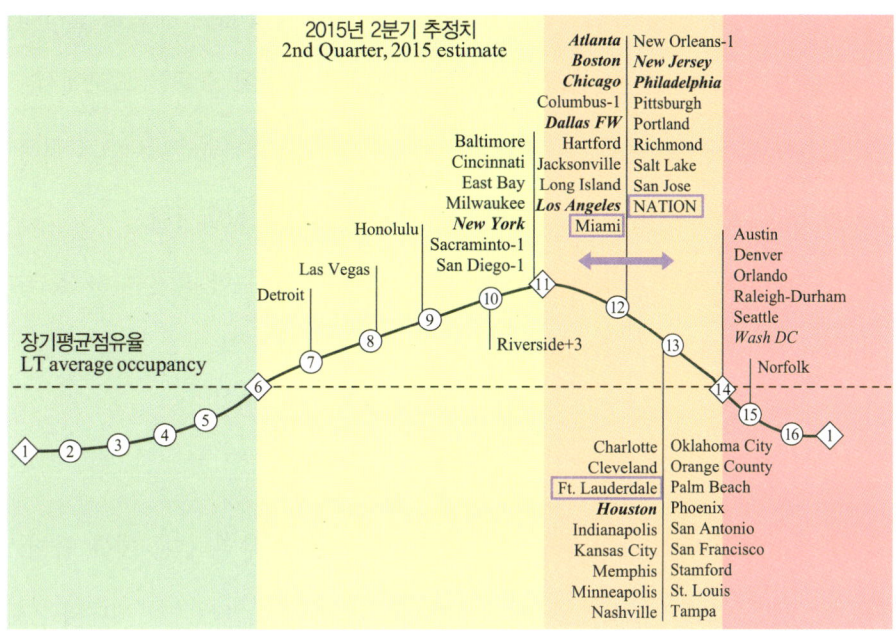

[아파트 시장주기 예상치(Apartment market cycle forecast)]

그러나 1년 후에, 시장은 위치 12지점으로 돌아왔습니다. 무슨 일이 일어난 것일까요? **주기의 매 순간마다 공급과 수요 사이에 '긴장된 균형'이 있다고 말할 수 있습니다.** 이 경우 시장에 나온 추가 매물들로 인해 신규 공급에 대한 강한 모멘텀이 있었던 것은 사실입니다. 그러나 수요 측면에서는 위의 균형을 이룰 뿐만 아니라 이를 능가하는 현상이 있었습니다. 마이애미는 최근 몇 년 동안 통계학적으로 인구 구성이 변경되고 있었습니다. 20년전 이곳은 잠자는 도시였는데, 다른 지역에서 온 많은 노인들이 은퇴 후의 삶, 즉 생의 마지막 시기를 이곳에서 보내고자 하는 곳이었습니다. 그들은 일 년 내내 따뜻한 기후와 생활비를 절감할 수 있는 곳을 찾고 있었습니다.

최근 도시는 활력을 되찾았고, '젠트리피케이션'의 과정을 거쳤습니다. 나중에 살펴보겠지만, 이러한 인구 통계학적 변화는 주기의 기복에 영향을 미치는 근본적인 요소입니다.

많은 젊은 밀레니엄 세대가 컨설팅, 기술 및 금융 회사의 수많은 새로운 일자리를 위해 마이애미를 거주지로 채택했습니다. 도심지는 오후 6시 이후에 조용한 도시에서, 퇴근 후 즐거운 시간을 보낼 수 있는 활기 넘치는 바, 레스토랑으로 바뀌었습니다. 그 결과 임대율은 하락하지 않고, 반대 방향으로 이동하여, 다시 증가하게 되었습니다.

결론적으로 시장이 모든 경우에 지속적으로 전진하지는 않는다고 말할 수 있습니다. **때때로 사이클의 전 단계들로 되돌아갑니다.** 이를 회귀라고 합니다.

다음과 같은 경우에 발생할 수 있습니다.
- **수요가 예상보다 빠르게 증가**하고, 공급을 초과하는 경우입니다. 예를 들어 2008년 금융 위기 이후 노동 시장에 뛰어들어 좋은 임금을 받는 밀레니엄 세대와 Z세대들이 경기가 회복하는 동안 아파트 수요 증가를 밀어붙입니다.
- **공급이 예상보다 적을 때**: 대부분의 경우, 시장이 경기 침체를 '예상'하고, 개발 전단계에 있던 일부 프로젝트를 중단하기 때문에 이러한 일이 발생합니다. 다른 경우로는 개발자가 신규 건설 프로젝트를 시작하는 데 시간이 더 오래 걸렸거나, 계획 부서가 프로젝트 승인 기준을 강화하거나 은행이 신규 프로젝트의 자금 지원을 위한 요구사항을 강화한 경우들에서 발생합니다. 이 경우 새로운 매물들이 시장에 진입하는 데 훨씬 더 오래 걸리며, 이는 실질적으로 수요와 공급 간의 불균형을 초래합니다.

그때 사이클이 몇 단계 전으로 회귀 될 수 있습니다. 혹은 이러한 긍정적인 변수 중 일부가 사라지고, 정상적인 주기의 발전과정이 재생성되기 까지 평소보다 더 오랜 시간 동안 '긴장된 균형' 상태에 머무를 수도 있습니다.

중요한 것은 이러한 '긴장된 균형'의 순간이 확장 단계의 끝 부분과, 공급 과잉 단계가 시작될 때 자주 발생한다는 것입니다. 시장이 과열 위험의 조짐을 보이고 있다는 것을 느끼고, 경기 침체기에 진입하고 있는 것을 알아차리게 됩니다. 그러나 매매율이 동일하게 유지되거나, 거래(또는 임대)가 저조하더라도 거래 가격이 떨어지지 않는 것을 보고 놀라게 됩니다.

이렇게 생겨난 현상을 '파급 효과' 또는 'spillover'라고 부릅니다.

한편으로 구매자(또는 임차인)는 '군집 효과'에 따라 움직입니다. 한 사람이 구매하면 모든 사람이 구매합니다. 시장에는 행복감이 있으며 아무도 배제되기를 원하지 않습니다. 공실이 증가하는지 여부는 중요하지 않습니다. 그 순간에는 또 다른 논리가 있는 것입니다.

이는 2008년에 일어난 일처럼, 시장 붕괴 기간 동안 발생합니다. 모두가 상황을 잠시나마 벗어나길 원했고, 투자자들은 공황 상태였습니다. 그리고 거래 가격은 지속적으로 하락했습니다. 모두가 판매 매물로 내놓았고, 예언이 현실이 되었습니다. 실제로 가격은 폭락했습니다.

동시에, 이 단계에서 대출 허가가 훨씬 높게 나타납니다. 은행은 안전하다고 느끼고, 새로운 구매자들에게 대출을 실행할 가능성이 높습니다. 신용도를 낮추어 접근성이 높아지게 되고, 구매자뿐만 아니라 좋은 금리의 건설 자금 대출에 개발자들의 접근이 더 쉬워 집니다. 이자 지불은 신축 공사의 가장 큰 비용 중 하나라는 것을 기억합시다. 따라서 개발자가 낮은 이율로 대출받을 수 있을 때, 사업 진행 건들이 훨씬 많습니다. 장기적으로 이것은 과도한 건축 공사들을 생겨나게 하여, 결과적으로 새로운 매물들의 공급 과잉을 초래합니다.

이 단계에서 구매자는 대출의 기회가 더 많아집니다. 이자율이 낮아지면 상환액도 낮아져, 더 높은 가격으로 부동산을 구입할 수 있습니다. 이는 대출 시장이 제한될 때보다는 가격이 높게 형성된다는 것을 증명해줍니다. 매매가를 높이게 되면, 개발자는 더 높은 수익을 얻을 수 있고, 주기 지속 기간이 길어집니다.

요컨대, 주기의 여러 단계에서 시장이 같은 지점에 머무르거나, 한, 두 지점으로 후퇴하거나 혹은 이 장의 시작 부분에서 언급한 '정상적인' 방향으로 전진할 것인가의 '갈림길'에 있는 순간을 발견하게 될 것입니다.

B. 시장이 언젠가 균형에 도달하기는 할까요?

앞서 말했듯이, 시장의 '균형점'은 현실에 존재하지 않는 이상적인 순간입니다. 개발자들이 '수요가 공급을 초과하는 날'을 동시에 파악하지 못하기 때문입니다.

앞장에서 보았듯이, 탄산음료 공장에서처럼 수도꼭지를 잠글 수 있는 사람, 그 사람은 없습니다.

따라서, 개발자는 시장에서 요구하는 것보다 더 많은 프로젝트를 계속 추진할 것이며, 조만간 공급 과잉 단계에 도달할 것입니다.

잠시 동안 시장의 균형이 어떻게 생겨나게 되었는지, 그리고 그 순간에 어떤 일이 일어나는지 상상해 봅시다. 이를 위해 하버드 대학의 데니스 디 파스 콸레[9] 교수와 MIT의 윌리엄 휘튼[10] 교수가 개발한 그래픽 모델이 있습니다. 이를 **'공급과 수요의 사분면'**이라고 합니다.

제가 1999년 아르헨티나의 디 텔라[11] 대학에서 공부한 도시 경제 대학원 학위는 위의 두 학자가 1995년에 출판한 책을 바탕으로 한 것입니다. 처음으로 두 경제학자가 부동산 산업에 대한 이 특정 이론을 정립하였습니다.

경제의 특정 부문에 적용되는 경제 이론과 도구의 조합을 제시하고, 부동산 시장의 운

---

9 Denise Di Pasquale
10 Di Tella
11 Di Pasquale-Wheaton

영을 이해하는 데 필요한 기술을 제공하였습니다.

제가 2009년 하버드 대학교 부동산 고급과정을 공부할 때, 도시 경제학 과정을 가르친 사람이 바로 윌리엄 휘튼 교수였습니다.

디 파스 콸레 – 휘튼[12] *모델은 특정 순간에 부동산 시장의 '스냅 샷'을 어떻게 설명하고 있습니까?*

더 명확한 설명을 위해 선에 색상을 추가하도록 하겠습니다.

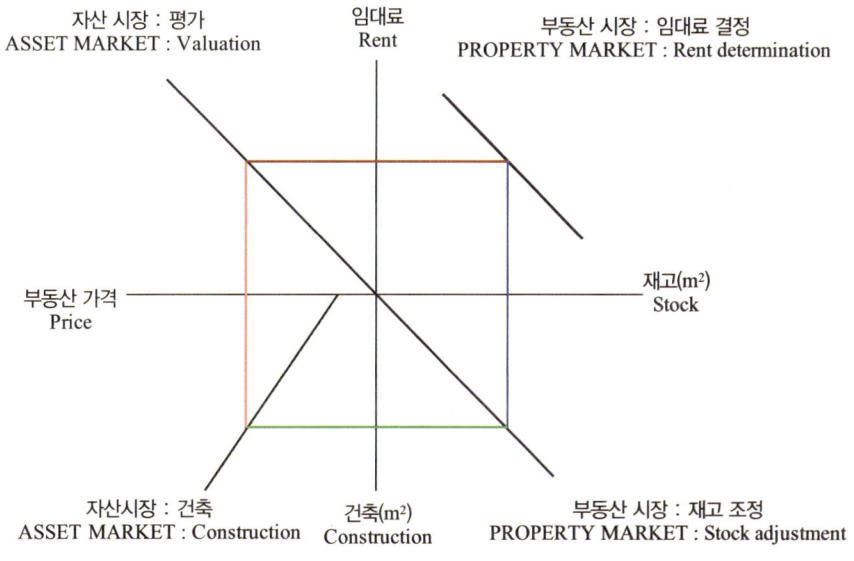

출처: URBAN ECONOMY AND REAL ESTATE MARKETS BY DIPASQUALE/WHEATON

1. 오른쪽 상단 사분면부터 시작하겠습니다. 이 사분면은 특정 시장에서 순간적으로 **임대료**가 어떻게 결정되는지 보여줍니다. 가로축 'x'에는 재고량에 해당되는 평방 미터의 수치가 표시되고, 세로 'y'에는 임대료가 표시됩니다. 두 변수 간의 관계는 우

---

12 Di Pasquale-Wheaton

측상단 사선인 검은색선으로 제어됩니다. 기존 공급이 증가하면 (공급 재고라고 부르는) 파란색 세로 선이 'x'축에서 오른쪽으로 이동하고, 두 변수 간의 관계가 사선 검은색선을 따라 이동하면 수평선이 이동합니다. 빨간색은 'y'축 아래쪽으로 미끄러집니다. **이것은 관계가 반비례함을 의미합니다. 재고가 더 많으면 임대료가 낮아집니다.** 반대로 재고가 감소하면 임대료가 올라갑니다.

2. 이제 왼쪽 상단 사분면으로 이동합니다. **부동산 자산 평가가 결정되는 사분면입니다.** 중간의 대형 검은색 대각선은 해당 부동산의 임대료와 매도가의 관계를 나타내며, **6장에서 언급하게 되는 Cap Rate**[13] **또는 자본환원율**[14]이라고 합니다. 세로축에는 임대료가 표시되고 가로축에는 해당 부동산의 거래 가격이 표시됩니다. **임대료가 상승하면** 빨간색선이 'y'축을 따라 위로 이동합니다. 동일한 Cap Rate이 유지되면, 부동산 자산의 가격을 나타내는 주황색선이 가로축 'x'를 따라 왼쪽으로 이동하여 해당 **부동산의 거래가가 상승**함을 의미합니다. 반대로 임대료가 하락하면 구매자가 지속적으로 동일한 수익을 얻기 위해 더 낮은 구매가를 제시하기에 판매 가격도 하락합니다.

3. 왼쪽 아래 사분면은 **신축 부동산 건설 시장**을 나타냅니다. 수평축에서는 부동산 자산의 가격을, 수직축에서는 신축의 평방 미터 수치를 볼 수 있습니다. 이 경우 대각선을 따라가면, **부동산 가격이 상승함에 따라** (즉, 주황색선이 왼쪽으로 미끄러짐) **신축 면적도 증가하여 녹색선이 아래로 이동합니다.** 반대로 가격이 하락하면 이전 장에서 보았듯이 그 당시 사업이 수익성이 없기 때문에 개발자가 신축을 중단함에 따라 신규 프로젝트 수가 감소합니다.

---

13 Capitalization Rate의 줄임말.
14 Capitalization Rate : 자본환원율. 부동산 투자자의 수익률을 지칭함.

4. 프로세스의 완료를 위해, 오른쪽 아래 사분면에 **부동산 공급 시장**이 표시됩니다. 수직축에는 신축량이 있고, 수평축에는 시작하면서 원을 닫아 해당 시장의 기존 평방미터(신규 및 재고)의 매물량을 표시합니다. 이 사분면에서 우리는 아주 분명한 것을 볼 수 있습니다. **신축량이 증가하면 총재고량도 증가합니다.** 반대로 신축량이 감소하면, 더 이상 사용할 수 없는 노후된 건물이 신축으로 대체되지 않기 때문에 기존의 총공급량이 감소합니다.

이 모델은 어떻게 작용하는 것일까요? 예를 살펴보겠습니다.

시장은 균형 상태, 즉 빨간 사각형에서 시작합니다. 이 시장의 특정 재고에 대해 세입자가 특정 임대료를 지불하게 되며, 동시에 부동산의 매매 가격이 형성됩니다. 이 매매가는 일정량의 신축 물량 건설을 유발하고, 기존 부동산 물량에 영향을 주며, 한 사이클이 종결됩니다.

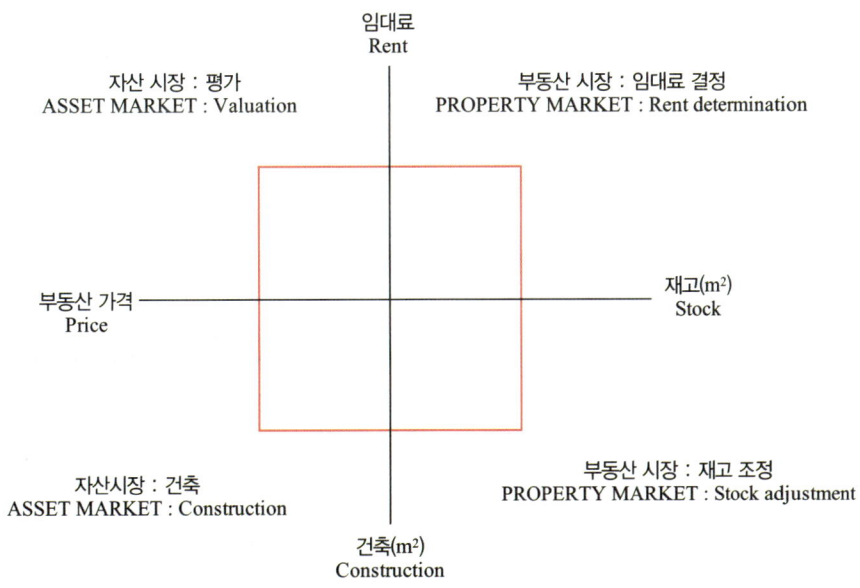

출처: URBAN ECONOMY AND REAL ESTATE MARKETS BY DIPASQUALE/WHEATON

이 균형이 깨어지면 어떻게 될까요?

이제 녹색 사각형을 살펴보도록 하겠습니다. 경제가 개선되어, 이제는 더 많은 사람들이 기존과 동일한 면적으로 임대하려고 하기 때문에, 임대료가 상승한다고 가정해 봅시다. 보시다시피 부동산 가격이 상승하여, 더 많은 개발자가 새로운 프로젝트를 구축하게 됩니다. 그리고 시장에서 이는 재고 물량의 증가로 이어집니다.

이 경우 오른쪽 상단 사분면에서 어떤 일이 발생합니까?

임대 가격과 공급 재고의 관계에 변동이 없으면 불균형이 발생하며, 이는 노란색 점선에서 볼 수 있습니다. 이 불균형으로 인해 녹색 사각형이 '닫히지 않습니다'.

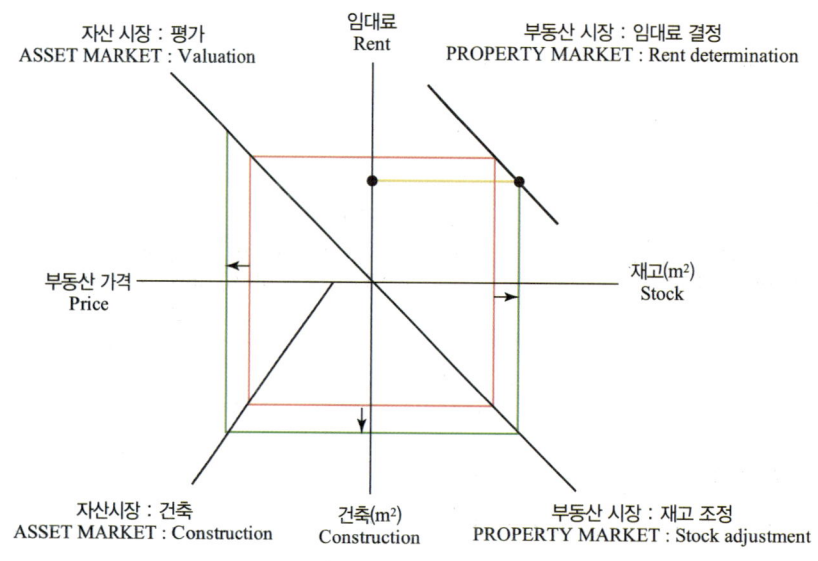

출처: URBAN ECONOMY AND REAL ESTATE MARKETS BY DIPASQUALE/WHEATON

시장이 새로운 균형점을 되찾기 위해서는 이 관계가 바뀌어야 합니다.

검은색 대각선이 녹색 사각형이 닫히도록 오른쪽으로 이동합니다. 이는 아래와 같이 파란색 대각선 상에서 일어납니다. **그런 다음 임대료, 부동산 가격, 신축 건물의 수 및 공급**

가능한 총 세대수 간에 새로운 균형점이 생겨납니다.

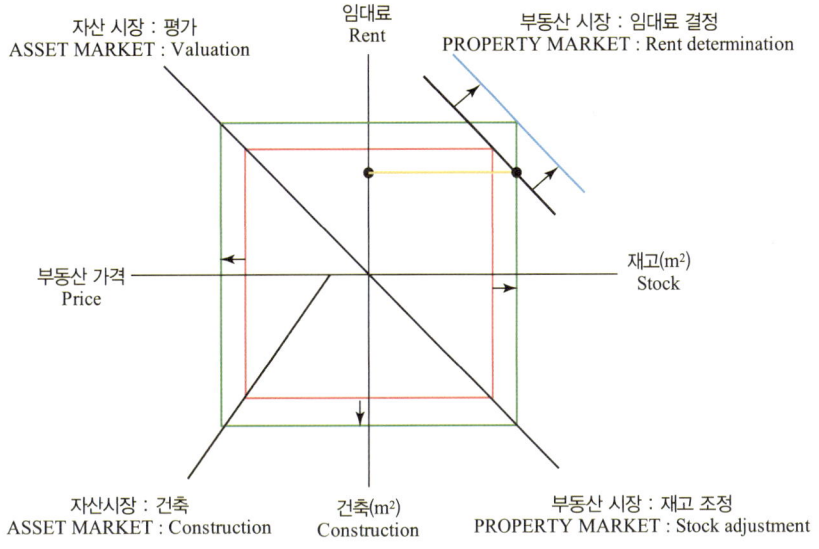

출처: URBAN ECONOMY AND REAL ESTATE MARKETS BY DIPASQUALE/WHEATON

요약 : 부동산 주기의 여러 단계에서 시장은 새로운 균형점을 찾을 때까지 스스로 수용하려고 노력할 것입니다. 때로는 주기의 한 단계에서 다음 단계로 이동하는 것에 성공할 수도 있습니다. 다른 경우에는 몇 단계 뒤로 후퇴할 수도 있습니다. 이를 '주기의 회귀'라고 하겠습니다. 어떤 경우에는 한동안 불균형 상태로 유지됩니다.

데니스 디 파스 콸레 교수와 MIT의 윌리엄 휘튼 교수가 개발한 이 사분면 모델에서 볼 수 있듯이, 결국 이론적 균형점에 도달할 때까지 한동안은 불균형 상태로 유지되다가 이 변수 중 하나가 변함에 따라, 계속해서 변화될 것입니다.

제5장

동시에 존재하는 다른 여러가지 주기들

우리는 미국 사무실 임대 시장의 주기를 전체적으로 살펴보았고, 이를 바탕으로 움직이는 메커니즘을 이해하기 시작했습니다.

상당히 수월하고 이해하기 쉬운 것으로 보이지 않습니까?

많은 경우 사교적인 모임에서 제가 부동산 주기를 전문으로 연구한다고 말하면 대담자는 '좋은데요! 현재 우리는 주기의 어느 부분에 있습니까?'라며 저에게 질문을 합니다.

현실적으로는 해답이 없기 때문에, 그 질문에 답을 하는 것은 불가능합니다.

한 국가의 한 도시내에서도 하나의 동일한 성격을 가진 시장이 존재하는 것이 아니며, 그 똑같은 도시 안의 각 동네에서도 그러합니다. 이 외에도 다양한 유형의 부동산 자산들이 동시에 서로 다른 주기를 가질 것입니다.

- 사무실
- 주거용 건물
- 상업용 건물
- 호텔

• 산업용 건물

예를 들어 2015년 4분기 미국의 부동산 자산 유형별 주기에 해당하는 다음 그래프에서 볼 수 있듯이, 서로 다른 부동산 유형들의 주기 단계가 한 시기에 모두 일치하지는 않습니다.

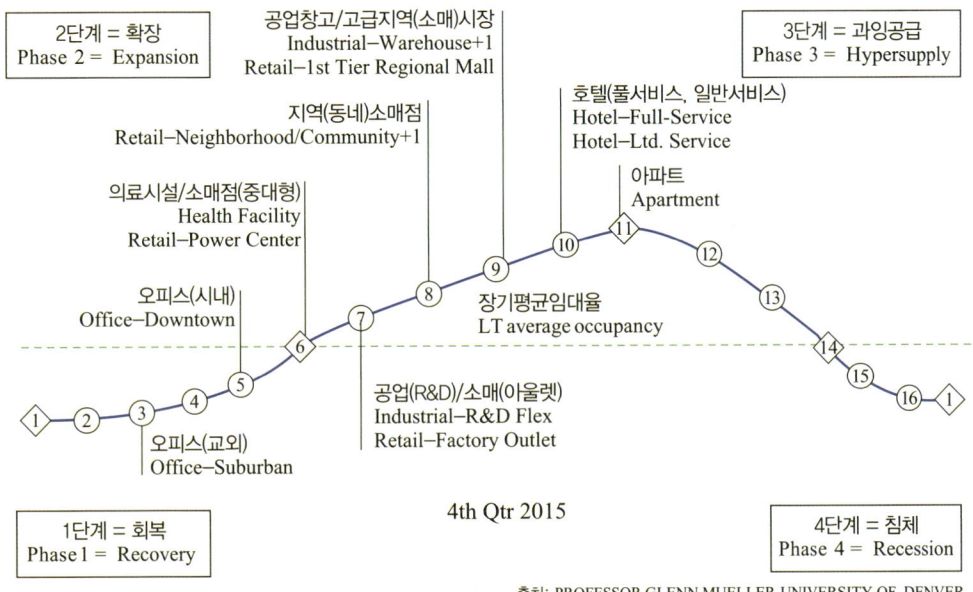

동일한 시기 및 지역에서 호텔, 산업 및 임대 주택 부동산과 같은 다른 부동산들이 확장의 단계에 있는데 반해, 교외 지역이나 혹은 도심에 위치한 사무실과 같은 상당수의 부동산 자산은 회복 단계에 있는 것을 발견하게 됩니다.

그 이유는 **부동산 자산의 각 등급을 움직이는 기본적 요인들이 다르기 때문**입니다.

A. 사무실 임대 시장

사무실 부문은 일정 기간 생성 혹은 감소된 일자리의 수에 따라 결정됩니다.

회사가 확장되면 더 많은 직원을 채용하고, 공간을 제공해야 합니다.

현재 사무실을 확장하거나, 새로운 장소로 이동하거나, 또는 그 지역의 다른 곳에 지점을 열 수 있습니다.

흥미로운 점은 최근에 기술 변화가 이 메커니즘의 일부를 바꾸었다는 것입니다.

점점 더 많은 회사, 특히 서비스 회사들은 직원들의 재택근무를 허용하고, 어떤 경우에는 혜택을 제공함으로써 재택근무를 유도하기도 합니다.

고용주가 가지는 장점은 사무실 공간, 임대료, 관리비, 이사 비용 등을 절감할 수 있다는 것입니다.

직원들에게 장점이 되는 부분은 집에서 직장으로 통근하는 데 소요되는 많은 시간을 절약하게 되고, 일을 더 효율적으로 만든다는 것입니다. 또한 어린 자녀가 있는 직원의 경우 일하는 동안 자녀를 돌볼 수 있고, 탁아소에 맡기지 않게 되어 돈을 절약할 수 있으며, '더 나은 부모'라는 느낌을 받으면서 자녀를 떠나야 하는 것에 대한 죄책감을 덜 느낄 수 있습니다. 또한 질병으로 인한 결근율이 적어지고, 스트레스가 감소하여 회사에도 큰 효용성을 가져다줍니다.

이러한 재택근무 실시는 몇 가지 단점도 있을 수 있습니다. 예를 들자면, 근무 지원 소프트웨어가 있을지라도, 고용주가 일의 생산성을 관리하는 것이 더 어려워집니다.

IBM과 Yahoo는 몇 년 동안 이 정책을 실시한 후, 최근에 부분적으로 이를 이전의 방식으로 되돌렸습니다. IBM은 재택근무를 장려한 최초의 회사 중 하나였습니다.

1997년과 2008년 사이에 이 회사는 5천 8백만 제곱 피트를 매매하여 약 19억 달러의 수익을 올렸고, 사무실 공간을 7,246,000m²로 줄였습니다.

2007년에는 이 회사는 직원의 40%(약 40만 명)가 '재택근무'를 시행 중이라고 밝혔습니다. 그러나 2017년에 의사소통과 협업에 중점을 둔 부서의 소그룹 직원들은 사무실에서 모두 함께 일을 하는 것으로 결정했습니다. 소프트웨어 개발 및 디지털 마케팅에서의 특정 영역의 일들이 재택근무로 이루어지기에는 매우 어려웠기 때문입니다.

우리는 트렌드의 변화에 주의를 기울이고, 발전하고 있는 산업을 철저히 조사하고, 트렌드가 변할 때 제때 대응할 수 있도록 다른 주체자들과 항상 교류해야 합니다.

'We Work'와 같은 공유 오피스의 붐은 우리가 알아야 할 또 다른 사무실 임대 시장의 혼란 요인 중 하나입니다. 이것은 'Regus'라는 회사가 수년 동안 시행해 온 '소호 사무실'과 동일한 모델이며, 중소 규모의 회사가 단기간에 사무 공간을 임대하고, 특정 영역을 다른 사용자들과 공유할 수 있습니다. 이를 통해 임차인은 필요에 따라 사무실을 확장 또는 축소할 수 있는 더 많은 유연성을 가지게 되고, 기존 모델과 비교하여 더 빠른 임대율의 변화를 볼 수 있습니다.

그러나 일반적인 시장의 움직임은 크게 다르지 않습니다. 'We Work'와 경쟁 업체가 실제로 하는 일은 크고 좋은 위치에 있는 사무실을 장기적으로 임대하여, 더 짧은 기간에 더 고가에 고객들에게 전대하는 것입니다.

이로 인해 이 시장 모델에 긴장과 위기가 발생했습니다. 장기 임대 계약은 탄력적이지 않고, 그와는 반대로 고객은 필요에 따라 임대할 수 있는 유연성을 가지게 되었습니다. 즉, 이러한 업체들은 기존 임대 모델들과 같이 불황기에 계약을 해지하지 못한 채 높은 공실률에 직면할 위험이 있습니다. 이러함에 따라 시장에 크게 영향을 미치기 전, 기존 임대료를 상당 부분을 낮추게 될지도 모릅니다.

반면에 사무실 소유주는 경기가 둔화됨에 따라 'We Work'와 다른 공유 사무실 업체의 공실이 발생하더라도 임대료를 계속 징수하게 됩니다.

궁극적으로 이 경우에 '납작해진' 주기 곡선을 그리게 됩니다. 소유주는 경기 호황과 불황 단계에서 상대적으로 많은 이익을 얻지 못하지만, 많은 것을 잃지도 않을 것입니다. 모든 새로운 과정들은 그 시스템이 개선되고 완성됨에 따라 더 많은 다른 변화가 발생할 수 있으므로, 밀접하게 그것을 파악해 가는 것이 중요합니다.

사무실은 도심 혹은 교외라는 지역적 위치, 혹은 A, B, C와 같은 자산 등급, 병원 건물과 같은 전문화된 오피스를 제공하는 등의 하위 시장유형에 따라 임대 정도와 수익에 차이가 있습니다.

이 사무실 임대시장에서 아래와 같이 하위분류되는 자산 유형을 확인할 수 있습니다.

1. 우리는 '**핵심 자산**[15]'이라고 불리는 각 도시의 중앙 지역에 밀집된 고층 건물에 있는 사무실을 볼 수 있습니다. 그 건물들은 일반적으로 유명한 건축가가 설계하고, 국내의 주요 회사들 또는 고객에게 이름을 알려야 하는 다국적 기업들이 임대하며, 건물 상단에 회사 이름을 식별할 수 있는 발광 간판이 있는 경우 프리미엄을 지불하는 경우가 많습니다.

   이 사무실은 시장에서 임대료가 가장 비싸며, 일반적으로 경기 침체기에 영향을 덜 받기 때문에 나머지 사무실보다 훨씬 낮은 '자본환원율(Cap Rates)'로 매매됩니다. 뉴욕과 같은 도시에서는 이러한 부동산 가격이 너무 높아서 3.5% 이하의 상한선에서 매매됩니다. 6장에서 'Cap Rates' 또는 'Capitalization Rates'가 무엇인지 자세히 설명 드릴 것입니다.

2. 그 다음으로는 같은 지역 기업 또는 소기업들을 유치하려는 **교외 지역**에 위치한 4층 높이의 사무실 건물들을 찾게 될 것입니다. 한편, 지난 수십 년 동안 우리는 일선 기업이 도시의 중앙 지역에서 교외로 이동하는 추세를 보았습니다. 이러한 움직임에는 몇 가지 이유가 있습니다. 회사가 임대료를 절약하고, 확장 시에 더 넓은 면적을 확보하려는 이유일 수도 있고, 안전한 최신 주거 지역으로 이동하려는 인구 이동 경

---

15 Core Properties

향에 대응하기 위함 일 수도 있습니다. 특히 매일 한 시간 이상 출퇴근하기를 원하지 않는, 어린 자녀를 둔 젊은 부부 가정들에서 이러한 현상이 나타납니다. '원하는 것이 있다면 기다리지 말고 직접 나서라'라는 격언에 따라 회사들이 현상을 따라 이 지역으로 이동합니다.

3. 마지막으로 기업들은 '**정원 스타일**[16]' 또는 '정원 스타일 사무실 캠퍼스'를 찾습니다. 이러한 스타일의 사무실 부지는 경제적인 장소에 수경과 조경이 매력적인 경우가 많습니다. 적은 건축 비용에, 대부분 목재 구조이며, 지하 또는 최대 1층만 있으며, 일반적으로 엘리베이터가 없고 실외 복도가 있습니다. 경기 침체기에 공실률이 높은 사무실 공간으로, 더 높은 'Cap Rates'으로 시장에서 거래됩니다.

각 부동산 종류의 건물들을 A, B, C 등급으로 분류합니다.

A 등급은 고급 마감재, 고급의 편의 시설 및 서비스를 제공합니다. 레스토랑, 카페 및 헬스장을 보유하고 있으며, 준공 10년 미만의 건물입니다. 최근 몇 년 동안 이러한 현상은 친환경적이고 지속 가능한 건축에 대한 LEED 규범 또는 유사한 표준 규범에 따라 설계되었습니다. 여기에서 두 가지 측면을 볼 수 있습니다. 한 가지는 LEED 건물이 좋은 환경에서 일하기를 원하는 젊은 인재들을 유치하는 데 매력적일 수 있습니다. 반면, 시장을 리드하는 모든 기업들은 대중에게 지구의 지속 가능한 미래에 대해 신경 쓰고 있다는 것을 보여주고자 이러한 유형의 건물들만 임대하기도 합니다.

B 등급 건물은 더 오래되거나, 노후화 상태를 나타내기 시작하였거나 혹은, 개조가 필요할 수 있습니다.

C 등급 건물은 우리가 '정원 스타일'이라고 설명한 '모텔 스타일'로 외부 복도 유형이며,

---

[16] Garden style

C 등급 건물은 지불 능력이 낮은 세입자, 가족 회사 또는 정부 기관에 임대되어 있을 수 있습니다. 많은 건물들이 단층이거나 계단을 가진 2층 구조로 되어 있습니다.

B. 주거용 임대 시장

주거 시장은 인구 통계학적 변화, 고용 수준, 임금의 구매력과 관련이 있습니다. 우리는 도시의 인구가 주택 수요를 증가 또는 감소시킬 수 있는 혼란의 상황 가운데에 있는지 확인해야 합니다.

60년 전, 전형적인 핵가족 구성은 두세 명의 자녀를 둔 부부였습니다. 노년층은 따로 살고 있었고, 스스로를 돌볼 수 없을 때 자녀들이 받아들이는 경우가 많았습니다.

제2차 세계대전 이후 이 상황이 바뀌기 시작하였습니다. 전쟁 중 남성들을 대신해서 활발하게 노동 시장에 진입한 많은 여성들이 기존의 주부 역할로 돌아가는 대신 일터에 머물기로 결정했습니다.

이것은 새로운 여성 독립 세대에게 처음으로, 투표할 수 있는 길을 열어 주게 되었습니다. 혼자 살기 위해 이사하는 미혼 여성이 증가했습니다. 그들이 '방탕한 삶'을 유지한다는 비난을 받았던 몇 년 전에는 상상할 수 없었던 일이었습니다.

1950년대의 핵가족은 여전히 경제적으로 안정된 가족 단위를 반영하였습니다. 고전적인 가족은 중산층으로, 아이 중심적이며, 정규직으로 일하는 남편과 주부인 아내로 대표되었습니다.

이로 인해 고속도로와 도심지가 연결된 이상적으로 계획된 교외 지역의 단독 주택 수요가 급증하였습니다. 그 당시 목가적인 이미지는 도심의 스모그와 불안감에서 벗어나 '부부, 아이들, 애견, 차, 배경이 있는 집'이었습니다.

그러나 이 모델은 오래가지 못하였습니다.

1960년대에는 정보와 교육을 바탕으로 탈산업 경제가 부상하면서, 기혼 여성들이 전문적인 직업을 가지게 되었고, 대학에서 공부하면서 더 큰 능력을 가지고 노동 시장에 진입하게 되었습니다. 일어난 많은 변화는 사회에서의 여성의 역할이 확장된 결과였습니다. 노동력뿐만 아니라 교육에서도 마찬가지입니다.

1960년대 중반까지 여성의 3분의 1이 이미 시간제 또는 정규직으로 일하거나, 혹은 대학 학위를 취득했습니다.

1960년대부터 새로운 유형의 핵가족이 등장하였습니다.

- 미국에서 결혼하지 않고 동거 예정인 비혼인 부부가, 1960년 50만 명 미만에서 2010년 750만 명으로 조사됨.
- 자녀를 두었으나 법적으로 비혼인 부부 가정
- 자녀가 있는 이혼자가 재혼하여 배우자의 자녀와 동거하는 가정
- 아이를 낳기로 결정한 미혼모 가정
- 결혼할 때까지 집으로 돌아가지 않고 대학 졸업 후, 혼자 살거나 룸메이트와 함께 사는 청년 가정
- '자식들이 떠나간 빈 둥지[17],' 이전에는 없던 현상으로, 18세 자녀가 대학에 들어간 후 홀로 남겨진 부부 가정.
- 이혼한 부부 가정
- 가족과 함께 살거나 요양원에서 생애를 보내는 대신 혼자 살기로 선택한 건강한 독립 노인 가정
- 자신의 경력을 우선시하여 자녀를 갖지 않기로 결정한 여성 가정.

---

17 Empty nesters

2007년에는 가구의 50% 이상이 1인 가구였고, 그 해 태어난 자녀의 40%가 미혼모 가정에 있었습니다. 이러한 인구학적 변화는 인구의 증가보다 더 빠른 속도로 더 많은 수의 주택 수요를 유발하였고, 어떤 경우에는 출생률이 감소하는 도시에서도 마찬가지였습니다. 피임약의 수용, 여러 국가에서의 이혼 합법화 등은 주택 수요를 더욱 촉발시켰습니다.

1960년대부터 가족은 더 핵가족화되고, 덜 안정적이며, 다양해졌습니다. 더 많은 성인들이 청년이건 노년이건, 나이에 관계없이 전통적인 가족 영역 밖에서 살아가고 있습니다.

오늘날 1950년대의 '전형적인 가족'은 가족 단위 중 매우 적은 비율로 차지합니다. 예를 들어, 북미인의 62%는 결혼이란 '남편과 아내가 함께 맞벌이하며, 자녀를 돌보고, 집안일을 함께하는 동맹'이라고 생각합니다.

결혼은 더 이상 성인기 초기의 행위로 이해되는 것이 아니라, 그 사람이 학업을 마치고 전문적인 경력을 쌓을 때 발생해야 하는 사건으로 이해됩니다.

2018년 미국 노동부는 여성이 노동 인구의 거의 50%를 차지한다고 보고 하였습니다. 이러한 모든 변화는 주택 수요와 개발자가 생산해야 하는 주택 유형에 큰 영향을 미쳤습니다.

새 밀레니엄 시대가 도래하면서, 새로운 변화가 구체화되기 시작하였고, 특정 추세가 반전되기 시작했습니다.

역설적이게도 핵가족화가 과거보다 줄어들었고, 더 많은 '다세대 가족'을 발견하게 되었습니다. 이는 전통적인 가족(아버지, 어머니, 자녀)과 노인, 삼촌, 조카 등과 같이 다른 친척을 포함하여 구성된 가족이라고 정의할 수 있습니다.

이 비율은 1980년대의 12%에서 현재 18%로 증가하였습니다.

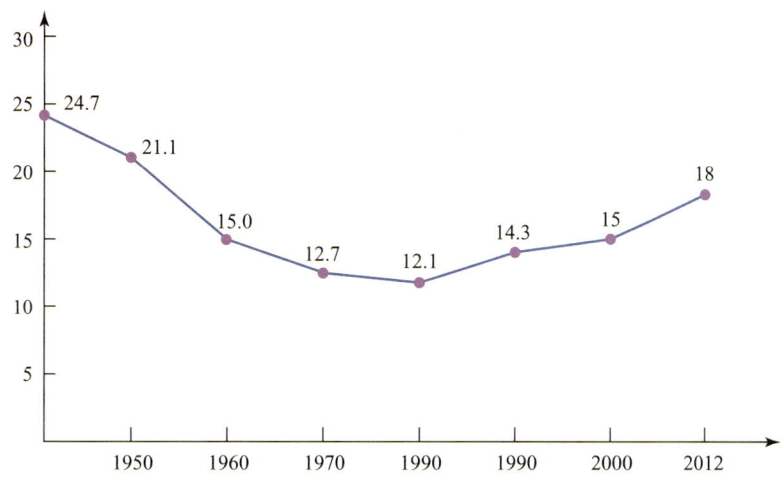

[미국에서 다양한 세대가 함께 거주하는 비율(Percentage of Americans Living in multi-generational households)]

동시에, 우리는 젊은이와 노인에게서 지난 40년 동안 포기했던 도심으로 돌아가는 경향을 발견하게 됩니다.

교외로의 이주는 몇 가지 문제를 가져왔습니다. 특히 아침에 일하기 위해 하루에 몇 시간씩 운전하고 밤에 집으로 돌아가야만 했습니다. 젊은 사람들은 교외에서의 생활이 너무 지루하다고 생각하고, 대학에서 공부를 마치고 돌아오면 집으로 돌아가지 않고, 친구들과 함께 '밤 문화와 유행'이 있는 도심에서 생활하였습니다.

이 현상은 시장의 기복과도 관련이 있습니다. 수십 년 동안 도심이 '유행'을 멈추었고, 구매력이 큰 인구들이 교외로 이동했습니다. 도심지의 부동산은 침체되었고, 임대료가 낮아졌으며, 저소득층 및 중산층을 끌어들였습니다. 결국 낮은 부동산 가격은 야심차고 모험심이 강한 개발자를 끌어들였고, 큰 토지를 구입하거나, 아주 저가에 쓰러질 듯한 건물을 구입하였습니다. 이를 통해 최초로 리노베이션 프로젝트를 구축하고, 이를 비교적 저렴한 가격에 매매하거나 임대할 수 있었습니다.

이러한 지역에서 1단계 '젠트리피케이션' 현상이 발생하였으며, 저소득층은 중산층으로 대체되었습니다.

역설적이게도 중앙 도심이 재개발로 통합되면서 토지와 부동산 가격이 상승하기 시작하였고, 개발자들은 이를 만회하기 위해 고급 프로젝트를 구축하기 시작했습니다. 이 시기에 2단계 젠트리피케이션 현상이 발생하였으며, 중상류층과 상류층이 중산층을 대체하게 되었습니다.

우리가 개발하려는 곳으로 인구가 얼마나 이동하는지에 대한 이해도 중요합니다.

미국과 같은 특정 국가는 자국 내 이주율이 매우 높습니다. 2008년 연구에 따르면 인구의 63%가 일생에 한 번 이상 이사한 것으로 나타났습니다. 인구 중 15%는 4개 이상의 주에서, 12%는 3개 주에서, 15%는 2개 주에서, 20%는 같은 주 내에서 이사를 하였습니다.

비교로서, 2010년 아르헨티나 인구 조사에 의하면, 인구의 75.7%가 다른 도시로 이주한 적이 없고, 19.2%만이 다른 지방으로 이주했으며, 4.9%가 다른 나라에서 유입되었습니다.

새로운 트렌드의 선두에 서고, 주기의 미래 변화를 예측하며, 제품에 대한 새로운 틈새시장을 찾기 위해서는 이러한 유형의 인구 통계학적 움직임을 인식하는 것이 필수적입니다.

주거 부문에서는 부동산 범주에 따라 중요한 차별화가 있을 것입니다. 고급 부동산 시장이 호황을 누리면서 중산층과 저소득층을 능가하는 경우가 있으며, 그 반대의 경우도 있습니다. 또한, 완전히 다른 두 개의 주거 시장이 있습니다. 임대와 매매입니다.

정보가 정확하거나 수집하기 힘든 특정 시장에서 이렇게 심사숙고하면서, 자세한 형태의 데이터를 얻는 것이 때로는 어려운 것이 사실입니다. 그러나 가장 이상적인 상태에 근접한 분석을 위해서는 적어도 이러한 지식을 갖는 것이 중요합니다. 이러한 지식에 근거한 질문들을 통해 현재 우리가 지나가고 있는 시장이 어느 주기에 위치해 있는지에 대한 가장 근접한 해답을 제공해 줄 것이기 때문입니다. 다른 장에서는 매매용 주택 시장의 주기에서 유사점과 차이점이 무엇이며, 그리고 그것을 주도하는 '주요 결정요인(운전자들)[18]'이 무엇인지에 대해 분석하도록 하겠습니다.

C. 상업용 건물과 쇼핑센터(임대용)

상업용 부동산 시장 주기의 발전은 인구의 구매력 및 소비자의 신뢰와 관련이 있습니다. 또한 일반적인 경제의 안정성과 성장 기대치와도 연관이 있습니다.

일반적으로 경기가 확장되면, 국내 총생산(GDP)이 증가하고 새로운 일자리와 임금 인상이 발생합니다. 이것은 사람들이 더 많이 소비하고, 소비하지 않아도 되는 제품을 구매하도록 장려합니다. 실제로 소매점 매출의 증가는 경기 침체기가 끝나고, 일반 경제의 회복 단계가 시작되는 시기를 알리는 첫 번째 지표입니다. 경기 회복은 음식, 의복과 같은 기본 품목이나 영화나 스포츠 경기 티켓 판매 증가와 같은 엔터테인먼트 서비스에서 먼저 알 수 있습니다.

경기가 회복됨에 따라 해외여행, 자동차 그리고 부동산과 같은 고급 상품이나 비싼 상품의 소비가 증가할 것입니다.

상업용 건물과 쇼핑센터는 서로 다른 범주로 나눌 수 있으며, 각각의 주기는 일반적으로 일치하지만, 각 소비자의 규모와 유형에 따라 차이가 있을 수 있습니다. 교외 지역에는 다양한 규모의 쇼핑센터가 있으며, 일반적으로 유입된 인구의 영향력이 미치는 반경과 면적으로 나뉘어집니다.

1. **스트립몰**[19] 또는 소규모 상업 구역은 인근 지역의 인구를 끌어들이고 일반적으로 면

---

18 Drivers
19 차량이동이 많은 도로변에 위치한 1개의 건물내에 다양한 상업시설이 있는 몰.

적이 1천~3천m²이며, 세입자는 세탁소, 식료품 가게, 피자 가게 등 서비스 제공에 중점을 둡니다. 그것은 우리가 'Mom & Pop Shops'라고 부르는 것, 즉 가족 사업이라고 말하는 것입니다. 미국 상업 공간의 약 12%가 이 범주에 속합니다.

2. 다음 범주는 **동네상권의 쇼핑센터**로, 3천~1만m²의 면적을 가지고 있으며, 일반적으로 대형 체인의 슈퍼마켓이나 약국이 있습니다. 미국 상업 공간의 약 31%가 이 범주에 속합니다.

3. 세 번째로 **대형 커뮤니티 센터**가 있습니다. 상점은 초대형 마켓 체인으로, 많은 점포들, 대형 주차 공간 및 10만~30만m²의 면적을 가지고 있습니다. 일반적으로 맥도널드 또는 스타벅스와 같은 인기 있는 패스트 푸드점을 발견할 수 있습니다. 미국 상업 공간의 약 28%가 이 범주에 속합니다.

4. 끝에서 두 번째로, **지역구 센터**를 발견할 수 있습니다. 이곳은 지역의 모든 중요한 비지니스 브랜드와 Nordstrom, Falabella 또는 Macy's와 같은 백화점이 있는 대형 쇼핑센터의 본부가 될 것입니다. 미국 상업 공간의 약 18%가 이 범주에 속합니다.

5. 상업 체인의 마지막 사슬고리는 지역의 **최대 지역구 센터**입니다. 10만 평방 미터 이상의 면적을 가지고 있으며, 많은 백화점, 슈퍼마켓, 영화관 및 기타 엔터테인먼트를 보유하고 있습니다. 그리고 최대 60km 떨어진 곳의 인구도 끌어들입니다. 미국 상업 공간의 약 11%가 이 범주에 속합니다.

도시의 중심지에서는 혼합된 형태를 볼 수도 있습니다. 모든 대도시에는 야외 '쇼핑센터' 역할을 하는 특정 거리나 가로수길이 있습니다. 뉴욕의 5번가, 파리의 샹젤리제 거리 또는 부에노스 아이레스의 산타페 거리가 이러한 유형의 예입니다. 점포의 규모는 1천~3천m²로 너무 크지는 않습니다. 왜냐하면 밀집된 지역이고, 부지가 매우 비싸기 때문입니다.

그러나 패션이나 '분야별' 매장들이 있기 때문에, 다른 지역의 사람들을 끌어들입니다. 많은 경우, 대형 브랜드는 임대료가 높은 곳에 입점하기 때문에 이곳에 입점하여 손실이 있지만, 브랜드를 홍보하기 위해 그곳에 존재해야 할 필요가 있습니다.

각 유형의 자산은 각각 다른 '자본환원율(Cap Rate)'과 리스크를 나타냅니다.

스트립몰은 임대료 지불 능력에 훨씬 더 쉽게 영향을 받는 가족 및 지역 기업이기 때문에, 경제가 악화될 때 공실 증가에 더 민감합니다.

다른 한편으로는 대형 지구 및 지역 최고 중심지가 있습니다. 이곳들은 임대할 공간이 훨씬 더 많기 때문에 경기 불황기에 더 위험하지만, 위기에 큰 저항력을 가지는 중요한 프랜차이즈들이 임차인으로 있다는 이점이 있습니다. 특정 국가에서는 임차인이 임대인에게 채무 불이행 시, 본사가 임대료를 감당하도록 요구하는 경우도 있습니다.

예를 들어, 미국에서 스타벅스 체인은 프랜차이즈의 임대료 지불에 대한 최종 보증인입니다. 사업이 손실로 인해 프랜차이즈 소유주가 문을 닫아야 하는 경우, 사업이 더 이상 운영되지 않더라도 본사에서 임대료를 지불합니다. 그들은 그림자 속의 임차인을 의미하는 '그림자 임차인[20]'이라고 불리며, 이러한 사례의 대부분은 2009년에 여러 기업이 대침체 시기 동안 문을 닫아야 했던 때에 나타났습니다.

최근 몇 년 동안 전자 상거래는 상업용 부동산 시장에 큰 혼란을 가져왔습니다.

온라인 상거래는 과거 기존 비즈니스에 했던 것보다 더 많이 매년 매매 거래를 대체하고 있습니다.

Amazon은 1994년 Jeff Bezos에 의해 온라인 서적 판매 회사로 설립되었지만 빠르게 성장하여 전자 제품, 소프트웨어, 가구, 장난감 나중에는 식품 판매까지 확장되었습니다.

---

20 Shadow tenants

2015년에는 월마트를 능가하는 미국에서 가장 가치가 높은 소매 업체가 되었습니다.

전체 소매 시장에 대한 온라인 판매 비율은 매년 빠르게 증가하고 있습니다. 영국에서도 2012년 총매출의 9%에서 2018년 17.2%로 증가했으며, 앞으로도 계속 성장할 것으로 예상됩니다.

이러한 추세의 변화는 전통적인 소매 산업 부문에 어려운 시기가 올 것을 예측하게 합니다. 최근 몇 년 동안 많은 전통적인 소매체인이 파산 신청을 했습니다. 몇 년 전에는 상상할 수 없었던 일입니다.

Filene's Basement, Circuit City, Sears, Payless Shoesource, Toys R Us와 같은 업체들은 미국 전역에 걸쳐 많은 사업장을 가지고 있었던 업체들이며, 문을 닫은 대형업체 중 일부에 불과합니다. 2018년에는 8천 개가, 2019년에는 9천 3백 개 이상의 매장이 문을 닫았으며, 일반인이 기존 구매 방식보다 온라인에서 더 많은 제품을 구매함에 따라, 그 수는 계속 증가할 것으로 예상됩니다.

상징적인 사례 중 하나는 1893년에 설립된 Sears 백화점으로, 수년 동안 세계에서 가장 큰 비즈니스 체인이었습니다. 흥미롭게도, Sears는 온라인 판매가 발명되기 100년 전부터 온라인 쇼핑의 '선구자'였습니다.

이 회사는 시골 외딴 지역까지 저렴한 상품을 판매함으로써 성장하고 확장했습니다. 매달 수천 가구가 우편으로 수백 개의 제품이 담긴 카탈로그를 받았고, 편지나 전화로 주문하고 상품 수령 및 물품 검사 후 결제를 하였습니다. 이것이 바로 많은 사람들이 Sears를 한 세기 전, Amazon의 전신이라고 생각하는 이유입니다.

1925년에 제1차 세계대전 이후 경제 위기 때에 이 회사는 시카고에 첫 오프라인 매장을 열기로 결정했습니다. 자동차가 대중화됨에 따라 관리자는 먼 곳에서 많은 사람들이 매장으로 구매하러 올 수 있을 것이라고 예상했습니다. 카탈로그에서 품목별로 제품을 구성한 것과 같은 방식으로, 그들은 새로운 상업용 건물에서 각기 다른 상품 '부서'를 조직하였습니다. 오늘날 이러한 유형의 비즈니스는 전 세계적으로 '백화점'이라고 불립니다. 영국의 Harrod's, 프랑스의 Galeries Lafayette 및 스페인의 El Corte Ingles가 이 판매 시스템을 '도입' 하였습니다.

1973년 이 회사는 시카고에 110층 높이의 세계에서 가장 높은 빌딩인 Sears Towers를 개장했을 때, '정점'에 도달하였습니다. 지역 쇼핑센터의 확장으로, Sears는 교외 센터에서 가장 인기 있는 '핫 플레이스' 중 하나가 되었습니다. 1986년에는 오늘날에도 실존하는 'Discover Card'라는 자체 신용 카드에 금융 상품을 통합하였습니다. 1990년, 월마트가 매출 326억 달러를 달성하며, 지구상에서 가장 큰 소매 업체로 Sears를 추월하게 되었고, 흐름이 바뀌기 시작하였습니다.

변화에 적응하기 위해 회사는 거의 1세기의 역사를 가진 우편 카탈로그 판매 방식을 중단하였습니다. 그러나 그들은 Amazon과 온라인 상거래의 초기 경쟁에 적응하지 못하였습니다. 2013년부터 2015년까지 매출이 120억 달러 감소했고 매장에 상품 공급과 직원 채용을 중단하면서 상황이 더욱 악화되었습니다.

이에 대해 Sears는 2010년 3천 5백개에서 2019년 7백개로 매장을 줄여 나가기 시작했으며, 그 해에 채권자들이 남은 매장들을 살리기 위해 노력할 것을 요청했습니다.

Sears 및 Kmart(자매 브랜드)를 포함해서 4만 5천개의 유통 매장과 35만명의 직원을 고용했던 회사였지만 전국적으로 단 182개 사업체만이 남았습니다. 두 차례의 세계대전과 1929년 대공황을 성공적으로 이겨낸 Sears는 '글로벌 소매 비지니스의 종말'로 인해 난파되었습니다.

앞서 언급된 것처럼, Amazon은 1994년 Jeff Bezos가 설립한 회사로 인터넷을 통해 온라인으로 책을 판매하던 회사였습니다. 이는 Sears가 1893년부터 보낸 우편 주문 카탈로 그 시스템의 현대화된 버전입니다.

곧 전자제품, 소프트웨어, 의류, 가구, 보석 및 식품 등을 판매할 수 있는 모든 제품으로 확장되었습니다. 구매자는 매우 낮은 연간 멤버십 (프로그램 첫해 동안 79달러) 비용을 지불하여, 구매자가 이틀 만에 상품을 무료로 받을 수 있는 Amazon Prime 시스템을 만들면서 매출이 폭발적으로 증가하였습니다. 2020년 Amazon Prime은 전 세계적으로 1억 명 이상의 회원을 보유하게 되었습니다.

그들은 경쟁사들을 물리치려는 목표를 가지고, Netflix와 경쟁하기 위한 Prime Video를, Spotify와 경쟁하기 위해 Prime Music을 마이크로 소프트가 20년 전에 했던 것과 같은 방식으로 시장의 유일한 선두 주자가 되기 위해 무료 서비스를 조금씩 추가하였습니다.

월마트가 몇 년 전 Sears를 이긴 것처럼, 2019년 세계에서 가장 큰 소매 업체로서 월마트를 능가한 것은 Amazon이었습니다.

역설적이게도 Amazon 역사는 Sears의 행보와 반대로 진행됩니다. 처음에 오프라인 사업을 '무너뜨리려고' 했던 회사는 2017년 오프라인 유기농 슈퍼마켓 체인 'Whole Foods Market'을 인수하면서 이러한 반대의 행보를 이어 나가기 시작합니다.

미국 전역의 쇼핑센터에 'Amazon Stores'라는 최초의 오프라인 매장을 오픈하여, 모든 지역의 상업 지구에 접근성을 확보하고, 하루 종일 집을 지킬 수 없어 택배상자가 쌓이는 불편을 호소하는 소비자들을 위해 언제든지 택배를 회수할 수 있는 '전자 사물함' 시스템을 재현하고자 하였습니다.

상업용 부동산 개발 분야의 진화를 보며 우리는 미래에 무엇을 기대할 수 있습니까?

한편으로 온라인 쇼핑의 추세는 지속적으로 증가할 것이며, 경제와 소비가 확대되는 시기에도 이러한 현상이 발생함에 따라 상업용 건물에 대한 수요는 감소할 것임이 분명합니다. 예를 들어 추수 감사절 구매는 미국 경제 상태를 파악할 수 있는 온도계라 할 수 있습니다. 그 기간에 상점이 큰 할인을 제공하고, 전통적으로 사람들이 휴일에 쇼핑을 시작하기 때문입니다. 2019년 미국 경제가 본격화되면서 총매출은 전년 대비 19.5% 증가했지만 오프라인 사업 매출은 6.2% 감소했습니다.

즉, 새로운 쇼핑센터에 대한 수요는 앞으로 매우 제한적일 것이며, 레스토랑, 식료품가게, 슈퍼마켓, 세탁소, 체육관, 의료시설, 사무실 등 온라인으로 쉽게 대체할 수 없는 서비스가 요구되는 영역만 개발될 것입니다.

대량 소비 품목을 판매하는 대형 상점은 점차 사라지고, 구매자가 직접 제품을 만지고 테스트하거나 특별한 기술 조언이 필요한 더 개인화된 구매를 선호할 것입니다.

특정 유형의 소비자들을 유치하거나, 영화관, 콘서트홀, 이벤트 시설 또는 소비자가 특별한 경험을 할 수 있는 엔터테인먼트 서비스를 제공하는 등 틈새시장을 발견한 쇼핑센터들만 살아남게 될 것입니다.

여전히 이러한 유형의 쇼핑센터는 고객 충성도가 높습니다. 이 전략의 예는 마이애미 카운티 북쪽의 어벤추라[21] 시에 위치한 어벤추라 몰에서 볼 수 있습니다. 2017년에 애플 스토어, 테슬라 매장, 푸드코트, 많은 맛집, 탁구대 및 기타 게임이 있는 옥상 정원, 파티룸을 가진 약 32,000m^2의 면적을 가진 상업 건물로, 다른 많은 곳들이 문을 닫을 때 오히려 쇼핑센터를 확장하였습니다. 또한 무료로 즐길 수 있는 엔터테인먼트 서비스를 위해 광장 분수대와 유명한 벨기에 예술가가 디자인한 두 개의 35m 높이의 미끄럼틀도 설치하였습니다.

그러나 부동산 시장에 나쁜 소식만 있는 것은 아닙니다. 이러한 대형 점포들의 폐업은 개발자에게 아주 흥미로운 기회를 열어 주기도 합니다. 백화점이 차지하는 공간은 어마

---

21 Aventura

어마하고 매우 좋은 위치에 있습니다. 이러한 부지는 주거용 건물과 사무용 건물과 같은 다른 유형의 프로젝트를 개발하기에 이상적입니다.

현대의 소비자들, 특히 밀레니엄 세대와 Y 세대에 속하는 젊은이들은 차량을 움직이지 않고 쇼핑을 하거나 식당에서 식사를 할 수 있는 도보권 생활을 중요시 여기고 있습니다. 목적지까지 도보로 도착할 수 있는 입지에 대해 '도보근접 점수'라는 것을 부여해 평가하기도 합니다. 점포들이 사용하던 대형 시설물이나 창고는 점포들의 폐업으로 인해 현재는 쇼핑센터 내에서 다른 영업의 형태로 운영되고 있습니다. 이러한 부지는 새로운 용도의 프로젝트를 개발하는 데 이상적입니다. 이러한 기회를 발견한다는 것, 폐업한 체인점 또는 빈 점포들이 많은 쇼핑센터와 협상할 수 있는 이러한 기회를 발견하는 것은 새로운 트렌드를 주도하고자 하는 세심한 개발자에게 좋은 기회입니다.

쉬운 길은 아닙니다. 이러한 쇼핑센터의 소유자는 협상하기가 매우 어려운 국내 또는 국제 체인인 경우가 많고, 본사가 멀리 떨어져 있으며, 관련 담당자와 연락하기조차 쉽지 않은 경우가 많습니다.

다른 한편으로, 일반적으로 이러한 부지는 상업적 용도로 계획 승인되어 있으며, 우리가 주거 또는 사무실용으로 용도 변경을 승인 받기 위해서는 지방 자치 단체와 협상해야 합니다. 개발 기획은 많은 경우 엄격하며 그 절차는 쉽지 않습니다.

그러나 분명한 것은 부동산 개발 혁신의 길은 가까운 장래에 탐험할 가치가 있는 틈새 시장입니다.

호텔

호텔의 개발 주기의 변화는 인구의 국내 총생산 (GDP)의 변화와 밀접한 관련이 있습니다. 관광 산업은 서비스 제공에 기반을 두고 있습니다. 한 국가의 인구는 기본적인 생활의 필요가 충족될 때까지는 관광 상품을 소비하지 않습니다. GDP의 변화와 도시의 구매력을 모니터링하면 향후 몇 년 동안의 호텔 수요를 예측할 수 있습니다.

그러나 세계화는 이 수요 예측을 더 복잡하게 만들었습니다. 1950년에는 2천 5백만 명을 기록했던 해외 여행자 수는, 1970년 1억 6천 6백만 명, 1990년 4억 3천 5백만 명으로 증가하였습니다. 이 추세는 지난 20년 동안 국제 관광이 기하급수적으로 늘어나면서 바뀌었습니다. 2018년 전 세계를 여행한 관광객 수는 14억 명으로 전년 대비 6% 증가하였습니다.

이렇게 크게 증가한 이유는 다음과 같습니다.
- 국제선 비용 및 비행시간이 감소하였습니다.
- 많은 국가에서, 특히 인도와 중국과 같이 인구가 많은 국가들에서 경제와 임금의 구매력이 상당히 증가하였고, 이 거대한 신규 여행자 그룹에게 필요한 관광 인프라에도 큰 영향을 미쳤습니다.
- 문화적 변화: 이러한 국가들 중 많은 사람들이 일본이 그랬던 것처럼, 과거 여가와 오락은 부적합한 것으로 여겼었고, 일자리를 잃을까 봐 휴가를 내고 싶어 하지 않았었습니다. 한편, 이와 달리 여러 차례 고용주가 강제로 휴가를 내도록 권유하기도 했었습니다.
- 은퇴자들의 수명이 길어지고, 삶의 질이 향상됨에 따라 과거보다 더 많이 여행할 수 있게 되었습니다.
- 호텔, 항공편, 크루즈 및 렌터카의 온라인 예약이 호황을 맞게 되어 여행 비용이 크게 감소했습니다.
- 인터넷은 과거에 볼 수 없었던 특이한 관광지에 대한 관심을 불러 일으켰습니다.
- Airbnb와 Homeaway가 주도하는 단기 아파트 임대 시스템의 출현은 특히 가족의

숙박 비용을 낮추는데 기여했습니다. 작년에 Airbnb는 이미 힐튼과 IHG[22]를 추월하여 이 업계 고객 수의 12%를 확보하게 되었습니다.

개발하고자 하는 시장의 '운전자(드라이버)[23]'를 파악하고, 어떤 유형의 방문자가 지배적이며 여행자의 동기가 무엇인지 이해하는 것은 중요한 일입니다.

서비스 수준, 규모, 타겟 시장의 유형 및 소유주에 따라 여러 등급의 호텔이 있습니다. 이러한 '하위 시장들'은 각각 고유한 주기를 가지며, 어떤 경우에는 일치하고, 또 다른 경우에는 일치하지 않을 수도 있습니다.

시장의 타겟에 따라 다음과 같은 유형들을 찾아볼 수 있습니다.
- 비즈니스 호텔
- 공항 호텔
- 리조트: 일반적으로 레저 활동, 음식 제공을 하며, 해변과 스키장 등에 근접한 곳에 위치함.
- 홈스테이 – 숙박 및 아침 제공
- 주거 공유 및 휴가철 임대
- 카지노 호텔
- 컨벤션 센터, 회의실 및 파티룸이 있는 호텔

---

22 Intercontinental의 모회사
23 Drivers

제공되는 서비스에 따라 다음과 같은 유형들을 찾아볼 수 있습니다.

- 풀 서비스 호텔: 피트니스 센터, 스파, 컨퍼런스룸 및 비즈니스 센터, 다양한 유형의 레스토랑 등 모든 종류의 서비스를 제공하는 호텔.
- 제한된 서비스 호텔: 카페, 레스토랑 및 헬스장과 같은 보다 제한된 서비스를 제공.
- 장기 숙박 호텔: 일반적으로 주방, 침실, 거실이 있으며 4~6명을 수용 가능하고, 편의 시설이 많지 않지만 아파트 임대를 대체할 수 있는 호텔.
- 적은 예산 혹은 제한적 서비스의 호텔: 편의 시설이 없고, 더 저렴하며, 적은 시설로도 여행자의 수요를 충족하는 호텔.

호텔의 소유권 및 운영과 관련하여, 마케팅, 운영 및 관리를 맡아 호텔을 독립적으로 운영할 것인지, 아니면 호텔을 짓고 유명 호텔 체인(힐튼, 매리어트, 인터컨테넨털 등)의 브랜드 호텔로 운영할지 결정해야 합니다. 브랜드 호텔로 운영할 경우에는 관리 및 일일 운영을 전문 호텔 관리 회사에 아웃소싱할 가능성이 높습니다.

각 호텔의 유형은 서로 다른 주기를 가지며, 수요는 다른 유형의 외부 요인에 따라 영향을 받습니다. 객실 판매, 객실 임대율, RevPar 또는 객실당 수입을 결정하려면 HVS와 같은 호텔 컨설팅 서비스 계약을 맺는 것이 필요합니다. 이 정보를 통해 경제 재무를 분석하고, 향후 10년을 위한 사업을 계획할 수 있습니다.

산업 개발용 부동산

'산업 부동산'의 주기는 경제 성장, 생산 부문의 수익성 및 수출입 성장과 관련이 있습니다. 이러한 변수의 증가는 산업 부동산에 대한 수요를 증가시키지만, 반면 규모가 축소되는 경제나 산업 생산 또는 상품 운송의 '허브'로서의 지위를 잃는 도시에서는 경기의 수축이 일어납니다. 역사를 통해 우리는 산업 생산, 상품 운송 및 창고 보관 분야에서 선두에 있었던 도시, 지역 또는 국가를 찾아볼 수 있습니다. 이들 중 일부는 오늘날까지 이 범주의 리더를 유지하고 있으며, 다른 일부는 현 상황에 부적합하게 되어 그 입지를 잃게 되었습니다.

이러한 쇠퇴의 가장 유명한 사례 중 하나는 미국의 디트로이트시입니다. 수 십 년 동안 이곳은 제너럴 모터스, 포드, 크라이슬러와 같은 소위 '빅쓰리'를 포함한 모든 주요 자동차 공장들의 자동차 산업의 중심지였습니다. 1910년에 헨리 포드는 자신의 Highland Park 공장에 첫 번째 조립 라인을 설치하였으며, 나머지 제조 업체들 또한 도시의 중심성, 좋은 철도 접근성, 오대호의 수상교통에 매료되었습니다. 이후 효율성과 배송 속도를 높이면서 자동차 부품 공장이 인근에 정착하게 되었고, 인구는 향후 30년 동안 265,000명에서 1,500,000명으로 증가했습니다. 그러나 70년대 초 자동차 산업은 여러 부문에서 영향을 받았습니다.

한편으로 OPEC 창설로 인한 석유 위기는 휘발유 가격 상승을 촉발시켰고, 자동차 구매에 부정적인 영향을 미쳤습니다. 동시에 미국 자동차는 특히 이탈리아, 일본 및 독일 브랜드로부터 더 큰 국제 경쟁에 직면하기 시작했습니다. 이 브랜드들은 더 현대적이고, 더 정교하게 설계된 자동차로 인식되었습니다. 업계는 생산 자동화를 늘리면서 더 많은 경쟁력을 확보하고, 그 이후 더 적은 인력을 고용하려고 하였습니다. 또한 임금이 낮은 국가로 공장을 이전했습니다. 이로 인해 도시가 붕괴되었고, 수 천 개의 버려진 산업 시설과 주택들이 남게 되었습니다.

산업 부동산에서 8가지 유형을 찾아볼 수 있습니다.
- 상품 창고 및 유통 센터

- 중공업 건물
- 냉동 창고
- 통신 및 데이터 전송 센터
- 가용 건물
- 단순 제조 건물
- R & D 건물 (연구 및 개발)
- 쇼룸
- 생명 공학 건물

국제 주기

동일 국가 내에서 '유형에 따라 부동산 주기가 다르다'라고 하면 국제적인 맥락에서 어떤 것을 예상할 수 있습니까?

'세계 경제가 불황에 빠졌다'라는 말을 자주 듣습니다. 하지만 이것이 정말 그렇습니까? 전 세계 모든 도시의 부동산 시장이 같은 방식으로 영향을 받았습니까? 대답은 '아니오'입니다. 2013년 덴버 대학의 글렌 뮬러[24] 교수와 하버드 대학의 릭 페이저[25] 교수는 '글로벌 부동산 주기'를 매핑하기 위해 전 세계 25개 도시의 사무실 시장을 분석했습니다. 그들은 유럽, 북미, 남미 및 아시아의 도시의 사례들을 수집하였고, 결과는 다음과 같습니다.

---

24 Glen Mueller
25 Rick Peiser

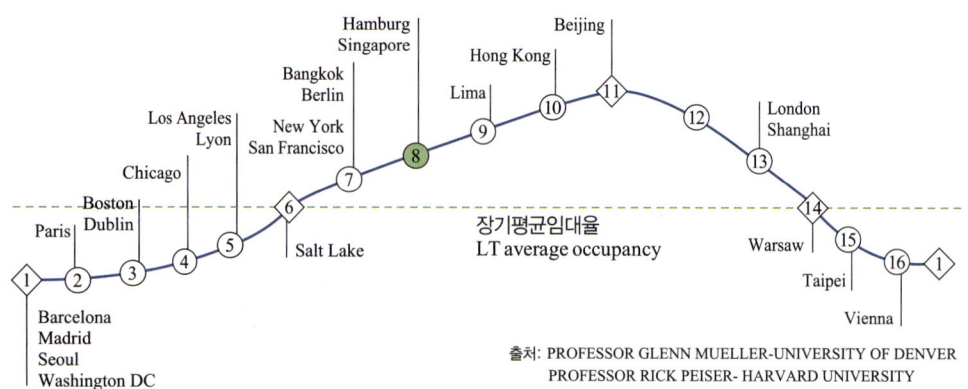

[사무실 시장 주기 분석(Office Market Cycle Analysis)]

보시다시피, 여러 시장을 동시에 발견하게 됩니다.

- **침체 단계** : 유럽의 바르샤바와 비엔나, 아시아의 타이페이
- **회복 단계** : 유럽의 바르셀로나, 마드리드, 파리, 리옹 및 더블린, 미국의 보스턴과 워싱턴 DC, 로스앤젤레스와 시카고, 아시아의 서울, 회복 단계에서 확장 단계로의 과도기에 있는 6지점의 솔트레이크 시티
- **확장 단계** : 유럽의 함부르크와 베를린, 미국의 샌프란시스코와 뉴욕, 남미의 리마, 아시아의 홍콩, 싱가포르 및 방콕

함부르크와 싱가포르는 8지점, 즉, 새로운 개발의 건설이 개시되는 시점에 있다는 것에 주목해봅시다. 중국 베이징은 사이클의 정점에 있으며 가까운 장래에 공급 과잉 단계에 진입할 것입니다. 유럽의 런던과 아시아의 상하이는 공급 과잉 단계에 있으며, 머지않아 경기 침체기에 접어들 것입니다.

즉, 국내외 시장이 같은 방법으로 움직인다고 가정하지 않고 처음부터 각 시장을 연구해야 합니다.

각 시장들은 수요를 움직이는 각기 다른 '운전자(driver)'에 따라 움직이며 각 단계별 새

로운 건축물의 공급에 따라 다르게 움직여질 수 있습니다.

이들 도시의 대부분은 매우 밀집되어 있으며, 새로운 건설이 가능한 부지가 많지 않습니다. 이 경우 공급은 안정적으로 유지되며, 주기의 변화는 인구의 증가 또는 해당 부문에 대한 투자 금액에 따라 달라집니다.

다른 경우에는 새로운 물량을 구축할 수 있는 넓은 부지가 있어 불균형이 더욱 커질 수도 있습니다. 확장 단계에서 필요 이상으로 건축되어질 것이며 이러한 불균형을 바로잡기까지는 오랜 시간이 걸릴 것입니다.

12장에서는 부동산 주기에 영향을 미치는 다른 외부 요인에 대해 논의할 것입니다. 이러한 다른 '요인들'은 각 국가의 주기에 영향을 미치며, 각기 다른 단계에 있을 수 있습니다.

그러나 경제 불황 또는 확장 단계들이 전 세계에 '확산'되는 어느 특정 순간에는 국제 주기들이 서로 얽혀 매우 밀접한 상관관계가 있음을 발견하게 될 것입니다.

예를 들자면, 브래드포드 케이스 교수와 윌리엄 괴츠만 교수[26]는 각 국가의 GDP 변화와 비교하여 상업용 부동산의 수익과 자본환원율(Cap Rates) 변동 (6장에서 자세히 설명할 주제) 간의 관계를 11년 동안 분석하였습니다. 전 세계 5개 대륙, 22개 도시에 대한 그의 결론은 상업용 자산이 GDP의 변화에 의해 결정되며, 국제 시장은 세계 경제의 변동에 모두 노출되어 있기 때문에 전 세계적으로 경제 위기나 확장이라는 것이 높은 상관관계가 있다는 것입니다.

그러나 각 국가의 GDP의 특정 변화에 따라 결정되는 몇 가지 다른 차이점들이 있습니다. 일부 국가에서는 지역적인 요인이 다른 요인들보다 주기에 더 많은 영향을 미칩니다. 즉, 주기는 국내 지역과 국외라는 두 가지 시나리오 사이의 균형을 유지합니다. 각 순간의 상황에 따라 각각 다른 강도로 영향을 미칩니다.

---

26 Bradford Case 교수, William Goetzmann 교수

태국, 영국, 호주, 캐나다 및 홍콩과 같은 일부 국가에서는 지역 경제가 주기에 많은 영향을 미칩니다. 말레이시아, 미국, 스페인과 같은 나라들에서도 지역경제의 영향력도 크긴 하지만, 세계 GDP의 변화가 주기에 중요한 영향력을 미칩니다. 그러나 나머지 표본 국가들에서는 지역 경제의 변동보다는 GDP가 더 많은 영향을 미칩니다. 이러한 국가들은 벨기에, 덴마크, 핀란드, 프랑스, 독일, 아일랜드, 이탈리아, 일본, 네덜란드, 포르투갈, 싱가포르, 스웨덴 및 스위스입니다. 이것은 이들 경제의 세계 나머지 국가와의 상호연결 정도 및 국내 시장 규모와 같은 여러 변수들에 따라 크게 달라질 것입니다.

중요한 것은 주기를 매핑하기 전에 많은 정보를 수집하여 가능한 정교하게 만드는 것입니다. 이를 위해 이 주제에 대해 뒤에서 다루게 될 것입니다.

주기가 부동산 업계의 모든 이들에게 동일한 방식으로 영향을 미칩니까?

지금까지 우리는 특정 장소의 다른 유형의 자산들에서 서로 다른 부동산 주기가 있음을 보았습니다. 우리는 이것이 국가마다 다르다는 것을 알았고, 같은 나라 안의 도시마다 다르며, 심지어 같은 도시 안의 지역에서도 다르다는 것을 알았습니다.

한 단계 더 나아가 지금 자신에게 질문해 봅시다. 특정 시장과 특정 자산 유형은 개발 프로세스에 참가한 모든 사람들에게 동일하게 영향을 미칩니까?

대답은 '**아니오**'입니다.

윌리엄 푸르프 교수가 〈부동산 게임〉에서 우리에게 말했듯이 많은 참가자들이 게임을 합니다. 각각 고유한 역사와 관심사를 가지고 있으며 항상 일치하지는 않습니다. 복잡한 재능과 욕구와 동기를 가진 이 모든 사람들, 그들은 더 큰 맥락을 맞추려는 퍼즐 조각과 같습니다. 윌리엄 푸르프 교수는 부동산 사업의 형태와 결과에 영향을 미치는 이 '게임'에서 결합된 변수가 무엇인지 설명합니다. 프로젝트의 최종 결과는 '게임 참가자,' 자산, 자본 시장 및 외부 환경의 상호 작용에 따라 달라집니다.

누가 게임의 참가자들입니까?
- 개발자
- 자본 투자자
- 금융가 (또는 부채가 있는 투자자)
- 도시 계획자 및 규제 기관
- 건축가, 조경사, 다양한 전문 엔지니어
- 공인중개사
- 부동산 전문 회계사 및 변호사
- 부동산 및 건물 관리자
- 구매자 및 임차인
- 임대 부동산 판매자 및 소유자
- 시장 분석가
- 마케팅 대행사, 홍보, 소셜 미디어, 그래픽 디자이너, 광고 대행사
- 계약자, 하도급자, 건설 조합, 건축 자재 공급 업체
- 공공 부문: 시, 지방 및 연방 당국
- 환경 단체

더 많은 관계자들을 열거할 수 있으며, 열거한 후에도 표시된 목록이 불완전할 수도 있습니다. 또한, 보시다시피, 이들 그룹의 이해관계는 일치하지 않을 뿐만 아니라 많은 경우 모순될 수도 있습니다. 시공 업체가 추가 공사 작업을 청구하는 경우, 개발자는 직접 지불

하거나 비용을 투자자 또는 구매자에게 전가할 수 있습니다. 항상 언제나 누군가는 다른 사람을 위해 '깨진 접시'에 대한 비용을 지불해야 할 것입니다. 때로는 그것에 사람들이 저항할 힘이 있기도 하고, 때로는 그것을 해낼 가능성조차 없기도 합니다.

같은 방식으로, 주기의 변화는 일부 사람들에게 영향을 미치고, 또 다른 사람들에게는 해를 끼칠 것입니다.

주택 구입 시장이 침체에 접어들고, 부동산 가격이 급격히 하락하면 주택 소유자는 특히 갚아야 할 대출이 있는 경우 막대한 손실을 입게 됩니다. 그들 중 많은 사람들이 사법경매에서 재산을 잃게 될 것이고, 누군가는 그것을 매우 낮은 가격에 사서 미래에 매우 좋은 수익을 올릴 것입니다.

이미 말씀드렸듯이 집을 잃은 사람들이 임대 시장으로 돌아가기 때문에 임대료가 올라갈 것이므로 이러한 유형의 자산 소유자는 이익을 얻을 것입니다.

개발자의 이익이 투자자의 이익과 완전히 일치하지도 않습니다. 모두가 프로젝트에서 수익을 창출하기를 바랍니다. 그래야 모두가 이익을 얻기 때문입니다. 그러나 개발자가 받는 보상 유형에 따라 이러한 이익은 어느 정도 조정될 것입니다.

예를 들어, 개발자가 프로젝트를 관리하기 위해 고정 수수료를 부과하면, 사업이 더 나아지더라도 동일한 비용을 청구하기 때문에 프로젝트의 수익성을 극대화하려는 동기가 부여되지 않습니다.

어떤 경우에는 개발자가 도급업자가 하는 것과 같은 방식으로 작업 비용의 백분율로 수수료를 설정합니다. 이 경우 이해관계는 분명히 상충합니다.

프로젝트 비용이 더 높아지면, 더 높은 수수료가 부과됩니다. 비용 절감을 추구하거나 도급업자가 제시한 추가 업무를 두고 싸울 이유가 없습니다. 이 경우 둘 다 이익이 일치하기 때문입니다.

투자자들에게 가장 유리한 구조는 소위 말하는 '성공 수수료'입니다. 개발자는 프로젝트 투자자가 받은 최종 수익의 일정 비율을 청구합니다.

서로 다른 시스템을 결합하는 '하이브리드'라는 체계가 있습니다

두 이해관계 사이의 균형을 찾기 위해 가장 자주 사용되는 계획은 다음과 같습니다. 프로젝트 구성, 부지 찾기, 사업 창출 등을 위해 개발자는 초기 노력의 보상으로 너무 높지 않은 고정된 '정보 제공 수수료[27]'를 부과합니다. 개발 및 시공 단계에서 개발자는 작업 관리를 수행하기 위해 '관리비[28]'를 부과합니다. 개발자가 대출 보증인일 경우 신용 또는 개인 보증으로 자금 조달이 가능하므로 '보증 수수료'를 징수할 권리가 있습니다.

공사가 완료되고 주택이 임대되면, 부동산 운영 중에 다른 수수료를 부과할 수 있습니다. 부동산 관리자인 경우 '부동산(임대)관리 수수료'를 부과하고, 아파트 임대를 담당하는 경우 중개 수수료를 (공인중개사 자격이 있다면) 부과할 수 있습니다.

대부분의 수익은 마지막에 받게 됩니다.

프로젝트가 판매될 때 개발자는 투자 자본에 대한 연간 이익의 비율인 '우선(기대) 수익률'을 투자자에게 인식시킵니다. 이는 보장된 이익이 아니며, 프로젝트가 합의된 것보다 적은 이익을 제공하는 경우 개발자는 그 차이를 충당할 의무가 없습니다.

투자자가 우선(기대) 수익을 받은 경우에만 개발자는 성공 수수료를 징수합니다. 개발자가 받을 초과 분량의 백분율과 투자자가 받을 백분율이 설정됩니다.

많은 경우에 '폭포 차트'[29] 라고 하는 단계적 백분율이 사용됩니다. 즉, 투자자가 더 많이 벌수록 개발자가 받게 되는 잉여 비율이 커집니다. 이런 식으로 '두 게임 참가자들'의

---

27 Finder Fee
28 Fee de Administracion
29 waterfall

이익은 훨씬 더 상호 연관되어 있으며, 투자자는 프로모터가 모든 사람이 돈을 벌 수 있도록 하는 모든 것을 하게 합니다.

제6장

주택 매매 시장과 임대 시장 주기의 비교

지금까지 우리는 주기가 어떻게 작동하는지 설명하기 위해 임대 부동산 시장에 대해 이야기하였습니다. 그러나 판매가 되는 분양 아파트와 주택 시장은 어떻습니까?

먼저 차이점이 무엇인지 명확히 해 봅시다.

A. 주거용 임대 시장

미국에서 임대 주택 시장의 '다가구·다세대 부동산'은 다음과 같은 방식으로 운영됩니다.

개발자는 준공되는 모든 주택 세대들에 대해 1인이 소유하는 형식의 프로젝트를 구축하며, 1인 소유주가 임대, 운영 및 관리를 전담합니다. 이러한 투자에서 빠지기를 원하는 순간, 보통 각 세대들을 개별로 판매하는 대신 블록으로 다른 소유주에게 판매합니다.

이러한 유형의 프로젝트를 구매하는 고객은 일반적으로 뮤추얼 펀드, 생명 및 연금 보험 회사와 같은 기관 투자자 또는 부유한 가족입니다. 그들은 호당 낮은 가격에 구매하기 위해 대규모 투자를 선호하며, 건물을 100% 소유하지 않은 이상, 여러 세대를 한꺼번에 매수하여 호당 가격을 낮추려 할 것입니다.

구매자는 일반적으로 부동산을 운영하여 얻을 수 있는 연간 순운영이익과 비례하여 판매대금을 지불합니다. 신규 구매자가 부동산을 취득하여 얻는 연간 순이익에 대한 수익성 비율을 **자본환원율**(Cap Rate 또는 Capitalization Rate)[30]이라고 합니다.

연간 순운영이익이 100,000달러인 자산을 예로 들어 보겠습니다.

이는 '소유자가 **모기지 상환 비용을 제외한** 모든 운영 비용을 지불하고 남은 순이익[31]'을 말합니다.

대출이자 지불금을 제외한 지표를 사용하는 이유는 각 구매자의 신용도, 상환 능력, 경험 등의 대출 조건에 따라 지급액이 달라지기 때문입니다.

이와 같이 대출이자 지불 전 대금을 수입으로 잡는 이유는 구매자의 인적조건과 관계없이 오직 부동산 운영 비용만 산정하여 수입 대비 부동산의 가격을 최대한 객관적으로 평가하기 위함입니다.

구매자가 1,000,000달러를 구매 가격으로 인수할 경우 이는 자본환원율(Cap Rate) 10%로 구매하고 있음을 의미합니다.

시장이 경쟁이 치열해지고 구매에 관심이 있는 사람들이 많아지면, 가격을 올려야 합니다. 2,000,000달러를 지불하게 된다면 자본환원율(Cap Rate) 5% 로 구매하게 되는 것입니다.

즉, 시장이 확장 또는 공급 과잉 단계에 있을 때, 우리가 본 것처럼 수요가 공급보다 더 많이 증가하면 부동산 가격이 상승할 것입니다. 이 경우 자본환원율(Cap Rate)이 내려갑니다. 여기서 중요하면서도 자주 헷갈리는 부분을 짚고 넘어 갑시다. **가격이 상승하면 자본환원율(Cap Rate)이 감소하고, 반대로 가격이 하락하면 자본환원율(Cap Rate)이 상승**

---

30 Cap Rate 또는 Capitalization Rate : 자본환원율('수익율' 이라고 불리기도 함.)
31 순운영이익(Net Operating Income) = 부동산 임대수익[RR]－운영비[OE]

합니다.

이것의 이유는 공식(경제학자들이 방정식을 부르는 방식)에서 매입 가격을 분모에 두고 '순운영이익'을 나누기 때문에 발생합니다.

$$\text{자본환원율(Cap Rate)} = \frac{\text{순운영이익}}{\text{구입가격}}$$

왜 이것을 아는 것이 중요할까요?

왜냐하면 바로 여기에 미래를 예측하는 힘을 키우기 위한 또 다른 요소가 있기 때문입니다.

우리의 시장 조사에서 그 당시 그 도시(또는 이웃)에 있는 특정 유형의 부동산에 대한 자본환원율(Cap Rate)이 무엇인지 알아내야 합니다. 그리고 1, 2, 3년 전 이것이 얼마였는지 질문해 보십시오. 이 정보는 일반적으로 특히 상업용 부동산(호텔, 사무실, 상업용 건물 및 주거용 임대 건물)을 전문으로 하는 공인중개사들 사이에서 알아낼 수 있습니다.

그렇지 않다면 우리는 조금 더 조사하고 특정 부동산이 얼마에 팔렸는지, 그리고 순운영이익이 얼마였는지 파악할 필요가 있습니다.

요약하면, 자본화 비율을 비교해 보면 전년도보다 낮다는 것을 알 수 있습니다.

우리는 자본환원율(Cap Rate)이 억제되고 있으며 확장 또는 공급 과잉 단계에 있다고 말합니다.

반대로 자본환원율(Cap Rate)이 상승하는 경향이 보인다면, **우리는 현재 확대되고 있는 자본환원율(Cap Rate)에 직면하고 있으며 확실히 경기 침체 또는 회복 단계에 있습니다.**

이 지표는 식별하기 쉽고, 우리에게 주기가 향하고 있는 방향을 명확하게 제시해 줍니다.

각 유형의 부동산 자산에는 통상의 특정 자본환원율(Cap Rate)이 있습니다. 예를 들어, 미국의 임대 주택 시장에서 통상적으로 A급 건물 (시설이 많고 마감이 좋고 위치가 좋은 건물) 은 도시에 따라 5%에서 6.5% 사이에서 거래됩니다. B급의 건물 (편의 시설, 표준 건축 마감, 덜 유리한 위치) 은 자본환원율(Cap Rate)이 6.5% ~ 8%이며, C급 건축 프로젝트 (보통 모텔 스타일의 외부 복도가 있는 건물이며, 교외에 있으며 엘리베이터가 없음)는 8%에서 10%사이입니다. 물론 올랜도보다 뉴욕과 같은 도시에서 낮은 자본환원율(Cap Rate)을 보입니다. 경기 침체 중에도 뉴욕과 같은 도시에는 더 많은 수요가 있었고, 확장 단계에서 새롭게 공급 가능한 부지가 적기 때문입니다.

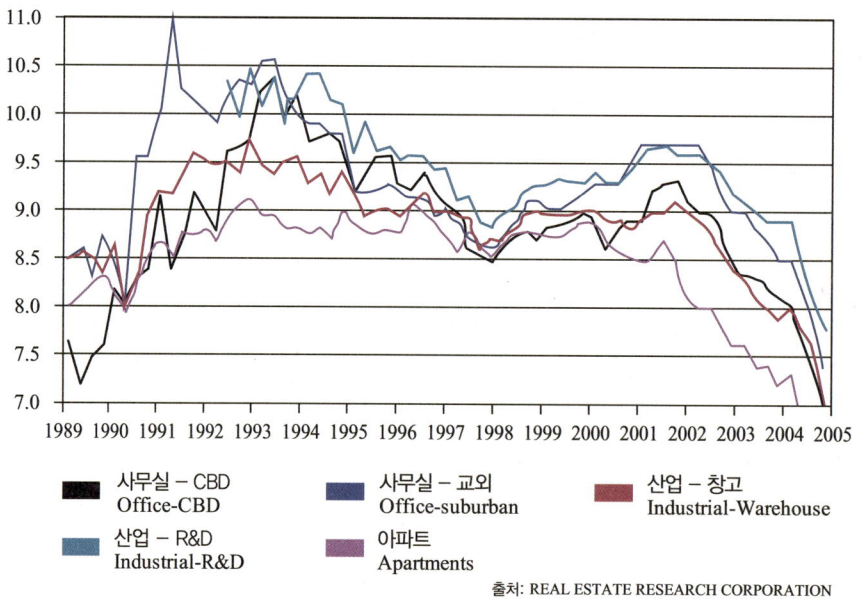

[자본 환원율 도표(Historic Cap Rates)]

이 그래프에서 우리는 미국에서 20년 동안의 자본환원율(Cap Rate)의 상승 및 하락을 볼 수 있습니다. 각 자산 유형에는 서로 다른 자본환원율(Cap Rate)이 있습니다. 주거용 건물은 거의 항상 자본환원율(Cap Rate)이 가장 낮으며, 교외 사무실 건물이 가장 높고, 중심 지역에 위치한 사무실과 산업 자산이 중간에 있음을 알 수 있습니다. 또한 10년 만기 국채 금리와 관련하여 자본환원율(Cap Rate)이 어떻게 변동하는지 확인하는 것도 도움이 될 것입니다.

이것은 우리에게 무엇을 말해 주고 있습니까?

구매자들은 주거용 부동산의 순운영 이익에 비해 더 높은 가격에 주거용 부동산을 구매한다는 것입니다. 이것이 더 안전한 투자라고 생각하기 때문입니다. 경제가 불황에 접어들면 임대료가 조금 떨어질 수 있지만 사람들은 어딘가에 살아야 합니다. 노숙자가 되어 거리에서 살도록 강요 받는 사람의 수가 조금씩 증가할 수는 있지만 다행히도 그 비율은 매우 적습니다. 위기에 의해 영향을 받은 사람들은 자신의 구매력이 감소하기 때문에, 낮은 부동산 카테고리로 한 단계 내려가거나 또는 더 좋지 않은 위치의 건물로 이동할 것입니다.

반대로 사무실 시장은 경기 침체에 훨씬 더 민감합니다. 경제가 위기에 빠지고 기업이 손실을 입기 시작하면 비용 절감을 추구할 것입니다. 그리고 그 방법 중 하나는 그들이 임대하는 사무실의 크기를 줄이는 것입니다. 또는 이전에 보았던 것처럼 임대료 인하 또는 어떤 종류의 절충안을 찾아 소유자와 협상하는 것입니다.

사무실 시장이 주거 시장보다 수요 변화에 훨씬 더 탄력적이기 때문에, 주기를 분석할 때 항시 서로 비교하는 것이 중요합니다.

이 그래프에서 알 수 있는 또 다른 것은 무엇입니까?

모든 자본환원율(Cap Rate)은 거의 동일한 형태의 곡선으로 움직입니다. 주거용 자본환원율(Cap Rate) 곡선은 더 평평하지만 (즉, 가격 변동이 적음) 장기적으로 보면 모두 다소 균등하게 상승 및 하락하게 됩니다. 1991년-1994년과 같은 경제 침체 시기에는 자본환원율(Cap Rate)이 매우 높은 시기라는 것을 볼 수 있습니다. 반면에, 2001년부터는 모든 자본환원율(Cap Rate)이 억제되는 모습을 볼 수 있습니다. 이는 곧 부동산 붐이 시작되는 시기와 맞물리게 되며 소위 부동산 '거품'으로 이어져, 2008년 대불황과 세계 경제 위기로 끝나게 됩니다.

요약하면, **자본환원율(Cap Rate)의 과거 및 현재 추세를 조사하는 것은 매우 중요합니다.** 은행가나 상업용 부동산을 다루는 공인중개사와의 대화에서 얻을 수 있는 어렵지 않은 정보입니다. 그리고 우리에게 분석을 위한 기본 요소를 제공합니다.

B. 어떻게 프로젝트 자금을 조달할 수 있을까요?

건설 개발자는 대출기관에서 '건설대출'을 받습니다. 은행은 일반적으로 자기 자본으로서 25~30%을 투자할 것을 요청할 것이며, 나머지를 은행 대출로 투자하게 될 것입니다. 개발자는 사업 리스크에 따르는 타당한 수익을 얻고자 하는 개인 투자자로부터 그 자본을 조달하려고 할 것입니다. 이러한 유형의 투자는 투자자들에게 일반적으로 연간 12~15%의 수익을 제공합니다.

은행은 프로젝트가 완료되고 임차인이 입주하여 임대료를 지불하기 시작했을 때의 매월 개발자의 모기지 상환 능력을 분석합니다.

의도한 대로 진행되지 않을 경우 '완충재'를 조정하여 적용합니다. 예를 들어, 프로젝트에 연간순이익이 10만 달러가 될 것으로 설정되어 있으면, 이자와 원금 연간상환액이 8만 달러가 되기에 충분한 자본을 대출해 줄 것입니다.

이 20%는 '완충재' 또는 DSCR[32]이라고 합니다. 시장이 과열될 때는 은행들이 자신감에 차서 더 많은 프로젝트를 유치하기 위해 자신감을 갖고 서로 경쟁하기 때문에 DSCR이 감소합니다.

반면, 시장이 침체되면 신용 조건이 강화됩니다.

따라서 우리가 새로운 시장에서, 개발이 시작될 때 수집해야 하는 또 다른 데이터는 건설 대출과 부동산 취득 조건을 최근 몇 년간의 조건과 비교하는 것입니다. 이것은 우리에

---

32 Debt Service Coverage Ratio 또는 Debt Service Coverage Percentage

게 시장이 움직이는 방향에 대한 또 다른 지침을 제공할 것입니다.

건설 단계에서 은행은 진행 상황에 따라 개발자에게 자금을 융통할 것입니다.

매월 은행에서 임명한 검사관은 건축업자와 함께 공사 현장을 방문하고, 그들은 공사 및 자재를 포함하여 그 달에 수행되어 계산된 공사내역서[33]를 발급합니다.

은행은 개발자에게 돈을 송금하고, 하청 업체와 공급자에게 대금을 지불하게 합니다.

건설기간 중 개발자는 이자를 직접적으로 지불하지는 않습니다. 매월 마다 건축진행 상황에 따라 돈을 빌릴 수 있지만, 그것에 이자가 포함되어 있지는 않습니다. 한편 실제로는, 은행이 이자 유보금을 설정해서 자금을 만들어 은행 계좌에 예치하고, 예치금에서 매월 이자를 공제해 나갈 것입니다.

은행은 일반적으로 주택 담보 대출금 수령을 시작하기에 앞서 공사 후 6~12개월의 유예 기간을 제공합니다. 그 순간부터 개발자는 매월 할부로 부채를 상환하기 시작하며, '건설 대출'이었던 것이 '고정 대출'로 변환됩니다.

모기지 상환은 대출 기간 동안 동일하게 유지됩니다. 즉, 소위 프랑스 시스템으로 계산됩니다. 대부분 초기에는 이자를 상환하도록 하며, 대출 원금에 대한 상환을 거의 적용하지 않습니다. 시간이 지남에 따라 원금상환액이 높아지고, 이자액은 낮아집니다.

은행은 보통 대출 기간을 25년으로 두고 이자를 계산합니다. 물론 10년처럼 대출기간이 짧은 것도 경우도 있습니다. 이 경우 10년이 지나도 대출 원금이 전액 상환되지 않았다면, 개발자는 소위 '풍선 대금'이라 하는 거금을 상환해야 합니다.

실제로 이런 경우는 드물게 발생합니다.

그렇지만, 앞에서도 설명 드렸듯이, 몇 년 후 개발자가 부동산을 판매하고 그 시점에 총 부채를 상환하는 것은 통상적 입니다.

---

33 영어로 'Draw.'

그러나 때때로 대출을 재융자하고 새로이 대출을 받아 첫 번째 대출을 상환할 수도 있습니다.

왜 이런 일이 발생하는 것일까요?

어떤 경우에는 단순히 금리가 떨어졌기 때문에 더 낮은 금리로 재융자함으로써 프로젝트가 더 높은 순익을 창출할 것입니다.

다른 한편으로 세금이라는 또 다른 이유가 있습니다. 투자를 장려하려는 많은 국가에서 연간 이자 지급액을 소득세에서 공제합니다.

우리가 말했듯이, 처음 몇 년 동안 이자 지불은 월별 모기지 상환액의 대부분을 차지하며, 이는 엄청난 세금 절감을 가져옵니다.

시간이 흐른 후 이자보다 원금상환비율이 높아지면, 이 세금 절감 효과가 희석됩니다. 우리는 규모가 큰 숫자를 다루고 있고, 스케일이 큰 만큼, 그것이 사업의 수익성에 영향을 주게 됩니다. 따라서 개발자가 새로운 대출로 시작하여 이자율을 다시 '재설정' 하는 것이 편리할 것입니다. 동일한 은행으로 여러 번 대출 신청을 할 수 있으며, 저렴한 비용이 들면서 매우 간단한 프로세스입니다. 다른 경우에는 새로운 신용 기관에 신청할 수 있습니다.

어찌 되었든, **재융자되는 대출 건수, 시장에서 생성되는 신규 대출 수 및 조건에 대한 데이터를 얻는 것은 시장이 금융 주기의 어느 부분에 있는지 평가할 수 있는 매우 중요한 요소입니다.** 다음 장에서 금융 주기에 대해 더 자세히 살펴볼 것입니다

개발자가 자신의 프로젝트를 기관 투자자에게 판매하려고 할 때, 이 투자 구매자는 그것을 취득하기 위해 대출을 알아볼 것이며, 은행은 건설 대출과 동일하게 상환 능력 (순월 소득기준), 구매자의 기록 및 경험 등을 분석할 것입니다.

중요한 차이점은 구매자가 취득한 후, 다음 달에 월 모기지 대금을 상환하기 시작한다는

것입니다. 건설 대출의 경우와 같이 유예기간이나 이자 충당금이 없습니다.

다른 차이점은 은행이 이 새로운 대출을 건설 대출보다 위험성이 적다고 여기는 것입니다. 왜 그런 것일까요?

만약 건설 단계에서 프로젝트가 지연되어 완료되지 않는다면 건축 비용이 치솟을 것입니다. 그리고 기간 내에 계획된 임대 수준으로 임대하지 못하게 되는 등 훨씬 더 많은 위험이 있습니다.

반면에 개발자가 준비하는 모든 데이터는 프로젝트 진행 전이기 때문에 다른 프로젝트와 비교하고 이를 기반으로 한 추정치입니다. 임대 수준과 임대료는 물론 고정 지출 및 가변 비용을 추정합니다.

대신 새로운 구매자가 이 게임에 들어오면, 건물이 이미 안정화되어 있으니 크게 문의할 사안이 없습니다. 모든 대금이 지불되고, 공사가 완료된 후 순운영수입이 얼마인지는 이미 알려져 있습니다. 이것은 은행에 더 많은 확실성과 위험성을 덜어줍니다. 그리고 알다시피 위험성이 적기 때문에 낮은 이자율로 상환할 수 있습니다.

이후, 퍼즐을 맞추는 데 도움이 되는 또 다른 질문들을 마주하게 됩니다. **그 시장에서 금리는 어디로 가고 있습니까? 내려가고 있습니까? 안정적입니까? 한 유형 자산의 금리가 다른 자산의 금리보다 더 높습니까?**

조사를 하면서 은행이 사무실 건물보다 호텔 건설 대출에 더 높은 이자율을 요구하고 있다는 것을 알아냈다고 가정해 봅시다.

그런 경우 다음과 같은 질문을 해야 할 것입니다. '왜 그러한 것일까? 은행은 왜 호텔 투자가 더 위험하다고 인식하는가? 이 지역에 이미 너무 많은 호텔이 존재하는 이유는 무엇인가? 임대율이 매우 낮은 이유는? 호텔 비용이 증가하는 이유는 무엇인가?'

수사관처럼 한 번 더 적절한 질문을 하면 시장이 어디로 가고 있는지 이해하고 이에 대비하는 데 도움이 됩니다.

한편, 이 책을 쓰는 시점에서 임대 주택 시장은 역사상 가장 긴 확장 단계에 있습니다. 많은 국제 투자자들이 예치해 두었던 자본을 북미 펀드에 쏟아붓고 있습니다. 그 이유는 그 외 나라들은 큰 문제들이 있으며 투자를 장려하지 않거나, 국가의 경제적 규제가 심하여 경제 환경의 변화에 덜 유연하고 적응할 수 없게 만들기 때문입니다. 예를 들어, 유럽 공동체에서 영국이 탈퇴하면서 발생한 브렉시트[34] 사태 등으로 유럽이 겪고 있는 위기를 생각해 봅시다. 또는 중국과 미국 간의 무역 전쟁이 전자의 성장률을 늦추고, 극동 전체의 경제에 영향을 미치는 경우나, 여러 라틴 아메리카 국가의 경제 및 정치 위기도 생각해 보도록 합시다. 이로 인해 본국에서 북미와 같이 신뢰할 수 있는 법률 시스템과 평가 절하 위험이 크지 않은 통화를 보유한 더 안전한 것으로 인식되는 시장으로 자본이 이동합니다.

이 경우 투자펀드에 있어서 큰 문제는 보유한 많은 자본을 투자하기 위한 대안상품을 찾는 것입니다. 일반적으로 그들은 주식 시장에 대한 투자 또는 기타 위험한 자산에 비해 부동산 자산에 대한 안정성을 제공하는 포트폴리오로 자금의 20~25%로 할당합니다.

이러한 경우, 개발자는 기관투자가들이 요구하는 수요만큼 공급할 수 없기에, 결과적으로 가격이 상승하고, 자본환원율이 억제됩니다.

플로리다의 임대용 주거 건물과 같이 자본환원율 6.5%가 보통인 시장들은 수요 초과에 대응하여 자본환원율이 5%가 됩니다. 많은 구매자가 제한된 수의 부동산을 구매하기 위해 입찰하고, 그 '트로피'를 얻기 위해 더 높은 구매 가격을 지불할 의향이 있습니다.

이러한 경우가 바로 임대 주택 주기에서 언급했던 '집주인의 시장[35]'에 해당하는 '판매

---

34 Brexit
35 Landlord's market

자 시장[36]'이라 할 수 있습니다.

결국 어느 시점에서 확장 주기는 종결될 것입니다. 이에 대해서는 몇 가지 이유가 있을 수 있습니다.

한편, 미국 달러는 최근 다른 통화에 비해 크게 강세를 보였습니다. 이는 미국의 부동산 가격이 더 인상되게 하여 어느 시점에서는 외국 구매자가 통화의 강세를 보이는 그 나라에 계속 투자하는 것을 막는 이유가 될 수 있습니다.

최근 몇 년 동안 상당수의 이민을 어렵게 만드는 조치가 있었으며, 이는 또한 자금을 운용하여 미국으로 이주하려는 일부 부유한 가정을 낙담시키는 요인이기도 합니다.

공급 측면에서 조만간 개발자는 동료 프로젝트의 성공에 자극을 받고 기록적인 판매 가격과 낮은 자본환원율에 현혹되어, 그들은 지나치게 낙관적인 데이터를 만들어 시장에 필요 이상의 매물들을 내놓을 것입니다. 가격이 하락하기 시작할 것이고, 자본환원율이 확장될 것이며, 우리는 '구매자의 시장'에 돌입할 것입니다.

시장은 먼저 침체 단계에 진입한 이후 회복단계에 진입할 것입니다.

그리고 주기는 다시 시작될 것입니다.

C. 매각용 물건 시장

반면에 매각용 물건 시장에는 또 다른 논리가 있습니다. 개발자는 각 세대별로 소유자가 다른 건물을 건설합니다. 나라마다 다른 이름으로 명명됩니다. 미국에서는 '콘도미니엄 유닛[37],' 아르헨티나에서는 '수평 부동산'이라고 합니다. 모든 경우, 이러한 형태의 부동산을 관장하는 규정이 있으며, 아르헨티나에서는 공동 소유권 규정, 미국에서는 콘도미

---

36 Seller's market
37 한국에서는 보통 '아파트' 또는 '빌라'라고 함.

니엄 다큐먼트라고 합니다. 각 소유자는 허가 없이 원할 때마다 자신의 주택을 판매할 권리가 있으며, 투자인 경우 개인적으로 또는 제3자를 통해 자신의 재산을 관리하고 임대할 것입니다. 개발자는 건설이 완료되면, 건물 관리를 중단하고 각 세대를 구매자에게 양도합니다.

일반적으로 건설 비용은 이전 사례보다 높습니다. 한편으로 마감 수준은 일반적으로 임대물들보다 약간 더 좋으나, 항상 그런 것은 아닙니다. 콘도만큼 마감 처리된 A급 임대 건물이 있기 때문입니다.

브랜드, 그래픽 및 브로슈어를 디자인하는 그래픽 디자이너와 판매 캠페인을 돕는 소셜 미디어 및 광고 전문가들로 인해 마케팅 비용이 더 높아집니다. 또한 매물을 판매하는 공인중개사에게 높은 거래 수수료 지불해야 합니다. 이렇듯이 판매를 위해서는 다양한 분야의 전문가들의 많은 노력이 필요합니다.

미국에서는 새로운 공동 주거 건축물에 대해 6%에서 8%사이의 중개수수료를 지불하는 것이 일반적입니다. 이로 인해 프로젝트 총비용의 약 15%에 해당하는 추가 비용이 발생합니다. 임대 건물 시장에서 프로젝트가 거래될 때, 수수료도 지불되지만, 판매용 물건의 가격이 훨씬 더 높기 때문에 전체 비율에서 수수료가 차지하는 비율은 훨씬 낮습니다.

이 프로젝트들은 어떻게 자금을 조달합니까?

개발자는 이전 사례에서 설명한 것과 유사한 건설 대출을 받습니다. 그러나 은행은 판매용 주택당 프로젝트가 임대용 프로젝트보다 더 위험하다고 인식하기 때문에 일반적으로 약간 더 높은 이자율을 부과합니다.

공사가 완료되면 구매자가 대금 지불을 완료하고 주택을 소유하게 되며, 개발자가 소유권 이전증서에 대해 받는 돈의 상당 부분을 전액 상환될 때까지, 건설 대출을 상환하는 데 사용됩니다. 뒤에서 볼 수 있듯이, 이는 2008년 위기가 발발했을 때 많은 개발자들에게 심각한 문제를 일으켰습니다.

주기에서 어떤 일이 발생할까요?

주거용 임대 시장과 매각용 부동산 시장의 주기에는 확실한 차이가 있습니다.

구매자가 많아질 수록 매각용 물건의 주기는 더 빨라질 것입니다. 이는 이자율이 하락할 때 발생합니다. 더 많은 사람들이 융자를 받기가 쉬워져, 임대 대신 주택을 구매할 것이기 때문입니다. **또한 실업률이 떨어지거나 임금이 상승하거나 부동산 소유주에게 유리한 공공정책이 시행될 때도 마찬가지입니다.**

해외 구매자의 경우, 현재 포르투갈과 같은 특정 국가의 경우와 같이 **환율의 변화, 더 나은 법적 및 세금 조건, 투자자를 위한 이민 혜택이 주기의 엔진 역할을 할 것입니다.**

주택 판매 시장의 유동성은 공급 과잉 및 경기 침체 단계에서 어려움을 겪습니다. 판매자가 요구하는 가격과 구매자가 지불할 의사가 있는 가격 사이에 큰 차이가 생겨나며, 판매량이 급격히 감소하여 소유자가 손실 없이 투자에서 벗어날 수 없습니다. 돈이 필요하지 않은 사람들은 관리 비용만 충당하고 추가 이익이 없더라도 가격이 회복될 때까지 임대 부동산을 유지하는 것을 선호할 것입니다.

반대로 주거용 임대 시장은 집을 살 수 있는 사람들이 적어서 임대를 할 때 성장합니다. 이는 2008년 미국에서 일어난 일로 뒤에서 설명할 것입니다. 많은 사람들이 더 나은 일자리를 찾기 위해 한 도시에서 다른 도시로 이동할 때, 내부 이동성이 큰 경우 임대용 시장이 성장합니다.

임대 건물 구매자는 부동산 사업에서 수익을 찾고 있는 투자자들입니다. **투자자들은 다른 유형의 투자가 수익성이 없을 때 수익성이 같거나 위험이 적은 부동산 자산을 구매할 것입니다.** 이자율, 국채 또는 주식 가격이 하락하면 많은 투자자들이 부동산을 구입하여

돈을 보호하려고 하기 때문에 부동산 시장에 이점이 있을 수 있습니다. 이러한 자산의 가격은 수요 증가로 인해 상승하기 시작하고, 자본환원율은 하락할 것입니다.

뒤에서 말씀드리겠지만, 제가 플로리다 주 새러소타에서 주택 임대 프로젝트를 마쳤을 때 이런 일이 발생했습니다.

요약하자면, 주거용 부동산의 구매시장과 임대 시장의 부동산 주기는 상호 반주기적입니다. 즉 보통 하나가 올라가면 다른 하나는 내려갑니다.

제7장

금융주기:
'돈의 흐름을 파악하라'

지금까지 우리는 '물리적 주기', 즉 인구 통계학적 변화에 따른 수요와 공급의 변화에 따라 그 부동산 주기가 어떻게 달라지는지에 관하여 이야기하였습니다.

이 주기를 이해하기 위해 '사람들의 움직임을 파악해야 한다'라고 말하였습니다.

그러나 특정 시장의 주기가 오직 공급과 수요의 변화만으로 서로 다른 단계를 거치게 하는 요인이 될까요?

예를 들어, 2003년부터 2006년까지 공동주거(공동주택) 부동산 시장은 역사상 가장 큰 확장 단계 중 하나였고, 부동산 판매 가격이 크게 상승하였습니다. 시장에 나온 부동산 프로젝트는 단 몇 시간 만에 거래되었습니다. 개발자가 필요 이상으로 많은 수를 구축한 것은 사실입니다. 그러나 울퉁불퉁한 '부동산 거품'이 결국 터지면서 나머지 경제분야까지 끌어내렸다고 어떻게 설명할 수 있을까요?

하루아침에 이러한 과도한 재고가 만들어졌을까요?

대답은 '아니오.'입니다.

수년 동안 재고가 증가하고 임대율이 감소하였지만 부동산 붐은 계속되었습니다.

어느 날 구매자, 투자자 및 금융가가 이 상황을 알아채고, 자발적으로 투자에 제동을 걸기로 결정하였습니다. 투자 및 매수 입장에서 매각 및 매도의 반대 방향으로 이동합니다.

즉, 부동산 시장은 수요와 공급의 관계뿐만 아니라 주어진 시간에 시장에 들어오거나 나가는 자본의 양에 영향을 받습니다.

우리는 이 다른 현상을 '금융주기(금융 사이클)'이라고 부르며, 이 경우 '돈의 흐름을 파악하라'라는 슬로건을 따릅니다.

영어로 '돈의 흐름을 파악하라(Follow the Money Route; 돈이 가는 길을 찾아라)'라고 표현되는 이 문구는 슬프게도 닉슨 대통령의 사임으로 끝난 워터게이트 사건 수사 과정에서 미국에서 유명해졌습니다. 정부에 반대하는 워싱턴 DC의 민주당 본부인 워터게이트 빌딩에 감시용 마이크를 설치하기 위해 어느 날 밤 트루 하네 무리가 침입한 것이 발견되었습니다. 수사 과정에서 두 명의 기자는 누가 책임을 졌어야 하는지 알아내기 위해 '돈의 경로를 따라야 한다'라고 말한 비밀 정보원을 만났습니다. 범죄를 저지르기 위해 이 요원에게 누가 돈을 지불했는지 알아내야 한다는 것이었습니다. 이 돈은 놀랍게도 대통령이 속한 공화당의 수표로 지급한 것이었고, 당을 몰락하게 만들었습니다.

이것이 주기와 무슨 관련이 있을까요?

이 금융주기의 변화와 그것이 어디로 가는지 이해하려면 자본의 출처 및 규모 그리고 그것이 시장에 들어오고 나가는 이유가 무엇인지 이해하는 것이 중요합니다.

다른 제품이나 서비스와 마찬가지로 많은 사람들이 구매를 하게 되면, 그 시장에 많은 돈이 들어오게 되고, 가격이 올라갑니다. 반대로 모든 사람이 팔기로 결정하고 돈이 그 시장에서 빠져나가면, 가격은 필연적으로 떨어질 것입니다. 따라서 우리는 주기가 어디로 향하고 있는지 이해하기 위해 '돈의 흐름을 파악해야' 합니다.

현재, 부동산 산업에서 자본에 대한 접근성의 원천이 되는 4가지가 있습니다.

- 개인 투자자의 자본
- 상장 기업의 자본
- 사적 부채
- 공공 부채 (CMBS)

세계화 시대는 투자 흐름의 단편화와 국제화로 이어졌습니다. 오늘날 외국인 투자자는 '**부동산 투자 신탁**[38]'(REITs)이라고 하는 부동산 투자신탁에 대한 투자를 통해 다른 나라의 상업용 부동산에 쉽게 투자할 수 있습니다.

이 경우 장점은 다음과 같습니다.

- 전통적인 투자자 역할을 할 때보다 적은 금액으로 투자할 수 있습니다.
- 일반적으로 정부에 의해 규제되기 때문에 투명성이 높아집니다.
- 유동성이 있는 경향이 있으며, 투자자는 프로젝트가 완료되거나 판매될 때까지 기다릴 필요 없이 투자분을 판매할 수 있습니다.
- 다년간의 경험을 가진 전문 회사에서 관리하고 있으며, 또한 이 회사는 수 백만 호를 관리하므로 관리 비용이 절감됩니다.
- 투자자는 다양한 시장, 국가 및 부동산 자산 유형을 다각화할 수 있으므로, 포트폴리오가 더 균형을 이루고 한 부문의 위기가 전체 수익성에 영향을 미치지 않습니다.

우리는 사무실, 임대 아파트, 산업 창고, 호텔, 쇼핑센터, 심지어 병원 등 특정 유형의 자산을 사고 관리하는 'REIT'를 볼 수 있습니다.

---

[38] Real Estate Investment Trusts

다른 유형들은 하이브리드이며, 위험을 다각화하기 위해 다양한 종류의 자산을 선택합니다. 최근 몇 년 동안 자금 조달 프로젝트에만 전념하는 'REIT'도 등장하였습니다. 많은 펀드가 비상장 개인기업이지만 어떠한 펀드는 지역 증권 거래소에 상장되거나, 더 야심 찬 펀드는 뉴욕, 런던 또는 프랑크푸르트의 주식 시장에 공개적으로 상장되었습니다.

채무 시장의 경우 지난 20년 동안 소위 '파생 상품,' 즉 다른 부채에서 파생된 부채가 많이 발생했습니다.

미국의 서브프라임 모기지 시장이 과열되어 '부동산 거품'을 일으켰고, 2008년 대불황을 초래한 급격한 붕괴를 일으킨 것은 유명한 'CMBS[39]'입니다. 그들은 담보로 상업용 부동산을 저당 잡는 모기지입니다.

일반적으로 서로 다른 자산을 담보로 잡는 서로 다른 등급 또는 '트랜치'로 나뉩니다. 가장 높은 트랜치는 부채가 거의 없는 A등급 자산을 담보로 잡은 것이며, 이후 연속적인 트랜치가 발행되면 부동산 자산의 품질이 떨어지고 부채 비율이 악화됩니다. 물론 리스크가 높은 트랜치는 더 높은 수익을 제공하지만 위기가 발생했을 때 처음으로 채무 불이행을 하게 되었습니다. 이 채권 보유자는 자산 구매 자금을 조달하기 위해 빚을 낸 상업용 부동산 소유자가 주기적으로 지급하는 이자와 원금에 대한 배당금 (일부는 월 단위, 다른 일부는 분기 또는 반기 단위)을 받습니다.

일반적으로 소유자는 '창시자(Originator)'라고 하는 지역 은행에서 모기지 대출을 융자 받음으로써 자신의 부동산 자산을 구입합니다. 그리고 은행은 이것에 대해 현금을 회수하고 신규 고객에게 계속 대출하기 위해 몇 주 또는 몇 달 동안 해당 모기지 어음을 투자 자금을 위해 재판매합니다. 뮤추얼 펀드는 이러한 모기지를 모아서 특정 채권을 발행하여, 개별 투자자 시장에 판매할 것입니다.

---

39 Commercial Mortgage-Backed Securities

이러한 방식으로 투자 펀드는 채권을 계속 구매할 수 있도록 현금을 회수하고 모기지 관리, 월별 할부 횟수, 미납에 대한 압류, 채권 보유자들에게 수익 배분을 담당합니다. 이 대출에 '서버' 기능을 담당함으로 이에 대한 사례로 관리 수수료를 부과합니다.

이러한 유형의 채권은 또한 주거용 부동산의 저당권에 기초를 두고 있을 수 있습니다. 이 경우에는 **주거용 모기지 담보 증권(RMBS)**이라고 합니다. 주거용 부동산 대출이 담보가 되기 때문에 더 안정적인 경향이 있습니다. 정상적인 조건에서는 더 낮은 기본 채무 불이행 및 연체의 확률이 있습니다. 역사적으로 시장이 정점을 지나 불황으로 가고 있을 때에도 돈의 흐름이 빨리 끊어지는 일이 없었습니다. 글렌 뮬러 교수가 제시한 다음 그래프에서 22년 동안의 미국 사무실 시장의 재정 및 물리적 주기 곡선을 볼 수 있습니다.

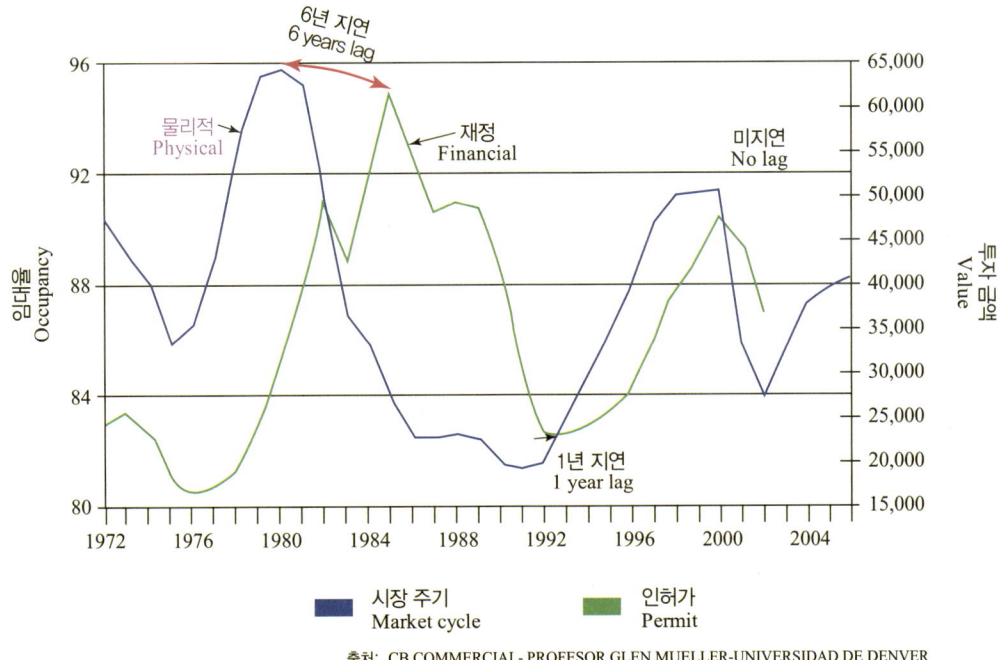

[미국내 사무실 물리적 시장주기 vs. 재정주기 = 신규 인허가 수
(National Office Physical Market Cycle vs Financial Cycle = New Permit Values)]

왼쪽은 임대율을 나타내며, 오른쪽은 백만 달러 단위 이상으로 해마다 투자된 금액입니다.

보시다시피, 임대율은 1980년에 정점에 도달하여 이후 하락하기 시작하였고, 1986년에 83%에 도달했습니다. 그러나 자본의 흐름은 1983년에 약 320억 달러에 이르러 계속해서 증가했습니다. 1986년에 620억 달러 이상에 도달하여 이후 하락하기 시작했습니다.

금융 주체들이 경고를 내리고, 매각 결정을 내리는 데까지 6년이 걸렸습니다.

그러나 1990년에 이 시간이 단축되었습니다. 보시다시피, 시장은 재활성화되기 시작하였고, 임대율은 1992년에 다시 증가하였습니다. 이번에는 자본 시장이 깨어나는데 2년 밖에 걸리지 않았고, 돈이 다시 흐르기 시작했습니다.

2000년도에 무슨 일이 일어난 것일까요?

시장반응이 즉각적이었습니다. 시장이 공급 과잉 단계에 진입하고, 임대율이 하락하기 시작하면서 건축 공급 과잉 우려로 장기간의 경기 침체를 피하기 위해 투자가 중단되었습니다.

반응 시간이 예전의 속도와 비교하여 이처럼 현저한 차이가 있었던 이유는 무엇일까요?

인터넷의 등장, 광케이블 기술, 기타 후속 플랫폼의 출현으로 새로운 정보 시대를 가져온 이 혁명은 전 세계에서 일어나는 일을 분 단위로 실시간으로 알 수 있게 해 줍니다.

1991년 연합군의 쿠웨이트 침공은 텔레비전에서 방송 최초로 전쟁을 생방송 하였습니다. 새로운 CNN채널은 마치 영화배우가 오스카상 시상식에서 레드 카펫으로 나가는 것처럼, 폭탄 테러의 시작을 기다리는 카메라와 기자를 대기시켰습니다.

그때부터 정보에 대한 즉각적인 접근을 위한 흐름은 멈추지 않았습니다.

90년대 말 인터넷의 대중화, 한 대륙에서 다른 대륙으로 몇 초 만에 데이터를 전송할 수 있는 해저 광케이블의 설치, 이후에 등장한 수백 개의 금융 전문 웹사이트들이 이러한 부동산 개발 주체자들로 하여금 몇 분 안에 시장 개발 정보에 접근할 수 있게 하였습니다.

이 기능은 태블릿, 스마트폰 및 금융, 인구 통계 및 부동산 분야의 수백 가지 전문 애플리케이션이 등장하면서 새로운 세기의 첫 10년 동안 기하학적으로 성장했습니다.

더 이상 특정 시장의 변화 상황에 대한 전문가만을 위한 정보가 아니므로 값비싼 시장 조사를 의뢰할 필요가 없었습니다.

정보화 시대는 모든 사람이 인터넷에 접근할 수 있고, 검색 방법을 아는 사람이면 누구나 가장 효과적인 결정을 내리는데 필요한 정보에 접근할 수 있는 세계화된 세상을 만들었습니다. 세계화는 또한 한 국가에서 다른 국가로의 자본의 이동을 촉진했습니다. 투자자가 웹사이트를 클릭하기만 하면 위험이 높은 국가에서 더 안정적으로 보이는 다른 국가로 자본을 이동하는 것이 훨씬 쉬워졌습니다.

세기 초에는 세계화가 더 적은 위험으로 더 안정적인 경제 환경을 만드는데 기여할 것이라고 믿었습니다. 투자자들은 더 낮은 위험으로 더 높은 수익을 내기 위해 전 세계적으로 자산을 다각화할 수 있기 때문입니다. 리스크가 다른 자산의 '다각화'는 포트폴리오의 균형을 유지하는 데 도움이 되며, 특정 유형의 자산들 즉 주식, 국채, 부동산 등이 특정 순간에 하락할 때 위험을 덜어줍니다.

역설적이게도 2008년에는 반대의 상황이 나타났습니다.

새로운 경제가 투자자들이 좋은 투자 여건을 보여준 나라들에 투자할 수 있게 했던 것처럼, 급격한 하락이 초래되는 시장에서 단시간에 자본을 회수함으로써, 짧은 시간 안에 위험이 인식된 시장에서 '비상'이라는 버튼을 눌러, 격렬하게 반응하며 공황 상태에 빠지게 되었습니다.

동시에, 더 많은 사람들이 국제 시장에 접근할 수 있게 됨에 따라, 개발자들 간의 경쟁이 촉진되어 투자자와 금융가에게 더 큰 수익을 제공하게 되었습니다.

그리고, 2008년 위기 전에는 은행가들의 과도한 욕구와 투자자들의 과도히 위험을 무릅쓴 자세는 시장을 위험하고도 과열되게 만들었습니다. 기대와는 달리 정보화 시대는 미래에 더 심각한 공급 과잉 단계를 마주하게 할 수 있으며, 이에 대한 반작용으로 공급이 충분치 않은 기간도 뒤따를 것입니다.

경기 침체와 팽창의 기간은 짧아지는 경향을 드러내고 있습니다. 이는 전체적인 주기의 진행이 앞으로 가속화될 것이라고 보이기 때문입니다. 전체 주기의 기간은 아마도 8년 이하일 것입니다. 새로운 개발의 창구도 작아지면서, 주기가 더 이상 양호하지 않을 때, 더 많은 프로젝트가 완료될 것이라는 점은 개발자에게 단점으로 작용할 것입니다.

새로운 경제는 우리가 가장 효율적인 방법으로 투자 결정을 내릴 수 있도록, 실시간으로 업데이트된 정보에 접근할 수 있는 이점을 가지고 있습니다.

그러나 동시에 짧은 시간 안에 시장 및 국가를 침몰시킬 수 있는 금융, 교환 및 투자 실행을 가속화하는 부정적인 '부수 효과'에 대한 정보로의 접근도 허용합니다.

우리는 이와 관련해 무엇을 할 수 있을까요?

세심하고 지속적으로 시장을 모니터링하며, 부동산 프로세스에서 공인중개사, 대출자, 도급업자 및 기타 행위자와 접촉하는 것은 트렌드 변화에 대비하는 가장 좋은 방법 중 하나입니다.

개발자의 가장 큰 실수 중 하나는 투자자를 유치하고 대출을 받기 위해 프로젝트 초기에 수익성 분석을 하지만, 프로젝트가 진행됨에 따라 모니터링을 계속하지 않는다는 것입니다. 이러한 행위들은 필요에 따라 제때에 진로를 예상하고 수정하는 데 매우 유용할 것입니다.

전통적으로 돈의 흐름은 각 투자자에게 수용 가능한 위험으로 좋은 수익을 낼 수 있는 곳으로 움직일 것입니다.

시장이 공급 과잉 단계로 이동함에 따라 자산 가격은 상승하고 수익성은 감소합니다. 그때 깨어 있는 투자자들은 자본환원율이 여전히 낮을 때 부동산을 매각하려고 할 것입니다. 이전 장에서 보았듯이, 자본환원율은 돈의 흐름이 어느 방향으로 움직일지 예측하기 때문에 사이클의 점진적 발전 현상도 예측할 수 있습니다.

우리는 새로운 경제의 자본 흐름이 세계화되었고 국경을 넘는 투자가 크게 촉진되었다고 말했습니다.

많은 외국인 투자자들은 자국에서보다 훨씬 낮은 수익을 얻음에도 불구하고 돈을 위한 안전한 피난처를 찾기 위해 미국과 유럽과 같은 선진국 및 안정적인 시장에 투자합니다. 그들은 신뢰할 수 있는 법률 시스템, 강력한 재산법, 안정된 정부 및 강력한 경제를 찾고, 투자에 대한 동기를 부여받았습니다.

이러한 이유로 뒤에서 볼 수 있듯이 **현대의 개발자는 투자자와 구매자의 출신 국가들의 통화와 우리가 개발하고 있는 국가의 통화 환율 변동에 대해 잘 알고 있어야 합니다.**

통화가 약세인지 강세인지에 따라 부동산 가격은 외국인 구매자에게 더 비싸거나 혹은 더 저렴해질 것입니다.

2009-2011년 마이애미 공동 주택 시장이 가졌던 빠른 회복의 열쇠 중 하나는 유로와 같은 다른 통화에 대한 달러 약세였습니다.

이러한 환율 강세로 미국의 부동산 가격이 본국보다 훨씬 저렴했기 때문에 시장은 유럽 구매자로 넘쳐났습니다.

반대로 2016년에는, 모든 브라질 출신 구매자들은 물건을 판매하기 시작했고, 심지어 처음 구매했던 가격보다 더 낮은 가격으로 매각하기도 했습니다. 2013년, 사전 분양받은 이후로 미국 통화가 1달러당 2레알에서 4.17레알로 떨어졌기 때문입니다.

통화 차익 거래를 통해 같거나 더 낮은 미화 달러 가격으로 판매함에도 불구하고, 100% 이상의 수익을 브라질 통화인 레알로 벌 수 있었습니다!

이로 인해 매우 낮은 가격으로 많은 거래가 이루어졌고, 시장은 경기 침체 단계로 넘어가는 것을 촉진시켰습니다.

부동산 자산은 채권, 주식 및 기타 투자 사업과 같은 다른 유형의 투자자들로부터 자금을 모으기 위해 항상 경쟁하는 투자 유형입니다. 주식 시장이 오랫동안 부진하면, 개발자는 많은 투자자가 부동산에 투자하기 위해 주식을 팔 것임을 알고 있기 때문에 이러한 현상을 환영합니다.

반대로 위험성이 적은 국가의 국채나 이자율이 상승하면 부동산 부문은 위험이 낮아짐에 따라, 자본을 빼 나갈 수 있는 경쟁자를 그곳에서 마주하게 됩니다.

일반적으로 국채의 가격은 금리와 반비례합니다. 금리가 상승하면 채권 가격이 하락하고, 부동산 부문의 수익성은 금리와 경쟁합니다. 반대로 금리가 떨어지면 채권 가격이 상승하고, 이것은 우리 프로젝트의 경쟁자가 될 것입니다. 안전한 국가에서 국채에 투자해 좋은 수익을 내게 되면, 투자자는 부동산에 더 높은 자본환원율을 요구할 것이므로, 낮은 가격으로 매매하게 됩니다.

요약해서 말하자면, 신속하게 대응하고 새로운 전략을 준비하기 위해, 부동산 주기에 영향을 미치는 금융 '요인들'에 대한 영구적인 모니터링이 필수적입니다. 실시간으로 더 많은 정보에 접근할 수 있게 되었고, 최근 몇 년 동안 게임의 규칙이 바뀌어 부동산 시장의 참가자들이 사후적인 대응이 아닌 때에 맞는 대응을 할 수 있도록, 문제를 미리 예측할 수 있습니다. 이를 통해 많은 경우 공공 자본시장(REIT) 및 부채(CMBS)를 통해, 더 많은 플레이어가 부동산 사업에 진입할 수 있었습니다. **2008년 쇄도 기간을 제외하고는 정보에 대한 접근성이 높을수록, 투자 환경의 위험성이 낮아졌고, 이러한 위험 감소를 반영하**

는 높은 가격 (수익률이 낮음) 이 형성되었습니다.

이러한 새로운 금융 방식의 부정적인 측면은 이러한 유형의 움직임의 (REIT 및 CMBS 모두) 의 가격 변동성이 더 크다는 것이고, 개발자는 자본을 확보하기 위해 훨씬 더 큰 경쟁에 직면해야 한다는 것입니다.

자본의 흐름은 물리적 주기를 설명할 때 이야기하는 수요와 공급의 변동보다 예측하기가 더 어렵습니다. 다음 장에서 볼 수 있듯이 자본흐름은 항상 투자자의 감정 상태와 비전에 크게 의존하기 때문입니다.

'Real Capital Analytics'와 같은 회사와 'PwC' 및 'CBRE'와 같은 국제 컨설팅 회사가 특정 규모의 상업용 부동산 구매 및 판매 가격, 자본화 비율, 부채 비율 등을 모니터링합니다. 특정 국가의 다른 공식 기관(일반적으로 중앙은행)은 시장 부채 금액에 대한 통계를 가지고 있습니다.

이미 언급했듯이, 개발할 계획인 하위 시장에서, 최근 몇 년 동안의 가격 변화를 이해하기 위해서는 그 시장을 연구하는 것이 중요합니다.

제8장

심리주기:
'감정의 상태를 파악하라'

지금까지 우리는 주기의 기복을 결정하는 요인으로 인구 통계, 공급 및 수요, 특정 시장의 자본 흐름과 같은 외적인 요소들을 분석했습니다.

이제 시장이나 경제의 내재적 구성 요소는 아니지만 부동산 업계의 각 투자자 및 행위자 내에 존재하는 요소인 **우리의 감정**에 대해 이야기해 봅시다.

부동산 프로젝트에 투자할 투자자, 새로운 개발에 투자할 개발자 또는 특정 시간에 돈을 빌려줄 금융가의 결정은 이전 장에서 설명한 것과 같은 합리적이고 구체적인 요소에 기반을 두고 있지만 **우리의 감정과 심리가 동반되지 않으면 불가능합니다.**

2002년 아르헨티나는 최근 몇 년만의 가장 큰 불황과 금융 위기에서 벗어났고 냉정한 숫자가 그것을 보여주기 시작했습니다. 그러나 거리의 사람들은 여전히 그것을 인식하지 못했습니다. 사람들은 모두 매우 무서워했고, 세계 경제 역사상 가장 큰 채무 불이행 사태 이후 충격을 받은 상태에서 통화가 400% 평가절하되었으며, 소위 '뱅크런'으로 인해 은행에서 예금을 인출할 수 없었습니다.

아르헨티나에서는 '우는 소를 보고 우유로 몸을 태우는 사람'이라는 유명한 문구가 있습니다(아르헨티나는 소에 집착합니다). 그것은 합리적이지 않더라도 고통스러운 사건을 상기시키는 일에 조건부로 반응하는 것을 의미합니다. 그것은 그 당시 대중들의 사고방식과 느낌이었습니다. 당시 대통령은 내각의 경제 전문가들이 경제가 어떻게 성장하고 있는지 구체적인 수치를 보여주었기 때문에 희망적이라고 말했지만, 그럼에도 불구하고 사람들이 더 많은 돈을 쓰거나 기업인들이 투자하기 시작하지 않았기 때문에 실물 경제는 나아지지 않았습니다. 이는 이른바 '죽은 고양이의 바운스'에 대한 투자자들의 두려움 때문에 발생하는 경우가 많습니다. 이것은 상당한 하락 이후 특정 기간 동안 일시적인 상승을 경험하는 시장의 움직임을 정의합니다. 그러나 이러한 상승은 지속 가능하지 않으며 다시 하락하게 됩니다.

2009년 미국 부동산 시장에서도 같은 일이 일어났습니다. 저는 투자자들에게 우리가 역사적으로 낮은 가격으로 부동산을 구입하였음을 보여주었고, 이 부동산을 건축하는 비용의 절반 정도밖에 안되는 가격에 콘도미니엄을 구입하도록 제안하였고, 그 가격은 같은 유닛을 같은 시장에서 2~3년 전에 지불한 가격보다 65% 정도 낮았습니다.

그러나 그들은 '멍청한 투자자 신드롬'에 걸렸기 때문에 제안을 받아들이는 것을 주저했습니다. 그들은 평방 피트당 150달러에 아파트를 사고 싶어 하지 않았고, 어느 일요일 컨트리클럽의 친목모임에서 다른 사람이 그들에게 '사기당했습니다. 나는 145달러에 샀습니다'라고 말했습니다.

이 변수를 어떻게 극복하고 다른 주체자들과 협력하여 타이밍이 완벽하다는 것을 어떻게 '설득' 할 수 있겠습니까?

그리고 무엇보다도 불황이라는 한밤중에 터널 끝에서 빛을 보기 어려운 상황에, 성공 가능성이 거의 없는 프로젝트에 착수하고 있지 않다는 것을 어떻게 우리 스스로 '확신' 할 수 있습니까?

이번에는 감정에 초점을 맞춘 새로운 사이클 차트를 살펴보겠습니다.

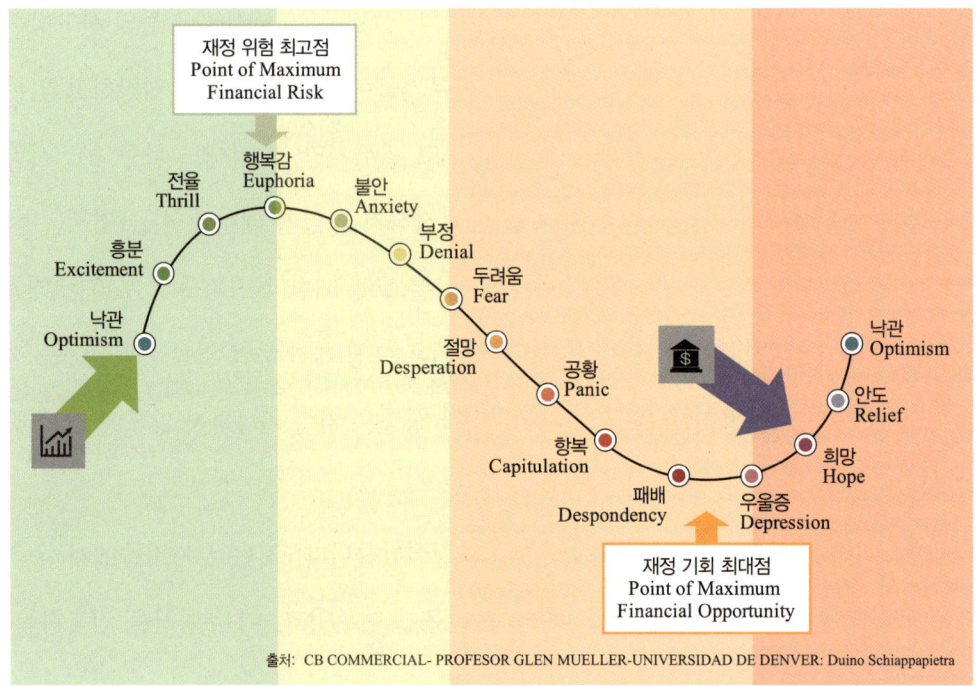

우리는 우리가 있는 주기의 단계에 따라 서로 다른 감정을 설명하는 14개의 위치를 볼 수 있습니다. 이제 우리는 물리적 주기를 설명할 때 사용하는 것과 동일한 색상을 사용하여 해당되는 다음 감정들을 이해해 보도록 하겠습니다.

낙관주의, 흥분, 전율, 행복감, 불안, 부정, 두려움, 절망, 공황, 항복, 패배, 우울, 희망, 안도와 같은 감정들을 가집니다.

2008년에 '부동산 거품'이 터지고, 경제와 부동산 시장이 무너졌을 때, 다른 장에서 말씀 드리겠지만 저는 두 가지 중요한 프로젝트를 시작하려고 했습니다. 한 곳에서는 이미 건축 허가가 승인되어 있었고, 주택의 40%가 사전 판매되었으며, 4,200만 달러의 건설 대출이 승인되고 서명할 준비가 되었습니다.

그러나 우리는 경고의 신호를 보았고, 다행히도 건축 시작을 6개월 동안 연기하기로 결정하였으며, 국가와 세계 시장 경제가 무너졌을 때, 큰 손실을 면하였습니다.

처음에는 많은 파트너가 이러한 위험 신호를 보고 싶어 하지 않았습니다.

그들은 아무 일도 일어나지 않을 것이며 우리를 막는 것은 어리석은 일이라고 말했습니다. 그들은 **거부 상태**에 있었습니다. 케네스 로고프 씨와 카르멘 라인 하트[40] 씨가 그들의 책 〈이번에는 다르다, 8백년의 재정적 넌센스〉에서 우리에게 가르친 것처럼, 경기 침체가 다가올 때마다 우리는 부정하려 합니다. 조만간 항상 같은 방식으로 반응하는 선례가 많지만, 이번에는 경제가 다르게 반응할 것이라고 스스로 확신하고 싶어 합니다.

2008년의 대불황은 많은 사람들이 1929년의 경제 대공황을 잊었기 때문에 일어난 것이며, 그 당시 불황기에 살았던 그것을 기억하는 사람들은 더 이상 없었습니다. 이번에는 신용 및 대출 금리에 대한 접근이 '달랐기' 때문에, 우리는 가격이 계속해서 무차별적으로 상승할 수 있다고 믿고 싶었습니다.

2006년에 저는 아르헨티나에서 회의를 열어 사이클의 곡선을 보여주고, 그 순간의 부동산 붐이 갑작스럽게 끝날 것이라고 예측했습니다.

부동산 가격, 임대료, 임금 사이의 관계 그래프를 보여 주었는데, 이 비율은 불과 3년 만에 절반 이상 감소했습니다.

그러나 불만을 품은 참가자가 말하기를: '동의하지 않습니다. 이번에는 상황이 다르기 때문에 그런 일이 일어나지 않을 것입니다.' 그는 나에게, 그 나라가 해외로 두 배 더 많은 대두를 수출하고 있고, 그 곡물의 가격이 세계 시장에서 3년 전보다 4배 더 비싸다는 것 등등의 일련의 이유를 알려주었습니다.

나는 〈이번에는 다르다〉라는 책의 표지가 있는 슬라이드를 그에게 보여주었고 심리적

---

[40] Kenneth Roggoff와 Carmen Reinhart

'부정상태'에 관하여 이야기하였습니다. 일부는 이것을 확신하고 다른 일부는 이에 대해 확신하지 못할 것입니다. 그러나 저는 수년 후, 제 수업을 완벽하게 기억하고 있는 한 명의 참가자가 또 다른 동료에게 제가 어떻게 미래를 분명하게 예측할 수 있었는지에 대해 감탄하였다고 하는 증언을 듣게 되었고, 만족하였습니다.

2008년과 2009년에 우리는 명백한 **공황 상태**에 들어갔습니다. 우리는 세상이 무너져 내렸으며, 시장은 결코 회복되지 않을 것이라고 느꼈습니다.

투자자들은 비록 그것이 50% 이상의 손실을 받아들이는 것을 의미하더라도, 그들이 계속 하락할 것이라는 두려움 때문에 모든 부동산 자산을 팔려고 서두르고 있었습니다.

터널 끝에서 빛을 볼 수 없는 **항복과 패배의 상태**를 통과했습니다. 나는 마이애미에 있는 사무실에서 이 문제에 푹 빠져 있었고, 위기를 어떻게 활용할지 명확하게 생각할 수 없었습니다. 매일 나쁜 소식들만 들었고, 아무것도 도움이 되지 않았습니다.

말씀드렸듯이, 2009년 7월에 하버드 대학에 진학하기로 결심했고, 부정적인 원에서 벗어나 다른 이야기를 듣기 시작하였으며, 회색 톤 대신 더 투명하고 화려한 창문을 통해 현실을 볼 수 있었습니다.

몇 주 안에 담보대출을 값지 못한 부동산 소유자의 자산을 헐값으로 구매하는 전략을 세웠습니다.

저는 오스트리아에서 온 대학원생이 함께 이 프로젝트를 시작하도록 설득했고 우리는 새로운 회사를 만들었습니다

나는 그때는 몰랐지만 그래프에서 볼 수 있듯이 지금이 좋은 사업을 할 수 있는 **최대의 재정적 기회의 순간**이었습니다.

그리고 **패배와 우울증의 상태에서 희망의 상태**로 넘어 갔습니다. 터널 끝에서 빛을 볼 수 있었기 때문에 **안도의 상태**를 느꼈습니다. 몇 달 만에 우리는 채무불이행 상태에 빠져

있는 첫 번째 모기지를 구입하였고, 투자자들로부터 돈을 모았으며, 비용과 시간이 많이 들 수 있는 법정경매절차 대신, 채무불이행에 빠진 채무자와 직접 협상을 하여 합의를 이끌어냈습니다.

몇 달 전에 우울증과 패배라는 감정 상태에서 이 모든 일을 할 수 있었을까요? 확실하게 말하자면 '아니오.'입니다.

미래에 희망을 갖게 된 후, 나는 **낙관주의 상태**에 들어갔고 정신 상태를 바꾸고 동급생, 은행가, 투자자 및 채무자에게 프로젝트가 가능하다는 것을 확신시킬 수 있었습니다.

몇 달만에 우리는 340개가 넘는 공동주거주택 매물들이 있는 4개의 모기지를 구입했고, 이 모든 투자 프로젝트를 짧은 시간에 마감할 수 있도록 한 **흥분된 감정 상태**로 갔습니다. 우리 몸에 흐르는 아드레날린을 느끼고 행동으로 이끄는 순간입니다. 결국 우리는 행복감의 단계에 도달할 것입니다. 우리는 '말을 타고' 있으며 질주를 멈추지 않았습니다. 우리를 방해하는 장애물은 없었습니다. 우리 몸은 도파민이라는 호르몬을 분비하는데, 이는 우리의 행동에 동기를 부여하여 우리 자신에 대한 만족 상태를 달성하는 데 중요한 역할을 합니다. 도파민의 효과는 중독 재활 분야에서 광범위하게 연구되고 있습니다. 도파민은 중독된 사람에게 결국 중독을 끊지 못하도록 이끄는 기대감을 유발합니다.

그럼에도 불구하고 그는 완전히 합리적이지 않은 사업 결정에 대한 책임이 있습니다. 그리고 그것은 그 사람을 **행복감의 상태**로 인도합니다. 그래프에서 볼 수 있듯이 **행복감 상태는 가장 큰 재정적 위험**이 있는 시기이며, 가장 불행한 결정을 내릴 수 있는 시기입니다.

상황이 악화되기 시작하고, 나쁜 소식을 받아들이고 싶지 않지만, 다시 **불안과 부정의 상태로 들어가 다시 운전을 시작하는 때가 올 것입니다.**

요약하자면, 부동산 개발과정에서 물리적, 재정적 순환주기를 아는 것만큼, 심리적 순환주기를 아는 것이 중요합니다.

시장이 주기의 여러 단계를 거치면서 주인공의 정신 상태도 이러한 변화에 대응하여 여러 단계를 통해 진화합니다.

다른 장의 여러 예에서 볼 수 있듯이 복잡한 주기 단계를 극복하고, 각 사례에서 성공하는 것은 우리의 감정 상태를 격렬한 '붐'이나 우울한 '크러쉬' 단계에서 매 순간을 어떻게 처리하느냐에 달려 있습니다.

물론 다음날 신문을 통해 현실을 파악하고자 하는 것이 항상 더 쉽습니다. 우리가 생활할 때 상황과는 다른 현실을 식별하기가 더 어렵습니다. 그러나 이 책에서 설명하는 도구의 사용과 경험은 감정에 휩쓸리지 않고 공정한 눈으로 시장을 바라보는 가장 좋은 방법입니다.

시장이 여전히 부정의 상태에 있을 때, 사람들은 '차가운 숫자의 현실'을 분석했을 때 결코 일어날 수 없는 것들에 대한 희망을 가지고 있게 됩니다. 우리는 행복감에 빠져 모두가 과대평가된 자산을 사기 위해 무리를 따르는 상태도 피해야 하지만 가격이 이미 거의 반등을 예상할 만큼 충분히 떨어졌음에도 불구하고 모두가 시장에서 벗어나고 싶어 하는 비이성적 공황 상태도 피해야 합니다.

반대로 시장의 역학을 이해하면 '시장을 이겨내는 게임'을 할 수 있고, 모든 사람이 공짜와 같은 저렴한 가격으로 판매할 때 그것을 구매할 수 있고, 가격이 산업의 경제적 기반에 기여하지 않은 비합리적으로 높은 가격일 때 그것을 팔 수 있습니다. 이는 '평균 회귀'라는 경제 개념을 통해 설명되는데, 평균 회귀로 인해 자산의 활동은 역사적 평균에 근접한 가치로 장기적으로 더 안정된 경향을 보인다는 것입니다.

다른 장에서 말씀드렸듯이, 다른 개발자가 그 가격을 인정했다는 이유로 경제적으로 말이 되지 않는 평방 피트당 가격으로 토지를 판매하려는 중개인이 여러 번 접근합니다.

그러나 감정을 바꾸는 것은 어렵습니다. 나중에 말씀드리겠지만, 2008년에 제가 마이애미에서 부실 모기지를 구매할 때 고객에게 투자에 참여하도록 제안했을 때 많은 사람들이 저를 미친 사람처럼 바라보았습니다. 모두가 나가고 싶어 하는 시장에 투자하고 싶은 올바른 생각을 가진 사람은 누구입니까? 절망의 상태는 모든 논리를 지배하기에 그들을 설득하기 위해 비즈니스의 기본에 대한 많은 인내와 설명이 필요했습니다.

인간은 가장 최근의 경험을 기억하고 확대하는 경향이 있으며 가장 먼 경험은 잊어버리고, 최소화하는 경향이 있습니다. 2003년~2007년 부동산 붐을 기준으로 마지막 몇 년간에 있었던 대공황은 오래 전의 멀리 떨어져 있는 현상이었기 때문에, 2009년~2011년 위기의 규모와 차원은 과대평가되었습니다. 그래서 시장은 회복할 수 없습니다. 즉, **파도의 꼭대기에서는 너무 낙관적이고 이상주의적이며 바다의 바닥에서는 너무 비관적이어서 곡선의 변곡점과 바람의 방향이 변하고 있다는 신호를 잃어버립니다.** 점진적인 과정이 필요하기 때문에 우리는 우리의 관점을 바꾸는데 시간이 걸립니다. 그렇기 때문에 우리는 매 분기마다 시장에서 일어나는 일, 판매, 가격, 공실률 등이 어떻게 변화하는지 연구하는 습관을 필히 만들어야 합니다.

금융가들과 같은 많은 행위자들은 많은 법률 및 규정에 묶여 있기 때문에 훨씬 더 보수적입니다. 주기의 각 단계의 개척자들은 새로운 추세가 아직 대중에게 인식되지 않았기 때문에 프로젝트에 대한 자금과 자본을 확보하는 데 항상 더 큰 어려움을 겪을 것입니다.

MIT재무학과 앤드류 교수[41]는 주식 시장에서 투자자의 행동을 연구했습니다. 투자 간 재정적 손실에 대한 슬픔을 이혼 또는 사랑하는 사람의 죽음 이후에 느꼈던 슬픔과 비교합니다.

그것은 인간이 돈과 복잡한 관계를 가지고 있음을 말해줍니다. 특히 서구에서 자존감은 개인의 부와 밀접한 관련이 있습니다. 이로 인해 대폭락 이후에는 상실감이 필요 이상으

---

41 Andrew W. Lo

로 남아있었기 때문에 회복하기가 매우 어려웠습니다.

모든 위기는 1930년대 대공황이 그들에게 남긴 것과 같은 방식으로 사람들의 정서에 상처를 남깁니다. 그리고 전 세대의 투자자들은 다시 많은 돈을 잃을까 봐 두려워하게 되었습니다. 최악의 시나리오 '즉, 가능한 최악의 시나리오' 입니다.

그러면 수용의 단계에서 어떻게 계속 전진할 수 있습니까?

한편으로 우리는 최근의 손실이 아닌 앞으로의 커다란 청사진을 보아야 합니다. 투자자들은 종종 시장의 정점에 비교해 현재의 손실을 봅니다. 저는 자신의 집이 위기 동안 집값이 떨어졌다고 끊임없이 불평하는 이웃이 있었습니다. 2006년 시장가가 90만 달러였고, 2008년에는 70만 달러의 가치가 있었습니다. 저의 첫 번째 질문은 '당신은 그 가격으로 사셨습니까?'였습니다. 그의 대답은 '아니요. 나는 50만 달러에 샀습니다. 나는 결코 그렇게 미친 가격을 지불하고서 사지 않을 것이오.'.

우리는 장기적으로 보아야 합니다. 이웃에게 하였던 두 번째 질문은 '지금 집을 파실 생각이십니까?'였습니다. 물론 그의 대답은 부정적이었습니다. 다시 말해 실제 경제적 손실에 대해 걱정이 아니며, 상상에 불과하고 실현되지 않은 어떤 유산을 잃어버린 느낌에 불과한 것입니다.

단기적인 사건이 실질적으로는 전문적인 업무환경에 재정적으로 영향을 미치지 않을 때 우리에게 감정적인 영향을 끼치는 일은 매우 흔합니다. 우리는 이미 이전 장에서 시장이 오르락내리락하며 장기적으로는 항상 상승하며 그것이 인플레이션율을 증가시킨다는 것을 배웠습니다. 특히 더 안정적이고 선진화된 시장에서 그것을 측정하기 더 쉬운 상황에서 특히 그렇습니다. 위기와 손실을 받아들이기 어렵고 절망의 함정에 빠질 수 있지만, 합리적으로 생각하고 투자 전략을 수립한 후에는 그것을 유지해야 합니다.

우리는 계획은 작은 단계별로 조정할 수 있고, 더 많은 정보를 가지면서 개선할 수 있으며, 그것을 구체화할 수 있습니다.

그리고 제가 여러 장에서 강조 드린 것처럼, 끊임없이 숙제를 하고 시장을 연구하고 분석하며 업계의 다른 주체자들에게 많은 질문을 해야 합니다. 이를 통해 더 합리적인 비전을 가질 수 있고 감정에 덜 휘둘리고, 성공 가능성이 높아집니다.

제9장

사례 연구 1: 주기의 지도를 그리는 방법(주기 Mapping)

2014년에 플로리다 새러소타에서는 임대 주택 프로젝트를 시작하고 있었습니다. 우리는 우리가 향후 원하는 시기에 구매를 할 수 있도록 가계약된 (즉, 비축된) 토지를 가지고 있었고, 예비적인 프로젝트 계획과 투자에 대한 재무분석을 종합해보았습니다.

저는 밀가루처럼 하얀 모래와 고운 모래의 아름다운 해변에 매료되어 여러 번 휴가를 갔었지만, 그 도시의 시장에 대해선 알지 못했었습니다.

대서양 쪽의 남부 플로리다 시장이 호황을 누리고 있었지만 우리는 이 멕시코만 도시의 주기를 이해하고 싶었습니다. 성장의 원동력은 무엇이었나? 우리가 이 프로젝트를 건설, 임대, 및 판매하고자 하는 향후 5년간의 전망은 어떠한가?

일반적으로 프로젝트를 시작할 때 우리는 중요 정보를 파악하기 위해 시장에 대한 조사를 실시합니다. 해당 지역의 인구 통계는 어떠한지(매물에 대한 수요를 주도할 사람에 대한 아이디어를 제공합니다), 경쟁 프로젝트는 무엇인지(기존 계약조건, 특성, 유형, 가격 등에 대한 단서를 제공합니다)에 관한 것입니다.

대부분의 개발자는 일반적으로 시장조사를 은행의 건설 대출 승인을 받기 위한 요구 사항 중 하나로만 여기기 때문에 일반적으로 시장조사에 많은 관심을 기울이지 않습니다. 그러나 우리가 그것들을 주의 깊게 읽고 분석하는 데 헌신한다면, 우리는 더 나은 결정을 내리고 시장의 요구에 정확히 대응하는 건물을 설계하는데 필요한 다수의 중요한 정보를 얻을 것입니다.

하지만 우리는 조금 더 나아가고 싶었습니다. **여러 해 동안 부동산 주기 이론을 가르치고 있었지만, 이 지식을 어떻게 실제로 적용할 수 있을까요?**

저는 시장 분석가에게 전화를 걸어 그를 만나고 싶다고 말하였습니다. 이것은 그에게 이상하게 보였습니다. 왜냐하면 저에게 다음과 같이 말했기 때문입니다. '아무도 그렇게 시장조사에 관심을 기울이지 않습니다. 단지 대출 문서 목록의 조건 중 하나를 충족하려고 할 뿐입니다.'

저는 그와 함께 모여 제 목표를 설명했습니다. 저는 과거의 부동산 주기의 지도를 그려서, 주기에서 우리가 어디에 있는지 확인하고 향후 몇 년 동안 시장이 어떻게 행동할지 예측하려고 하였습니다. **저는 그가 일반적으로 수집한 정보에 두 가지 정보를 더 추가하도록 요청하였습니다.**

첫 번째는 지난 14~15년 동안의 임대료의 변동이 있는 테이블을 만드는 것이었고, 두 번째는 같은 기간 동안의 임대율 변동을 나열하는 것입니다.

두 번째로는 이 기간에 대한 변동 비율과 소득이 증가하거나 감소한 금액을 표로 표시하는 것입니다.

그는 이러한 모든 요청에 대해 너무나 흥분하여 이 정보를 수집하기 위해 추가 비용을 청구하지도 않았습니다. 그는 극소수의 사람들만이 읽는 이러한 원시 데이터가 주기의 곡선을 만들고 미래를 예측하는 데 도움이 될 수 있다는 사실을 매우 흥미롭게 생각했습니다. 그때 나는, '수정 구슬'을 만들려는 나의 계획을 그에게 말할 수밖에 없었습니다.

몇 주 후, 그는 다음의 엑셀 스프레드시트를 가지고 돌아왔습니다.

년	임대율 변화 (%)	전년대비 공실률 변화 (%)	임대료($)	전년도 기준 변화($)	전년도 기준 변화(%)
1st 2001	96.85%		$737		
1st 2002	94.77%	−2.08	$775	$38	4.90%
1st 2003	93.80%	−0.97	$818	$43	5.26%
1st 2004	95.08%	1.28	$887	$69	7.78%
1st 2005	99.70%	4.62	$834	−$53	−6.35%
1st 2006	99.39%	−0.31	$883	$49	5.55%
1st 2007	94.35%	−5.04	$919	$36	3.92%
1st 2008	90.38%	−3.97	$917	−$2	−0.22%
1st 2009	89.72%	−0.56	$844	−$73	−8.65%
1st 2010	91.84%	2.12	$857	$13	1.52%
1st 2011	93.96%	2.12	$882	$25	2.83%
1st 2012	94.07%	0.11	$896	$14	1.56%
1st 2013	96.92%	2.85	$908	$12	1.32%
1st 2014	97.81%	0.89	$939	$31	3.30%

출처: MARKET RESEARCH 50 PARAMOUNT PROJECT

이렇게 지난 15년 동안 정보를 수집했고, 그것은 좋은 샘플처럼 보였습니다. 임대율이 어떻게 오르고 내리는지 즉시 알아차렸고, 그 주기가 이미 예견될 수 있었기 때문에 저에게 많은 힘이 되었습니다.

첫 번째 단계는 임대율의 평균을 계산하는 것이었습니다. 엑셀의 평균 기능 (영어 버전의 Average) 을 사용하여 이 일련의 임대율이 평균 94.35%라는 것을 알 수 있었습니다.

남부 플로리다 시장과 유사한 장기 임대율이 되어 흥분을 감출 수 없었습니다!

다음 단계는 엑셀의 차트 생성 기능을 사용하여 이전장에서 분석한 것과 동일한 방식으로 이러한 변화를 보여주는 것이었습니다. 먼저 표시할 데이터, 즉 임대율과 연도를 선택합니다. 원하는 형식을 얻기 위해 가로 메뉴에서 '삽입(Insert)'을 찾고, 차트(Chart)를 선택하고 챠트 내부에 선을 사용하였습니다.

엑셀 프로그램은 가로축에 원하는 데이터, 세로축에 원하는 데이터, 표시할 방법 등을 무엇으로 할 것인지와 같은 일련의 질문을 하였습니다.

이 경우 시간의 경과는 'x'축으로 이동하고 'y'축에서 임대율[42]로 표시합니다.

클릭하면 다음과 같은 그래프가 표시됩니다.

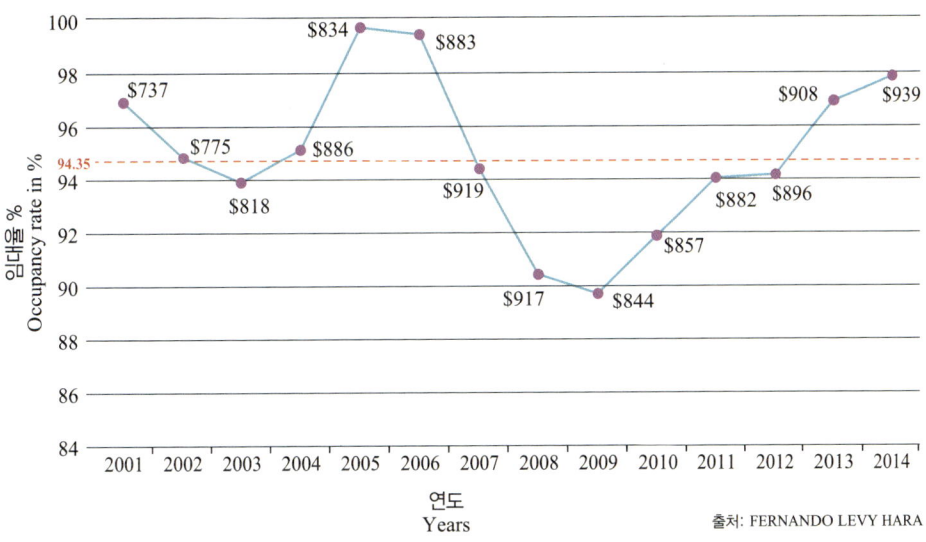

그런 다음 쉽게 알아볼 수 있도록 동일한 유형의 빨간색 점선을 사용하여 '장기평균임대율' 94.35%를 추가합니다. 마지막 단계로 엑셀 그래프상 각 위치의 임대료를 손수 입력하였습니다.

각 단계를 더 쉽게 시각화하기 위해 주기의 각 단계에 색상을 추가하였습니다. 회복의 단계는 녹색, 확장 단계는 노란색, 공급 과잉은 주황색, 경기 침체는 빨간색입니다.

---

42 또는 공실률.

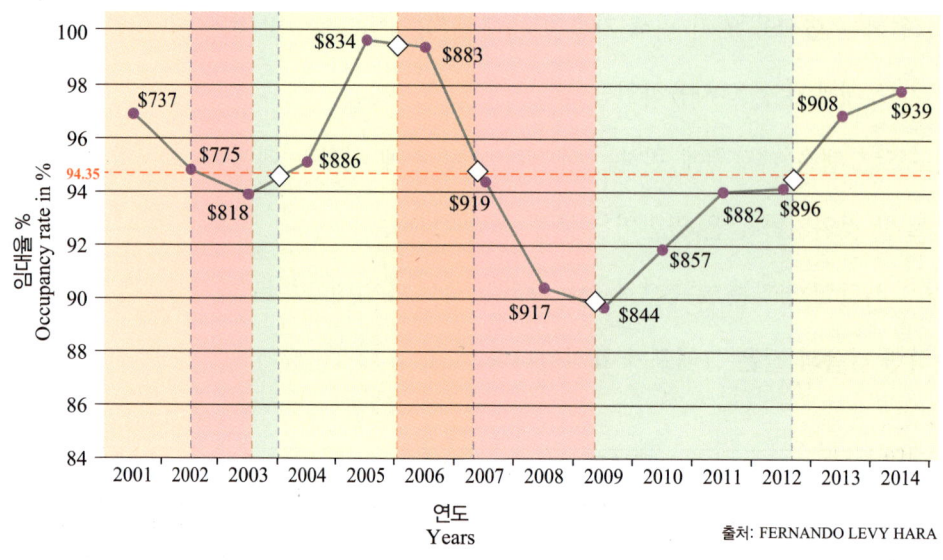

지난 15년 동안 시장이 어떻게 발전했는지, 그리고 임대율이 때때로 장기평균임대율 보다 높고, 때로는 낮았음을 분명히 알 수 있었습니다. 또한 시장의 정점 시기, 경기 침체의 바닥, '장기평균임대율' 보다 약간 높은 시기를 확인할 수 있었습니다.

가장 먼저 충격을 받은 것은 주기의 속도였습니다. 15년 동안 이 시장은 평소보다 훨씬 짧은 단계로 거의 완전한 두 번의 주기를 경험했습니다.

왜 이런 일이 발생한 것일까요?

그 이유는 2008년 미국 및 세계 경제를 강타한 대불황 때문이었습니다. 주택 시장은 2007년에 하락하기 시작하였고, 은행 시스템이 파산 직전까지 간 2008년에는 60년 만의 가장 큰 위기에 빠졌습니다.

이 위기는 단독 주택과 콘도미니엄 시장에서 발생했으며, 수 천명의 주택 소유자가 모기지를 상환할 수 없었습니다.

나중에 살펴보겠지만, 주택을 잃은 주택 소유자는 임대 주택을 찾아야 했고 결과적으로 해당 부문에 대한 수요가 증가했기 때문에 이는 중기적으로 임대 주택 시장에 도움이 되었습니다.

그러나 경기 침체의 영향은 전체 경제에 영향을 미쳤고 이는 임대 주택 부문에도 심각한 영향을 미쳤습니다. 많은 사람들이 일자리를 잃었고 실업률은 2년 만에 4.4%에서 10%가 되었습니다. 이런 이유로 많은 세입자들은 집세를 내지 못해 작은 아파트나 친척, 친구의 집으로 이사를 해야 했습니다.

임대율이 2006년부터 3년 만에 99.39%에서 89.72%로 하락하기 시작하는 것을 볼 수 있습니다.

역설적이게도, 이 기간 동안 임대료는 계속 상승했으며, 2009년에야 폭락했습니다.

왜 이런 일이 발생한 것일까요?

위기는 빠르게 찾아왔습니다. 그러나 부동산 소유자의 반사 신경이 항상 그렇게 빠른 것은 아닙니다.

정상적인 상황에서는 앞에서 보았듯이 소유자는 임대 계약이 갱신될 때 매년 임대료를 인상하는 데 익숙합니다. 일반적으로 그들은 투자에서 구매력을 잃지 않기 위해 적어도 인플레이션 증가와 동일하게 인상하려고 노력합니다.

이번에는 인상할 수 없을 뿐만 아니라 임대료를 낮출 때라는 사실을 인정하기가 매우 어렵습니다. 보시다시피 임대율이 바닥에 있을 때 임대료가 인하되었습니다.

시장이 하락세에 얼마나 빨리 반응하는지 주목하십시오. 임대료가 하락하자마자 임대율이 상승 곡선을 그리기 시작하였고, 향후 몇 년 동안 임대료가 다시 상승하여 이전 주기의 수준을 넘어섰습니다.

이러한 경우 프로젝트 기획을 위해 어떤 판단을 내릴 수 있을까요?

우리는 시장 조사를 기반으로 8에이커 (3.27헥타르) 부지에 최고급 편의 시설을 갖춘 여러 건물로 그룹화된 286개의 A등급 임대 주택 단지의 사업을 추진하였습니다. 비교 대상으로 발견한 건물들은 편의 시설이나 좋은 마감재가 없는 12년 이상 된 건물들이었습니다.

반면에 이 지역의 인구 통계는 변화하고 있었습니다. 25세에서 35세 사이의 많은 젊은이들이 이 지역으로 이주하였습니다. 관광 및 금융 부문에서 일할 수 있는 가능성과 플로리다 (마이애미-포트 로더데일, 팜 비치) 남동부 지역에 비해 상대적으로 낮은 생활비에 매료되었습니다. 그들은 대서양 연안의 삶과 같이 양호한 생활양식에 필요한 비용을 지불할 능력이 있었습니다. 우리는 그러한 요구를 충족시키지 못하는 시장을 발견하였습니다.

우리 프로젝트에는 최첨단 체육관, 회의실, 비즈니스 센터, 요가실, 게임룸, 심지어 각 사용자가 유형을 선택할 수 있는 '주문형 피트니스' 서비스가 있는 2천5백 평방미터의 클럽 하우스가 있습니다. 에어로빅 활동과 자신의 신체 상황에 따라 진도에 맞는 수업을 골라서 진행합니다.

가장 중요한 것은 경쟁 업체에서 제공하는 것보다 4배나 빠른 1GB 인터넷 서비스를 제공한다는 것입니다. 포커스 그룹을 통해 밀레니엄 세대와 Y 세대 구성원에게 가장 중요한 것은 편의 시설과 인터넷 속도라는 것을 알았습니다.

프로젝트 기간은 다음과 같았습니다.

이 프로젝트는 2015년 1월에 설계를 시작하여, 건축을 시작하기 위한 건설 허가를 받기까지 프로젝트 승인에 10개월이 걸릴 것이라고 예상했습니다. 공사는 2015년 10월에 시작하여 완공까지 18개월의 기간이 소요될 것으로 보았습니다. 즉, 프로젝트는 2017년 3월에 완료될 것으로 예상했습니다.

우리의 계획은 모든 세대를 임대하는 것이었는데, 시장 조사에 따르면 2018년 3월에 모든 세대의 임대가 완료될 것이었습니다. 그 당시 이러한 유형의 프로젝트에 대해 매각 시장이 호의적이었다면 우리는 그것을 판매하였을 것입니다. 가격이 좋지 않으면 시장이 회복될 때까지 필요한 기간 동안 임대를 할 계획이었습니다.

주기가 어떻게 작용할 것으로 예상했습니까?

2014년의 시장은 확장 단계의 중간에 있었습니다. 임대율은 97.81%로 장기 임대율보다 높았습니다.

시장은 2년 동안 이러한 상승 추세에 있었지만 아직 정점에 도달하지 않았습니다. 이전 주기에서 임대는 99.70%에 도달했으며 여전히 이 정점과는 거리가 멀었습니다.

우리는 이 시점에 도달하는 데 2년이 더 걸릴 것으로 추정하였습니다. 그때까지는 수요 증가를 완화할 수 있는 다른 프로젝트가 없었기 때문입니다.

경제에 큰 이슈가 없다면, 확장 단계는 2016년 말까지 계속될 것이며, 2017년 어느 시점에서 주기의 곡선이 감소하기 시작할 것입니다.

임대 프로모션은 작업이 끝나기 6개월 전, 즉 2017년 초에 '사전 임대'라는 단계가 시작될 예정였습니다.

임대율과 임대 가격도 높아질 것이라는 것을 알았기 때문에 타이밍이 좋았습니다. 주기가 2008년만큼 큰 중단 없이 정상적으로 발전한다면, 우리는 2018년 중반에 프로젝트를 분양할 준비가 될 것이었습니다. 그 시점에 과잉 공급 단계가 종료되고, 장기 임대율에 근접할 것입니다.

우리는 향후 몇 년 동안 얼마나 많은 새로운 프로젝트가 시작될지 알 수 없었기 때문에 공급 과잉 단계가 얼마나 오래 지속될지 몰랐지만, 새로운 프로젝트를 가장 먼저 시작한다는 이점이 있었습니다. 이는 향후 경쟁 업체보다 더 빠르고 더 좋은 가격으로 임대할 수 있는 이점을 제공하였습니다.

우리는 프로젝트의 시기와 경제적 기본 및 설계적인 특징에 대한 확신이 있었고, 나가서 투자자들로부터 자본을 조달하기로 결정했습니다. 우리는 프로젝트를 5.5%에서 6% 사이의 자본환원율로 매각하고 투자자들에게 4년 안에 54%의 ROI (투자 수익)를 제공할 계획이었습니다.

결과가 어떻게 되었을까요?

다른 장에서 볼 수 있듯이 물리적 주기는 공급 및 수요와 관련이 없는 수많은 다른 외적인 요인의 영향을 받습니다. 이것이 우리가 '외부 요인'이라고 부르는 것이며, 일부는 긍정적인 영향을 미치고 다른 일부는 부정적인 영향을 미칠 것입니다.

상기 프로젝트의 경우 이 두 가지가 혼합되어 있었습니다. 프로젝트는 계획대로 시작되었고, 공사는 빠르게 진행되었습니다. 그러나 2016년 9월 허리케인이 새러소타를 통과하여 이 지역에 몇 가지 피해를 입혔습니다. 우리의 프로젝트는 주요 허리케인을 견딜 수 있도록 설계된 건물 기준으로 지어졌으며, 작업에 큰 문제는 없었습니다.

그러나 이 폭풍으로 인해 많은 고전압 발전기와 변압기가 파괴되었기 때문에 6백만명 이상의 사용자가 전기를 사용하지 못하게 되었습니다.

우리 프로젝트는 플로리다 전력회사인 Florida Power Light(FPL)로 부터 공사용 최종 전력을 제공받는 단계에 있었습니다. 변압기는 이미 마련되어 있었고 공사에 필요한 경우를 대비해 창고에 보관하고 있었지만 비상 상태에 있는 다른 사용자에게 전기를 공급하는 데 사용해야 했습니다. 이로 인해 프로젝트 기간이 연장되었습니다. 전력 회사가 허리케인 비상 사태에서 발전기를 복구하고 설치하는 데 7개월이 걸렸습니다. 전력원을 확보하지 못해 다른 몇 가지의 공사들도 지연되었습니다. 마지막으로 이 프로젝트는 당초 계획보다 정확히 1년 뒤인 2018년 3월에 시작되었습니다.

이 지연은 어떠한 영향을 미칠까요?

부정적인 측면은 항상 그렇듯이 프로젝트가 지연되면, 더 높은 비용이 발생하여 건설 도급업자와 협상해야 한다는 것입니다. 그러나 이러한 지연은 프로젝트의 수익성에 영향을 미치지 않았고, 이 경우 '긍정적인 외부 효과'의 혜택을 받았습니다.

이자율은 2008년 대불황 이후 회복되어, 세계 경제를 부양하기 위한 공공 정책과 예상보다 느린 회복의 결과로 매우 낮은 수준을 유지하였습니다.

동시에 앞 장에서 보았듯이 2018년과 2019년에는 중국과 미국 간의 관세 전쟁, 유럽의 이민 문제, 여러 라틴 아메리카 국가의 거리 폭동 등 세계 여러 지역에서 갈등이 있었습니다.

많은 국제 투자자들이 자국에서 돈을 가져와서 수익률이 더 낮을지라도 더 큰 안정감을 주는 시장에 투자했습니다. 전 세계에서 수백만 달러가 미국 뮤추얼 펀드의 계정에 넘쳐 투자의 '질적 도약'을 추구했습니다.

이러한 투자 펀드는 현존하는 프로젝트를 유지하는 데 어려움을 겪었으며, 앞서 살펴본 것처럼 재화에 대한 공급보다 수요가 많을 때 해당 재화의 가격이 상승했습니다.

그 결과 뮤추얼 펀드가 가장 많이 찾는 자산 중 하나인 주거용 임대 단지의 판매 가격이 기록적으로 상승했습니다. 이전 장에서 보았듯이, 주기를 예측하는 한 가지 방법은 긴밀히 상호작용하는 이자율과 자본환원율의 변화를 면밀히 관찰하는 것입니다.

플로리다의 A등급 주거용 임대 부동산에 대한 통상적인 자본환원율은 항시 6%에서 6.5% 사이였습니다.

2019년 6월, 우리는 프로젝트를 자본환원율 5% 투자 펀드에 매각하여 투자자들에게 예상보다 훨씬 높은 105%의 수익을 올려 주었습니다.

그동안 주기에는 어떤 일이 발생하였을까요?

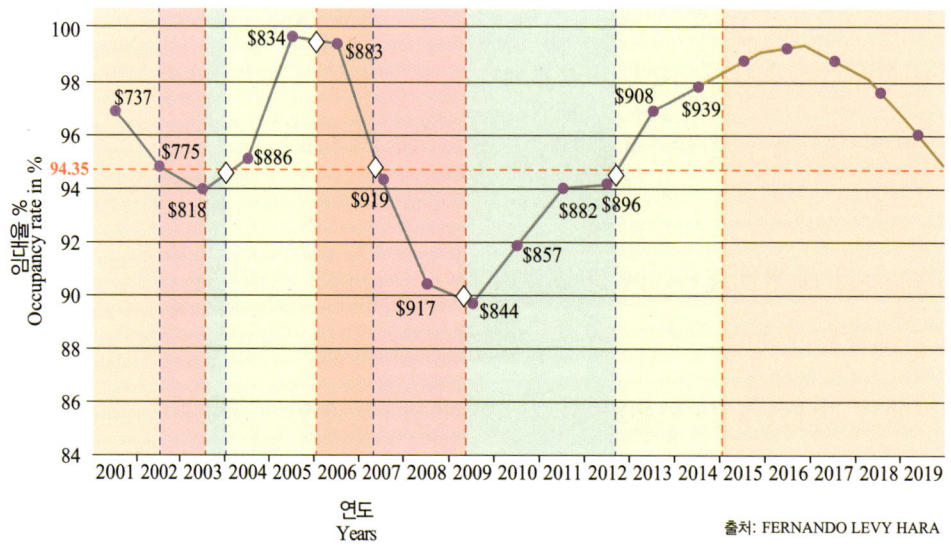

출처: FERNANDO LEVY HARA

저금리로 인해 발생하는 경제적 대가는 예상보다 훨씬 더 공격적으로 수요를 이끌었습니다. 실업률은 2019년에 3.6%로 사상 최저치를 기록했으며, 이로 인해 더 많은 젊은이들이 부모 집을 떠나 생애 처음으로 임대할 아파트를 찾았습니다.

임대율은 여전히 높았고, 시장의 좋은 순간을 활용하여 더 많은 개발자가 새로운 프로젝트를 구축하기 시작하면서 서서히 하락했습니다.

우리가 프로젝트를 매각할 당시 시장은 장기 임대율에 도달했고, 이 주기가 식기 시작했다는 징후가 나타나기 시작했습니다.

우리가 많이 할인하지 않고도 세대의 처음 70%는 빠르게 임대되었습니다.

그러나 다른 새로운 프로젝트가 마무리되고, 경쟁이 치열해지면서 매각하기 전에 달성하고 싶었던 수준인 임대율 85%에 도달하는 것이 조금 어려워졌다는 것을 인식하게 되었습니다. 새로운 개발 경쟁이 시작되었고, 우리의 목표를 완수하기 위해 갱신 시 반달 무료 임대, 몇 달 간의 무료 인터넷 서비스 등과 같은 일부 혜택을 제공해야 했습니다.

해당 프로젝트의 새로운 구매자는 이에 대해 염려하지 않았습니다. 전국에 9천 호가 넘는 부동산 투자펀드 중 이 자산을 그 포트폴리오에 다년간 보관할 계획이었기 때문에 단기 시장 변동은 큰 문제가 되지 않았습니다.

이 사례에서 어떠한 결론을 내릴 수 있을까요?

이전 시장을 더 많이 조사할수록 어떻게 시장이 변화하고 있는지 더 잘 이해하고 변화에 더 쉽게 적응할 수 있습니다. 이를 통해 우리는 경계를 유지하고 예상대로 일이 진행되지 않을 경우 플랜 B를 준비할 수 있습니다. 필요한 경우 계획을 조정할 수 있도록 지속적으로 근거가 되는 가정들을 재검토하는 것이 중요합니다. 우리는 결코 우리가 제시하는 시나리오 그대로 프로젝트가 진행될 것이 아니라는 것을 알고 있습니다. 때로는 더 좋은 결과가 있을 것이고, 때로는 그것에 미치지 못하는 결과가 있을 것입니다. 그러나 이것이 우리가 결과물을 현실에 가장 가까운 가정들을 기반으로 예측하는 것을 멈추게 할 수 없습니다.

가장 좋은 방법은, 전문가 정신을 가지고 프로젝트에 접근하고, 어떠한 것이 잘못되는 경우 최소한 우리가 할 수 있는 모든 것을 했다는 것을 아는 것입니다.

제10장

쉽게 사용할 수 없는 정보들의 수집 방법: 질문하기

제가 이미 말씀드렸듯이 많은 사람들이 제가 부동산 주기에 대해 가르친다는 것을 알게 되면, '좋군요. 이 도시는 주기의 어느 부분에 해당합니까?'라는 질문을 합니다.

질문하는 장소의 통계자료가 없으므로 다음의 몇 가지 간단한 질문을 합니다.

- 이 시장의 통상적인 임대율(또는 공실률)은 얼마입니까?
- 임대료는 일반적으로 연간 얼마나 인상됩니까?

시장 경험이 있는 사람이라면 누구나 답할 수 있는 정보입니다. 투자자, 은행가 또는 공인중개사가 될 수 있습니다.

다음 질문은 아래와 같습니다.

- 작년에 임대료가 얼마나 인상되었습니까?
- 실제로, 증가하고 있습니까?
- 동일하게 유지 중인가요?
- 아니면, 하락하고 있습니까?

그리고 이것을 바탕으로 우리는 그들이 어떤 단계에 있는지 알 수 있습니다.

확장/공급 과잉 단계 (인플레이션보다 더 많이 증가하는 임대료) 또는 경기 침체/회복 단계(인플레이션보다 낮은 임대료 증가)에 있는 경우.

이 간단한 그래프로 요약해볼 수 있습니다.

	회복 (recuperacion)	확장 (expansion)	과잉 (sobreoferta)	침체 (recesion)
평균임대율 대비 임대율	평균이하	평균이상	평균이상	평균이하
평균인플레이션 대비 임대료	평균이하	평균이상	평균이상	평균이하

출처: FERNANDO LEVY HARA

제가 하버드에서 유학생들을 가르칠 때 개발 도상국의 한 학생이 저에게 이렇게 말한 적이 있습니다. '미국에는 시장 정보가 풍부하고 수많은 변수가 추적되고 게시되기 때문에 주기의 맵핑은 쉽습니다. 그리고 모든 정보가 매우 투명합니다. 하지만 저희 나라에서는 그런 일이 일어나지 않습니다.'

사실 미국인들은 데이터에 집착합니다. 사실, 우리는 정보가 너무 많아서 때로는 너무 많은 숫자에 압도당하고 실제로 사용하는 방법을 모릅니다. 그러나 이 경우의 대답은 간단합니다. 모든 시장에서 부동산 관련자는 일반적으로 다음 세 가지 질문에 답할 수 있습니다.

- 통상적인 임대율은 얼마입니까?(장기간의 임대율 평균치를 얻는 것이 힘들 수도 있기 때문에, 여기서는 '장기평균임대율'이라고 부르지 않습니다.)
- 통상적인 인플레이션율은 어떠합니까?
- 최근 (분기별–연별–두해 동안)에 임대료가 인상 또는 하락했습니까?

주기 맵핑에 대한 그 어떤 아이디어도 없다고 변명할 여지가 전혀 없습니다. 우리의 추정치는 정확하지 않을 수 있습니다. 우리는 현재 시점과 해당 주기가 앞으로 얼마나 남아 있고, 전체 주기가 얼마나 오래 걸릴지 더 잘 이해하기 위해 더 많은 정보를 수집해야 합니다.

이것은 다른 도시 또는 다른 국가의 다른 시장에서 사업을 시작하기로 결정한 개발자에게도 동일하게 적용됩니다. 투자 전략을 구축하려면 시장이 주기의 어느 단계에 있는지 알아야 합니다. 어떤 경우에는 신뢰할 수 있는 공식 정보나 시장 조사 전문가와 함께 많은 귀중한 정보를 획득할 수 있습니다. 그러나 많은 국가에서 그렇지 않은 것은 현실입니다. 가용한 정보에 대해 조사를 수행하고 필요한 데이터를 수집하고 자신의 결론을 도출해야 합니다.

조사가 필요한 모든 경우에 보통 우리가 실시하는 방법, 바로 질문으로 시작해 보겠습니다. 물리적 주기를 파악하기에 적당한 질문들이 있을 것입니다. ('Follow the People.' 또는 '사람들의 움직임을 파악하라').

다른 사람들은 경제 주기('Follow the Money Route.' 또는 '돈의 흐름을 파악하라')에 대해 조사할 것입니다.

우리는 지역 부동산 시장의 다양한 분야에서 많은 사람들을 인터뷰하려고 노력할 것입니다.

A. 주기를 매핑하는 데 도움이 되는 질문하기

물리적 주기를 이해하는 데 도움이 되도록 다음의 질문을 할 것입니다.

- **현재 수요 주기를 주도하는 것은 무엇입니까?** 일자리 수 증가? 임금 인상? 인구 구조의 변화? 인구의 고령화(예를 들어, 한국과 일본) 혹은 인구의 청년화(예를 들어, 이집트)?

- **이 주기는 공급 또는 수요에 의해 주도됩니까?** 개발자가 새로운 프로젝트를 시작하고 구매자가 지속적으로 이러한 자산을 획득했기 때문에 발생합니까? 아니면 그 반대입니까? 신축이 없었고 재고가 크게 감소했으며 임대료가 급격히 상승하기 시작했습니까?

- 미국 시장이 성장한 이유 중 하나는 미국 레이건 대통령 행정부에서 지원했던 **세제혜택** 때문입니다. 수 천 개의 프로젝트가 그의 경제 개혁에 의해서 빛을 보았고, 투자자들이 건설 비용에 대한 부채를 상환할 수 있었습니다. 투자대상 국가에서 부동산 투자에 대한 세금을 줄여주기 위해 비용이나 손실에 대한 세금공제나 세제혜택을 제공합니까?

- 밀도와 허용되는 최대 높이 증가, 의무 감축, 토지 사용 변경을 승인하는 **도시 계획법 변경** 후 해당 도시에서 공급이 증가했습니까?

- 시장을 움직이는 주체가 바로 외국 바이어들에게 그 시장을 '매우 저렴하게' 만드는 **환율의 변화**인가?

- 인구 통계학적 움직임을 이해하려면 다음과 같은 질문을 해야 합니다. **사람들은 어디로 이사하고 있습니까?** 이미 살펴본 바와 같이 이 주제를 조사하면 미국과 같은 특정 국가에서는 같은 지역에서 평균 7년 이상 살지 않는다는 사실을 알게 됩니다. 63%는 한 도시에서 다른 도시로 한 번 이상 이사했고 27%는 3~4개의 다른 주에 살았습니다. 이는 75%가 절대 움직이지 않는 아르헨티나와는 완전히 다른 추세입니다. 우리가 대화했던 모든 사람들에게: '지금까지 얼마나 많은 곳에서 살았습니까?'라는 간단한 질문을 하면, 이것은 우리에게 단서를 제공해 줍니다.

- **어디로 이사하고 있습니까?** 같은 국가 내의 한 도시에서 다른 도시로의 내부 이주입니까? 아니면 외국에서 많은 이민자들이 유입되고 있습니까? 어느 나라에서 왔습니

까? 이사한 이유는 무엇입니까?

- **일자리는 어디로 이동합니까?** 어떤 도시는 일자리가 감소하며, 또 다른 도시는 증가하고 있으며 실업률은 지역마다 매우 다르다는 것을 알게 될 것입니다. 우리는 어떤 분야가 성장하고 있는지, 어떤 분야가 그들을 촉진하는지, 그리고 그들이 미래에 계속 성장할 것인지를 이해하기 위한 질문을 할 것입니다.

시장의 회복 단계의 속도를 이해하기 위해 다음과 같이 질문합니다.

- **흡수율이 어떻습니까?** 한 달에 몇 채씩 임대하거나 판매하는 것인가요?
- 구매자는 부동산에 살게 될 **최종 거주자입니까?** 아니면 **장기 투자자입니까?** 아니면 짧은 기간에 사업을 시작하여 높은 수익을 보고 싶은 **단기 투자자입니까?**

  미국에서 세기의 첫 10년 동안 '주택 붐'이 있었고, 콘도미니엄 구매자는 20%의 가격 대비 자기자본을 통해 부동산을 구입했습니다. 공사 기간 동안 가격이 여러 번 인상됨에 따라 사업은 몇 달이 채 되지 않아 사전 분양 매물들을 재판매하는 현상이 일어났습니다. 판매 가격이 20%만 인상해도 100% 투자 수익을 얻었기 때문입니다. 이것은 '플립핑'이라고 불렸고 추후 경제붕괴의 원인 중 하나가 될 정도로 투기의 열풍을 불러 일으켰습니다. 금세기 2020년대의 새로운 건설 주기에서 개발자는 건설 단계에서 이 관행을 금지하였습니다. 구매자는 매물을 재판매하기 전에 물건을 완전히 양도받아야 했습니다.

- **위와 관련 : 투자자들은 부동산을 장기간 보유할 계획입니까, 아니면 빠르게 재판매할 계획입니까?** 제가 앞에서 말씀드렸듯이, 새러소타 프로젝트의 구매자는 부동산에 대해 높은 가격을 지불하는 뮤추얼 펀드였습니다. 그들이 왜 그렇게 했는지 물었을 때(후회하지 않도록 계약을 먼저 체결한 다음) 그들은 다음과 같이 대답했습니다.

'우리는 현재 미 북부 지역에 9천 개의 매물을 보유하고 있으며, 인구 증가가 일어나고 있는 남부 지역으로 확장할 계획입니다. 우리 회사의 방침은 '항상 구매를 하고 절대 판매하지 않는 것'이며, 이러한 방식으로 포트폴리오를 계속 성장시킬 것입니다.'

- 복구 단계의 속도와 역동성을 이해하기 위해 **새로운 매물이 시장에 출현하기 전 해당 시장에 몇 개월 동안 공급이 있었습니까?** 건축할 부지의 가용성은 무엇입니까? 아니면 철거하거나 개조할 수 있는 오래되고 쓸모없는 부동산입니까? 이 토지와 부동산의 가격 추세는 어떠합니까? 상승 또는 하락 중입니까?
- **인구가 증가하거나 감소하고 있습니까?**
- **매각 속도**는 어떠한 가요? 우리의 프로젝트와 동일한 성격의 부동산이 매각되는데 소요되는 기간은 평균 며칠 (또는 몇 개월) 입니까?
- **부동산 가격이 상승하거나 하락**하고 있습니까? 새로운 회복 주기가 시작된 이후 가격이 얼마나 인상되었습니까? 언제부터 증가하기 시작했습니까? 마지막 주기에 가격 인상 단계가 몇 개월 (또는 몇 년) 지속되었습니까? (혹은 이전 확장 단계에서).
- 일반적으로 **인플레이션율**이 얼마나 되나요? 그리고 그 비율에 비해 **건설 비용과 부동산 가격이 얼마나 상승**하였습니까? 부동산 산업의 가격과 비용이 일반적인 경기보다 훨씬 빠르게 상승하는 것을 본다면, 우리는 이미 공급 과잉 단계에 있을 가능성이 높으며, 이를 미래에 대한 위험 신호로 해석해야 합니다.
- 그리고 물론, 우리가 이미 전에 보았던 질문: 해당 시장의 **장기 임대율은 얼마 입니까? 그리고 그곳에 있는 부동산의 평균 인플레이션은 얼마입니까?** 우리는 이 두 가지 질문을 통해 침체기에서 확장 단계를 구분하는 선, 우리 주기의 지도에 그릴 유명한 빨간색 점선을 결정할 수 있음을 배웠습니다.

- 이 주기가 시작된 이후로 얼마나 많은 매물이 판매 또는 임대되었습니까? 이러한 데이터는 공시인 또는 공시 관련 대학, 지방 자치 단체의 도시 계획 또는 지적 사무소, 또는 해당 도시의 부동산 거래 또는 임대에 대한 모든 내역들이 등록된 관공서 등에서 찾을 수 있습니다. 일부 도시는 더 정교하거나 업데이트된 기록을 가지고 있을 것이고, 다른 도시는 정보가 부족할지라도 일단 모든 것이 도움이 됩니다. 신축 공사에 대해 얼마나 많은 시청의 승인이 실시되었는지, 얼마나 많은 소유권이 부여되었는지, 얼마나 많은 기존 매물이 재판매 되었는지를 볼 수 있습니다.
- 온라인 시스템을 통한 거래 및 임대의 출현으로 이러한 회사는 가격 추세 및 제공되는 물량 및 판매 또는 임대된 수량에 대한 최신의 매우 귀중한 정보를 얻을 수 있게 해줍니다. 미국에서는 Zillow, Apartments.com 및 Realtor.com과 같은 회사가 이 모든 정보를 가지고 있습니다.

아르헨티나에서는 Zona Prop 및 SOM 공시 시스템이 유사한 기능을 수행하며, 중동에서는 Property Finder가 해당 시장의 선두 주자입니다.

우리는 투자할 계획이 있는 각 도시에서 가장 많이 사용되는 시스템을 찾아야 합니다.

재정 주기를 이해하는 데 도움을 주는 다음과 같은 질문을 합니다.
- **돈은 어디에서 오는 것인가요? 왜 그것이 이 시장으로 향하고 있습니까?** 지역이라는 출처에서 나온 것입니까? 아니면 국외에서? 왜 외국인들이 이 시장에 끌리는가? 그 사회의 부는 어떻게 생산됩니까?
- **투자자들이 '부동산 게임'을 하는 이유는 무엇입니까?** 다른 대안이 없는 이유는 무엇입니까? 아니면 예금 몰수나 동결에 대한 두려움으로 은행에 돈을 예치하는 것과 같은 투자 옵션을 신뢰하지 않기에?

- 이 시장에 투자되는 **돈은 주로 은행 대출에서 나옵니까?** 그렇다면 누가 대출합니까? 어떤 이자율로?
- **대출 금리 하락**으로 확장 단계가 시작되었습니까? 얼마나 오래 낮게 유지됩니까?
- 아니면 인구의 특정 계급이 처음으로 은행 대출에 접근할 수 있었기 때문에 시작되었습니까? 왜 이런 것일까요? 정부 계획과 인센티브로? 이러한 인센티브가 앞으로 지속될 확률은 얼마입니까?
- **그 경제가 외국인 투자를 수용합니까?** 더 높은 세율로 그들을 차별합니까? 판매 후 자금을 본국으로 송금하기 전에 잠시 보류해야 합니까? (우리가 '유예 기간'이라고 부르는 것). 지방세를 고려해야 하나요? 비용이 높은가요? 개방되어 접근이 쉬운가요, 아니면 많은 관료들을 거치게 되며, 시간 및 돈이 필요합니까?

이 모든 질문은 우리가 얻을 수 있는 신뢰할 수 있는 정보의 양에 따라 정확도가 더 높거나 낮을 수 있으며, 해당 주기의 어떤 단계에 있는지 이해하는 데 도움이 됩니다. 우리는 다른 부동산 업계와 관련된 많은 전문적인 사람들을 인터뷰하고 그들 모두에게 같은 질문을 해야 합니다. 때때로 우리는 비슷한 대답을 듣거나 모순되는 대답을 듣습니다. 메모하고, 비교하고, 궁극적으로 우리의 재량껏 이 정보를 필터링하고 경로를 차트로 작성해 봅시다.

B. 새로운 시장에 대해 배우기 위해 질문하기

우리는 주기의 단계를 이해하기 위해 '인터뷰'를 이용할 뿐만 아니라 마이애미로의 첫 번째 탐험 여행에서, 저는 그 시장의 부동산 프로젝트를 개발하는 방법에 대해 얼마나 무지했는지 즉시 깨달았습니다.

거기에서 저는 개발 프로세스의 각 영역에 특화된 사람들과 회의를 시작했습니다. **회계사**를 만나 세금에 대해 '수업'을 받고, 법적 프레임 워크 내에서 가능한 최소한의 세금을 지불하는 가장 효율적인 법적 구조를 만드는 방법을 알아보았습니다. 또한 부동산 매매, 임대 또는 판매할 때 서명되는 문서, 토지 구매 방법, 계약서와 같은 구매자의 보호 조치, 부동산 보유 방법, 용도, 실사 기간 또는 검사 기간 등을 이해하기 위해 **부동산 전문 변호사**를 만났습니다.

우리가 계획한 대로 프로젝트가 끝나지 않았을 때 소송과 경제적 손실에 대해 최선의 보호를 받을 수 있는 법적인 조치를 수집하기 위해 알아야 할 모든 것을 **법인설립 전문 변호사**에게 설명해 달라고 요청했습니다. 외국인 투자자들에게 현지 투자자들과 다른 점 등이 있는 경우, 이 변호사의 방법이 회계사의 방법과 상충되는 경우가 있었는데, 두 가지가 양립할 수 있도록 여러 차례 선회해야 했습니다.

여러 **계약(도급) 업체 및 하청 업체**를 만나 우리가 어떻게 건설을 착수할 것인지, 작업이 어떻게 이루어지는지, 어떻게 지불이 이루어지는지, 각 지불에서 얼마를 원천징수하는지, 그리고 어떻게 프로젝트의 비용 구조를 계산할 수 있는지 이해했습니다. 투자자들에게 보여줄 투자 포트폴리오를 모으기 시작했고, 어떤 건설 기술이 우리 출신 국가와 다른지, 어떤 건설 기술이 동일한지 배웠습니다. 건설 노동조합이 강한 나라에서 온 저는 미국에서 각 주 노동자들이 해당 분야에서 일하기 위해 해당 노동조합에 대한 가입여부를 선택하여 결정해야 한다는 사실에 놀랐습니다. 특히, 노동을 위해 노동조합의 일부가 되도록 강요하지 않는 국가를 '노동권 국가'라고 합니다. 플로리다주는 이 시스템이 적용되는 주 중 하나이며, 노동조합에 가입해야 하는 매사추세츠 또는 뉴욕과 같은 주보다 노동 임금이 20~25% 저렴하다는 것을 알 수 있었습니다.

보험 전문가 역시 만났습니다. 미국과 같은 나라에는 거의 모든 것에 대해 보험을 들 수 있다는 것을 알 수 있었습니다. 민사책임이나 건축사고에 대한 책임은 거의 모든 나라에서 보험을 통해 면책을 받을 수 있습니다. 한편, 미국과 같은 나라에는 '보증보험' 제도가 있는데, 이것을 통해 건축기한을 못 맞추거나, 도급의 불이행, 가격인상, 또는 후발적으로 나타나는 건축하자와 같은 것에 대한 보호를 받을 수도 있습니다. 또한, '권원보증보험(Title Insurance)'을 들 수도 있으며, 이를 통해 소유권의 하자에 대한 위험을 피할 수 있습니다.

마이애미와 같은 허리케인 지역에서는 공사 기간 중에 그리고 공사가 완료된 후에도 재산을 보호할 홍수 및 태풍 보험 비용을 지불해야 합니다.

우리가 건설 자금을 빌리기 위해 필요한 은행에서 요구하는 개인 신용에 도달하지 못하면, 채무불이행 시 지불을 인수할 보증 보험에 가입할 수 있습니다.

그리고 마지막으로, 콘도미니엄 구매자의 보증금을 사용하여 건설 비용을 지불하고 개발자가 계약을 위반할 경우 구매자의 손실에 대응할 수 있는 또 다른 유형의 보험이 있습니다. 각 잠재적인 문제에 대해 이를 완화하고, 비즈니스를 덜 위험하게 만들고, 최종 결과에 대해 더 큰 확실성을 제공하는 보험이 있습니다. 그리고 위험이 낮을 경우, 사업에서 더 낮은 수익성이 요구될 수 있으며, 이는 자국에서보다 훨씬 낮은 내부수익률로 투자프로젝트를 시작할 수 있게 합니다.

저는 **브로커**[43]나 **부동산 중개인**을 만나 판매 시스템이 저의 출신 국가와는 어떻게 다른지 이해하고자 하였습니다. 미국의 시스템은 '공동의 노력을 쏟는 시스템'으로서, 브로커가 매도자를 대리하여 온라인 상(MLS 또는 다중공시서비스라고 함)에 물건을 올리면 해당 온라인 페이지에 접근자격이 있는 다른 모든 브로커들이 이를 확인할 수 있는 시스템이었습니다. 그들 중 많은 사람들이 구매자 또는 임차인을 각각 대리하며, 둘 사이에서 거

---

43 개업 공인중개사

래를 성사시키고, 수수료를 동일한 부분으로 공유합니다. 시스템이 판매에 대한 인센티브를 부과함에 따라 수수료는 구매자가 아닌 매도인이 전액 지불합니다.

마케팅, 그래픽 디자인, 디지털 디자인, 소셜 미디어, 홍보 등의 전문가들도 만났습니다. 이렇게 크고 경쟁이 치열한 시장에서 제품을 적절하게 포지셔닝하는 것이 성공의 열쇠입니다. 이 모든 전문가들은 중개인과 협력하여 마케팅 및 판매 프로모션을 하여 우리가 계획한 판매량(또는 임대율)을 달성할 수 있습니다.

저는 아르헨티나에서 일하면서 한 번도 만나볼 수 없었던 **시장 분석가**를 만났습니다. 저는 시장 조사를 의뢰하는 것이 매우 많은 유형의 제품, 잠재적인 소비자, 틈새시장 및 인구 통계학적 계층에 따라 차별화된 엄청난 양의 수요와 공급이 있는 사업적인 면에서 필수적이라는 것을 이해했습니다. 이전 장에서 말씀드렸듯이 '주기의 지도를 그리는'데 도움이 될 귀중한 정보를 요청할 수 있다는 것을 이해하였습니다.

미국에서 부동산 투자 성공의 열쇠 중 하나는 은행 대출을 통한 투자 레버리지입니다. 저는 **은행 및 금융 회사의 직원들과 간부들**을 만나 건설 및 인수 자금 대출을 받기 위한 사항이 무엇인지, 그들이 저에게 빌려줄 수 있는 공사 혹은 자재 구매 대금에 대한 이율, 외국인을 위한 특별한 조건이 있다면, 어떤 이율로서 어떤 조건인지 알아보았습니다. 은행은 신용 이력을 통해 채권자 리스크를 분석하고, 각 개인이 '신용 점수'를 가지고 있다는 사실을 알게 되었습니다. 저는 이 나라에서 개발자로 일한 경험이 없었고, 은행 관계자가 저에게 솔직하게 말하였습니다. '부에노스 아이레스에 있는 30층 건물보다 미국에서 지은 2천 평방 피트의 집을 보여 주셨으면 합니다. 왜냐하면 우리에게는 미래의 성과보다 현재가 더 큰 가치가 있기 때문입니다.'

내 신용 기록을 쌓는 것은 그 후 몇 년 동안 가장 힘든 작업 중 하나였으며 오늘날까지 계속되고 있습니다.

마지막으로, 임대관리 전문 회사를 만나 완료되었거나 운영 중인 프로젝트의 비용 구조를 이해하고, 고정 및 변동 비용, 준비금 등이 있음을 알게 되었습니다. 행정 구조, 서비스 제공 업체(전기, 케이블 TV, 쓰레기 수거, 공용 구역 청소 등)와의 계약에 대해서도 배웠습니다.

저희 나라와는 달리 이 회사들 중 상당수가 시장을 독점하고 있지 않았습니다. 즉, 같은 장소에서 여러 회사를 고용할 수 있는 선택권이 있었습니다. 이것은 그들 사이에 더 큰 경쟁을 불러일으켰고, 더 나은 가격을 얻을 수 있었습니다.

요컨대, 우리가 새로운 시장에 '착륙(진입)'하게 될 때 '부동산 개발 석사 학위'를 따는 것만큼 우리는 그 장소의 관행 연구에 많은 노력을 기울여야 합니다. 많은 부분이 자국의 방식과 비슷할 수도 있으며, 또 일부는 완전히 다를 것입니다. **우리는 열린 마음으로 문제에 접근하고 배울 준비가 되어 있어야 합니다.** 탐험 여행에서 저를 가장 놀라게 한 것 중 하나는 첫 여행을 떠나기 전에 가졌던 저의 선입견이었습니다. 저는 적응하기에 가장 어려운 일은 아르헨티나와 완전히 다른 건설 시스템일 것이라고 생각하였습니다.

저는 뉴욕, 토론토 또는 시카고에서 강철 프레임 및 프리 캐스트 패널 구조의 많은 예를 보았기 때문에 이 시스템이 북미 전역에서 사용될 것이라고 생각하였습니다. 하지만 혹독한 겨울로 인해 1년 365일 야외에서 작업할 수 없는 곳에서나 이 기술이 사용된다는 것을 알게 되어 놀랐습니다.

'1년 내내 초록'인 플로리다에서는 콘크리트 구조물과 외벽용 시멘트 블록으로 지어졌으며, 이는 제 경력의 첫 15년 동안 아르헨티나의 건물에서 사용한 것과 매우 유사한 기술이었습니다.

우리는 호기심을 가지고 새로운 시장에 다가가야 하며, 자국의 부동산 방식과의 유사점과 차이점을 이해하려고 노력해야 합니다.

제11장

사례 연구 2: 2008년 금융 위기, 부동산 주기 활용하여 돈 버는 법

지금까지 우리는 투자를 보호하기 위해 어떻게 폭풍우가 몰아치는 시대를 헤쳐나가고, 나머지 투자자 및 개발자들보다 먼저 '선두'에 위치하여 프로젝트를 시작하여 우리 사업이 성공할 수 있는 방법에 대해 이야기하였습니다. 하지만 '위기 중에서도 좋은 사업을 하고 돈을 벌 수 있습니까?' '사이클을 활용하는 게임을 어떻게 할 수 있을까요?' 문제를 좀 더 명확하게 보기 위해 잠시 부동산 시장에 대한 생각을 접어 둡니다. **저의 모든 수업에서 저는 학생들에게 다음과 같은 연습문제를 내어줍니다.**

'당신은 비즈니스맨을 위한 고품질 제품을 전문으로 판매하는 A등급 쇼핑센터의 사업자입니다. 다음과 같은 품목을 제안하기 위해 도매 유통 업체의 판매원이 당신에게 연락합니다.

그들은 독점적인 몽블랑 찰스 디킨스 스페셜 에디션 컬렉션 5백 개의 펜을 가지고 있으며 구매할 것을 제안합니다.

일반적으로 이 펜은 도매가 1,950달러에 판매되며, 1,050달러에 구매 가능하다고 제안합니다. 작년에는 경기 침체로 당신의 사업 매출이 낮았기 때문에 올해 투자할 자본금을 결정해야 합니다. 경제가 회복되면 그 펜을 각각 2,750달러에 판매할 수 있다는 것을 알고 있지만, 언제 회복될 것인지 또는 그 높은 가치의 펜을 얼마나 오랫동안 재고로 두게 될지 알 수 없습니다.

당신은 은행에서 펜을 구매할 수 있는 예금이 있습니다. 즉, 이자를 빌리거나 지불할 필요가 없습니다. 이 희귀한 펜을 구매할 때의 장단점에 대해 생각해 보아야 하지만, 약간 혼란스러워서 구매 목록에 먼저 적어 둡니다. 당신은 오후에 판매자를 만날 예정이고, 그 회의 후에 구매 여부를 결정할 수 있도록 그에게 할 질문들을 메모할 것입니다.'

토론이 시작되고 강의에 참가한 학생들이 구매의 장·단점을 나열하기 시작합니다. 반대하는 사람들은 우리가 총 52만 5천 달러에 해당하는 금액의 투자에 대해 이야기하고 있고, 그러한 자본이 언제 회수될지 모른 채 묶여지는 것은 이치에 맞지 않다고 합니다. 그들은 시간이 오래 걸릴 수 있고, 이러한 펜이 여전히 유행할 것인지 알 수 없으며, 다시 시장이 활성화되었을 때 사람들이 펜의 가치만큼 지불하기를 원할 것이라고 지적합니다. 우리는 경제가 언제 회복될 것인지 알지 못합니다. 그리고 이것은 영구적으로 사용할 필요가 없는 고급 제품입니다. 펜이 쓸모 없어지고 있으며, 아무도 사용하지 않을 것입니다. 이자를 지불하지 않는 것이 사실이지만, 또한 더 빠른 투자 회수로 다른 제품에 투자할 수 있는 기회비용을 생각해 볼 수 있습니다. 반면에 찬성하는 사람들은 그들이 그것을 사지 않으면 많은 것을 잃을 것이라고 말합니다.

그것이 매우 큰 투자라는 것은 사실이지만, 우리가 그것을 판매하는 시점에 투자에 대한 160% 이상의 수익인 85만 달러를 벌 것입니다. 이러한 유형의 이익은 전례가 없으며 자본을 회수하고 이익을 얻을 때까지 5년이 걸릴지라도, 이러한 유형의 비즈니스에서 결코 볼 수 없는 연간 수익에 대하여 이야기합니다. 또한 그것이 세계에서 가장 유명한 펜 브랜드 중 하나의 독점적인 제품이므로 가치를 잃지 않을 뿐만 아니라 반대로 시간이 지남에 따라 가치가 상승하게 될 것이라고 말합니다.

잠시 토론한 후 정보를 하나 더 추가합니다.
'인터넷에서 약간의 조사를 하고, 이 업계의 몇몇 사람들과 상담을 한 후, 펜을 만드는데 드는 비용이 1,600달러라는 것을 알게 되었습니다. 이것이 당신의 결정에 어떤 영향을 미칠까요?'

그 순간 반대하는 사람들 중 일부는 의심하기 시작합니다.

정상적이고 합리적인 경제에서는 **제조 비용보다 낮은 가격으로 제품이 판매되어서는 안됩니다. 이는 제조업체가 손해를 보고 있다는 것을 의미하기 때문입니다.** 우리는 사업에서 '차익 거래'의 개념에 대해 이야기하기 시작했고, 어떤 경제 주체가 위기 상황에서 다른 사람들을 희생하여 돈을 벌 수 있는 방법, 위기가 때때로 우리에게 큰 기회를 열어주는 방법에 대해 이야기하기 시작했습니다.

다음으로 토론 '재료'를 하나 더 포함시킵니다.
'공급 업체와의 회의에서 그는 몽블랑 찰스 디킨스펜 제작을 중단하기로 결정한 기밀 정보를 알고 있다고 말했습니다. 그리고 질문은 다시, 이 정보가 당신의 결정에 어떤 식으로든 영향을 미칩니까?'
논쟁이 더 흥미로워지고 처음에 의심했던 많은 사람들이 생각을 내려놓습니다. 생산이 중단되면 이 펜은 공급이 거의 없는 희귀한 아이템이 될 것이며 유명한 펜 수집가들에게 욕망의 아이템이 될 것임을 그들은 알고 있습니다. 수요와 공급의 법칙에 따르면 이것은 시간이 지남에 따라 펜의 가치를 상승시킵니다. 재판매 시장이 생성될 가능성이 높고, Sotheby's 등과 같은 독점 경매 사이트에서 제공됩니다. (때때로 이러한 토론 중에 우리는 더 합리적인 방향으로 상상의 나래를 펼칩니다.) 이 시점에서 일반적으로 모든 토론 참가자들은 구매가 좋다고 확신합니다.

펜에 대한 논의가 끝나면 다음과 같이 말합니다.

'좋습니다, 이제 부동산에 대해 다시 이야기해 봅시다. 이 사례에서 추출할 수 있는 비유는 무엇인가? 무언가가 보이시나요? 부동산 환경에서 '반주기적' 투자 전략을 분석할 때도 이와 같은 방식이 될까요? 유사점과 차이점은 무엇입니까?

여전히 사고는 펜 시장의 상황에 매여, 가격이 떨어져 차익 거래의 기회가 열릴 때 인하된 가격으로 문제의 부동산을 매입하는 것이 당연히 좋은 전략이라고 생각할 것입니다.

그러나 제가 뒤에서 말하겠지만, 이것이 '부동산 거품'이 폭발한 후 2008년도의 미국에서는 그렇게 명확한 것은 아니었습니다. 가격이 50% 이상 떨어졌고, 1년 전에 평방 피트당 372달러에 판매된 콘도미니엄의 경우 195달러 이하 매물들도 발견되었습니다. 그러나 그 어느 누구도 그 가치가 더 떨어질까 봐 두려워서 구입하지 않았습니다. 우리는 동일한 새 건축물의 건설 비용이 평방 피트당 240달러라는 것을 알고 있었습니다. 어떻게 설명할 수 있을까요?

'통상적'인 시장의 부동산 가격 구조를 살펴보겠습니다('통상적'이라는 시기가 있다고 가정해 봅시다).

새로운 건설이 이루어지기 위해서는 개발자와 투자자가 돈을 벌 수 있어야 합니다. 즉, 건축 비용보다 더 높은 가격에 판매할 수 있어야 합니다.

세 가지 유형의 비용을 정의해 봅니다.
- **직접 비용** 또는 영어로 'hard costs': 구조, 석조, 창문, 배관 등과 같이 건설에 '포함' 되는 모든 비용입니다.
- **간접 비용** 또는 'soft costs': 보험, 세금, 법률 및 회계 비용, 마케팅 및 광고, 대출에 대한 이자 지급 등과 같이 자재 및 노동력과 관련이 없는 기타 모든 프로젝트 비용입니다.
- **토지(부지) 매입 비용**

'개발 방정식'은 다음과 같습니다.

$$부동산\ 판매\ 가격 = 토지\ 비용 + 직접\ 비용 + 간접\ 비용 + 개발자\ 이익금$$

위기 이전에 무슨 일이 있었는지 살펴봅시다.

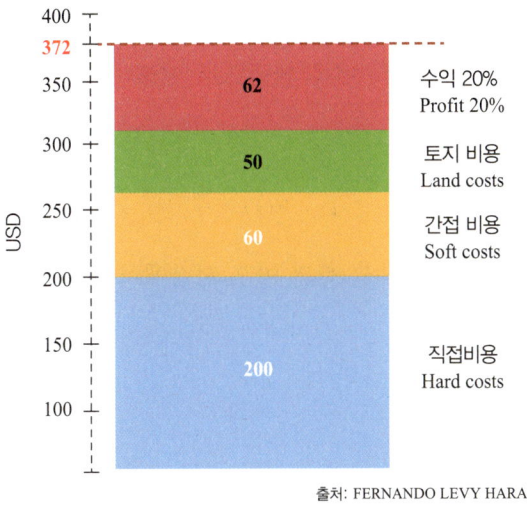

[부동산 시장가격(FAIR MARKET VALUE)]

보시다시피 평방 피트당 직접 비용은 200달러, 간접 비용은 60달러, 토지 비용은 50달러입니다. 일반적으로 우리는 총 작업 비용의 20-25% 사이에서 이익금을 계산합니다. 비용이 310달러이므로 개발자의 이익은 평방 피트당 62달러입니다. 따라서 판매 가격은 평방 피트당 약 372달러입니다.

잠시 쉬어가 봅시다: 비용 대비 20%의 수익성이라는 것이 수많은 리스크와 불확실성을 감안하고도 낮은 수익은 아니다라고 생각할 수 있을 것입니다. 그러나 선진국에서 부동산 개발은 일반적으로 약 75%의 대출이라는 높은 레버리지를 사용합니다. 즉, 건설 비용이 4천만 달러인 프로젝트를 구축하려면, 자기 자본이 천만 달러만 필요합니다. 방금 언급한 기준을 적용하여, 건축 비용보다 20% 많은 가격으로 판매할 것입니다. 이 경우 적용되는 기준 금액은 4천만 달러가 될 것입니다. 비용대비수익(ROC)라고 부르는 것으로서, 이는 우리가 8백만 달러의 수익을 올릴 것임을 의미합니다. 작아 보일 수 있지만, 천만 달러 투

자에 대한 투자 수익률(ROE 또는 자본대비수익)은 80%입니다. '레버리지의 마법'은 훌륭한 사업 추진을 가능케 합니다. 모든 것을 현금으로 지불해야 한다면 가당치도 않은 일일 것입니다.

분석으로 돌아가서 : 2008년 부동산 붕괴 이후 시장에서 어떤 일이 있었을까요?

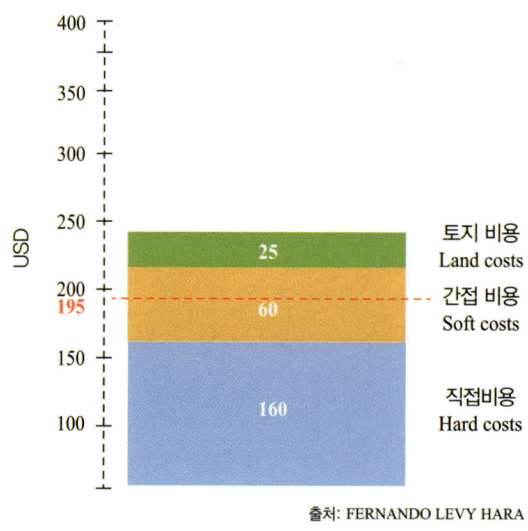

출처: FERNANDO LEVY HARA

[부동산 붕외 이후 시장가격(DISTRESSED MARKET VALUE)]

같은 부동산이 평방 피트당 195달러에 팔리고 있습니다. 일반적으로 경기 침체 기간 동안 건축 도급업자는 계약 수주를 위해 용역 가격을 낮추고 자재 가격도 낮추기 때문에 직접 비용이 160달러로 떨어졌다고 가정해 봅시다.

간접 비용은 동일하게 유지될 가능성이 높습니다. (변호사와 회계사는 그다지 유연하지 않으며, 보험 회사나 돈을 빌려준 은행도 마찬가지입니다.)

그러면 어떻게 될까요? **판매 가격으로는 공사의 직간접 비용도 충당하지 못합니다.** 이 방정식에서 마이너스가 될 토지의 가격은 말할 필요도 없고 증발하게 될 개발자의 이익도 그렇습니다.

이 모든 분석을 염두에 두고, 2009년에 심각한 상태에 있던 플로리다 남부의 시장에서 기회를 찾기로 결정하였습니다.

저는 건설 전 사전 분양된 많은 콘도 건물이 완공되었고, 개발자가 은행과 동의한 대로 건설 대출을 상환할 수 없다는 것을 알고 있었습니다. 저는 은행들이 그들의 포트폴리오에 몇 가지 '무수익 여신/부실대출[44]', 즉 그들이 제대로 작동하고 있지 않는 대출을 가지고 있을 것이라고 생각했습니다. 은행은 부동산을 경매에 올리지 않는 것을 선호했습니다. 그들은 수 천 개의 부동산을 관리하고 집주인과 세입자를 직접 처리해야 할까 봐 두려워했기 때문입니다. 은행의 사업은 재산을 관리하는 것이 아니라 돈을 빌려주는 것이기 때문에 이것을 꺼려했습니다.

또 다른 이유가 있습니다. 만약 그들이 부동산을 경매에 부치면 그들은 그 자산을 장부에 부채로 신고해야 하고, 미국 연방준비제도는 손실을 보상하기 위해 그들에게 준비금 ('은행 준비금'이라고 함)을 늘리도록 요구했습니다. 부실대출을 인정하고 '디폴트'로 신고되지 않는 한 이 문제를 저지할 수 있습니다.

한편 은행은 개발자가 건설 대출을 전액 갚을 수 없기 때문에 개발자가 위기 이전보다 낮은 가격으로 판매하는 것도 허용하지 않았습니다. 그러나 그들은 또한 '도덕적 해이'라는 개념 또는 '도덕적 손해'라는 개념으로 인해 개발자와 재협상하는 데에도 동의하지 않았습니다. 이는 당사자가 선의로 계약에 서명하지 않았거나 더 많은 돈을 벌기 위해 과도한 위험을 감수한 것입니다. 이론적으로, 그들이 채무자에게 채무의 일정 부분을 탕감해 주면 은행의 다른 모든 채무자들이 탕감을 요구하고 미래의 채무자들은 필요한 경우 동일한 권리를 가질 것이라는 점을 고려하고서 신규 대출 계약에 서명할 것이라는 것이었습니다.

---

44 Non-performing loans

미국에서 사용되는 사법 시스템은 앵글로 색슨(영미법 시스템)이며, 이는 대출 기관이 사인의 부채 탕감을 해주었다는 사법적 선례를 남기는 것을 꺼리는 태도를 가져오게 합니다. 그것은 판례 중심의 규칙과 법률의 집합이며, 고대에 대영 제국에 속하지 않은 대부분의 국가에서 사용되는 성문화 된 법령을 기반으로 하는 로마 법률 시스템과 사뭇 다릅니다.

우리가 심리 주기에 대해 이야기할 때 보았듯이 **은행은 거부 상태에 있었습니다.** 그들은 문제가 있다는 것을 인정하고 싶지 않았습니다.

우리는 은행 관계자들과 회의를 시작했지만 처음에는 재정 상태가 매우 양호하고 이른바 '유해 자산'이 없다고 모두 말했습니다.

그 말을 듣고 몇 달 만에 신문에서 그 은행이 파산했다는 글을 두 번 이상 읽었습니다. 그 후 은행 관계자들과 좋은 관계를 맺고 나서 조금씩 좋은 기회를 찾을 수 있었고 그들은 우리가 진지하다는 것을 알게 되었습니다. 우리가 처음 구매한 것은 완공된 62가구의 신축 건물에 대한 모기지 어음으로서, 원래 구매자 중 4명만이 등기되어 있었고, 즉 58가구가 미분양 상태로 남아 있었습니다.

금융세계에서 말하는 것처럼 좋은 돈을 나쁜 돈 대신 빌려주는 은행이 없기 때문에 구매는 현금이어야 했습니다. 우리는 평방 피트당 98달러의 가치로 모기지 어음을 구입했습니다. 건설 비용이 310달러였으므로 의심할 여지없이 우리는 좋은 사업을 하고 있었습니다.

그럼에도 불구하고 우리는 이 투자 프로젝트를 수행하기 위해 여러 가지 문제에 직면했습니다.

첫 번째는 매매에 필요한 현금이 없었습니다. 위기 당시 필요했던 약 5백만 달러를 구할 수가 없었습니다.

은행이 우리에게 대출해 주기를 원하지 않고, 현금이 없다면 어떻게 구매를 종결할 수 있습니까?

두 번째로는 우리가 기본적으로 우리를 바로 소유권자로 만들어 주는 것이 아닌 모기지 어음을 구입한 것에 대한 어려움이었습니다. 우리는 먼저 채무자에게 연락하여 그 순간까지 은행이 피해왔던 것과 같이 경매재판을 피하기 위한 조치를 취해야 했습니다. 우리의 동기는 달랐습니다. 시간(법정 경매를 기다리는 수 천 개의 부동산이 있음)과 돈(변호사 비용이 이익의 상당 부분을 차지할 것임)을 절약하는 것입니다.

채무자의 동기는 이와는 또 다른 것입니다. 이들은 운이 없었던 개발자들이었고, 프로젝트 건설 단계에서 위기가 그들을 점령했습니다. 그들은 아무 잘못도 하지 않았고, 타이밍이 좋지 않았을 뿐이었습니다. (아마도 이 책을 읽지 않았고 부동산 주기의 주제가 대학에서만 다루어졌기 때문일 것입니다.)

그들의 부동산 물건을 경매에 올려놓으면 그들의 신용 기록이 엄청나게 악화될 것입니다. 대부분의 프로젝트가 은행 대출을 통해 자금을 조달하며, 국가의 모든 개발자들은 좋은 신용 기록을 보유하는 것을 필수적으로 봅니다. 파산 및 압류는 향후 7년 동안 신용 기록에 '나쁜 기록'으로 남습니다. 이러한 기록을 가진 개발자는 새로운 대출 또는 더 좋은 이자율, 더 적은 다운 페이먼트(자본금), 기타 개인 보증 등을 얻는데 큰 어려움을 겪을 것입니다.

따라서 우리는 채무자와 사적인 영역에서의 합의에 도달하고 개발자가 판매되지 않은 58개의 매물에 대한 소유권을 부여하는 '경매처분대체 소유권 이전증서'라는 문서에 서명했습니다. 그 개발자는 자신의 신용기록에 영향을 받지 않고 모든 책임에서 면제되었습니다.

세 번째로는 일단 우리가 건축물 소유주가 되었다면 새로운 문제가 생겼을 것입니다. 완전히 마비된 시장에서 모두가 팔고 싶지만, 아무도 살 사람이 없는 당시의 시장에서 우리가 누구에게 판매할 수 있었을까요?

이 세 가지 과제를 바탕으로 우리는 행동 계획을 세웠습니다.

우리는 '창의적인' 재무 구조를 개발합니다. 저는 미국인에 비해 중남미 개발자가 가진 큰 장점으로 대안을 찾고, 변화하는 상황에 적응하고, 가진 자원으로 모든 단계에서 즉흥적으로 적응하는 데 익숙하다는 점을 항상 강조합니다.

아르헨티나에서는 부족한 상황에서 끊어지는 모든 것을 '우리는 와이어로 묶습니다.' 즉 우리가 가진 몇 가지 자원으로 그 문제를 해결한다는 말이 있습니다.

또한 '모든 것이 당신에게 불리하게 작용하는 것처럼 보일 때 비행기가 바람에 휘둘리지 않고 이륙한다는 사실을 기억하십시오.'라고 헨리 포드의 말을 의역하며, 상황이 불리할 때 높은 탄력성을 가지며 버티는 방법을 배웁니다.

재무 구조를 세 가지 리스크와 함께 세 가지 범주로 나눌 수 있습니다.

첫째, 우리는 모기지 어음 구매금의 일부를 지불할 **자본 투자자**를 찾았습니다. 물론 투자자들은 마치 미친 사람들처럼 우리를 바라보고 있었습니다. 우리는 모두가 탈출하며 무너지고 있는 시장에 돈을 투자할 것을 제안했습니다. 그리고 은행이 없애고 싶어 하는 불이행 모기지 어음을 구입하는 것에 대해 우리의 대답은 '예스'였습니다. 우리는 그것에 대한 위험을 이해하고 있었고, 이것이 바로 그 위험에 상응하는 이 투자에 높은 수익률을 부여한 이유입니다. 우리는 그들에게 연간 30%의 우대(기대) 수익률을 제안했습니다. 즉, 비즈니스 프로모터로서 연간 30% 이상의 수익을 내지 못하면 우리 스스로에게 성공 수수료를 부과하지 않는 것입니다. 30%를 초과하는 모든 수익은 '이 투자를 홍보하기 위한 좋은 수수료'가 될 것입니다. 그 이상 벌지 않았다면 우리는 돈을 벌지 못하고 사업을 진행했을 것입니다. 우리가 사업을 성공시키기 위해 최선을 다한다는 것을 투자자들에게 확신시키는 방법이었습니다.

둘째, 투자금의 일부로서 '중간 자본금[45]'라고 하는 매우 높은 이자율로 '브릿지론(Bridge Loan)'을 받습니다. 이들은 정부기관에 의해 규제되지 않기 때문에 은행보다 더 높은 위험을 감수하는 민간 대출기관입니다. 그 대신 그들은 매우 높은 이자율로 돈을 빌려줍니다. 우리가 이용한 민간 대출기관의 경우에는 연간 12%의 이자율로 최대 1년 동안 우리에게 빌려주었습니다. 그들이 부과할 최소 이자는 6개월 대출기한에 해당하며, 기한 이전에 상환한 경우에도 해당 기간에 대한 이자를 지불합니다. 우리가 투자자들에게 약속한 연간 30% 수익률과 비교해 보면 이 이자율이 상대적으로 매우 낮았는데, 이 대출을 통해 인수 대금의 35%를 마련하였습니다. (우리는 더 높은 비율의 대출을 원했지만, 그것이 우리에게 빌려 주기로 동의한 최대치였습니다.)

마지막으로, 이 계획의 세 번째는 시장보다 낮은 가격으로 라틴 아메리카의 **소규모 개인 투자자들**에게 사전 판매하는 것입니다. 우리가 말했듯이, 판매되고 있던 몇 세대들은 평방 피트당 195달러로 마감되었습니다. 우리는 그들에게 160달러에 제공했는데, 이는 그 기존 가격에서 20% 더 할인된 가격입니다. 왜 그렇게 많이 낮추었습니까? 조건이 있었기 때문입니다. 우리는 아직 매물들의 소유자가 아니며 원래의 대출을 받은 개발자와 최종 계약을 체결해야 계약자 이름으로 매물을 위임받을 수 있다고 설명했습니다. 이러한 추가적인 리스크에 대해 우리는 그들에게 프리미엄을 지불하고 대신 추가 할인 혜택을 제공했습니다.

몽블랑펜의 예로 돌아가서, 그러한 비용의 절반으로 큰 할인을 받아 구매한다고 말했지만 많은 투자자들이 여전히 의심했습니다. 그들은 할인이 크다는 것을 이해하고 있으며 건설비용 대비 낮은 가격에 매수하는 것은 나쁘지 않은 사업이라는 것을 이해는 하고 있었지만, 자산의 가격이 더 이상 떨어지지도 않을 것이라는 것을 어떻게 납득시킬 수 있었

---

45 메자닌 대출금

을까요?

판매 완료에는 상당한 작업과 많은 인내가 소요되었습니다. 이 책에서 이미 다루었던 몇 가지 주제들인 사이클이 작동하는 방식, 시장이 회복되는 이유, 그렇지 않은 인구 통계학적 기본 요소, 가격이 회복될 것이라는 의심 요인들에 대해 투자자를 교육해야 했습니다. 우리는 가격이 5% 하락할 가능성이 있지만 조만간 다시 반등하여 '개발자 방정식'에 따라 다시 부동산 가격을 결정하는 정상 시장으로 돌아갈 것이라는 점을 받아들였습니다. 이러한 것이 두려움에 대처하고 투자자에게 가능한 많은 정보를 제공하여 우리가 제공하는 투자를 편안하게 할 수 있도록 합니다. 이러한 '편안함(Comfort Zone)'을 만드는 일의 일환으로, 우리는 이것에 대해 걱정할 필요가 없도록 부동산 관리, 임대 및 매매를 관리할 것이라고 약속했습니다. 우리는 또한 은행 계좌 개설, 투자 보호에 필요한 법적 구조 만들기, 회계사에게 매년 세금 보고서 작성 및 제출 등의 다른 절차들을 도왔습니다.

이 사업을 계속하려면 어떻게 해야 합니까?

우리가 구매하고 있는 대출 어음의 문서 검토와 관련 문서들을 작성하는 데 한 달 반이라는 시간이 걸렸습니다. 이러한 어음의 인수는 우리가 협상해야 하는 많은 세부 사항을 가지고 있었으며, 이를 통해 투자자에게 투자 기회를 제공하고 '중순위 대출 기관'을 통해 브릿지 대출을 받기 위한 기회를 '늘려' 나갈 수 있었습니다.

자기자본을 투자한 파트너와 '중순위 대출기관'으로부터 자본을 획득하여 은행의 모기지 어음 구매('채권구매')를 마감하였습니다.

구매를 마감하자마자 새로운 채권자인 우리는 그 모기지의 채무자들에게 연락을 하였고, 그에게 우리가 당신들의 채무의 새로운 소유자이며, 이를 이제 회수하고 싶다고 알렸습니다. 물론 그들의 반응은 다음과 같았습니다. '내가 은행에 지불하지 않았다면, 왜 내

가 당신에게 이제 지불할 것이라고 생각하십니까?'

우리의 대답은 '우리는 귀하와 같은 개발자이기 때문에 귀하가 어려움에 처해 있음을 알고 있으며, 귀하의 신용 기록을 잘 관리하여, 새로운 프로젝트를 수행할 수 있다는 사실을 알고 미래를 바라보게 할 것입니다.'

거기에서 우리는 몇 주간 지속되는 협상을 시작했고 결국 앞서 언급된 '경매처분대체 소유권 양도' 합의서에 서명하고 법정 절차를 밟지 않기로 했으며, 원금과 이자를 모두 받지 않는 대신 건물에서 미분양으로 남아 있던 58세대의 소유권을 대가로 받았습니다. 개발자는 '자유'를 되찾았고, 신용 점수를 깨끗하게 유지했으며, 소송에 시간과 돈을 더 들일 필요가 없었으며, 검은 구름들을 뒤로하고, 깨끗한 마음으로 자신의 경력을 재정비할 수 있었습니다.

투자에 참가한 사람들은 어떻게 되었습니까?

세 가지 투자 포지션 모두 좋은 성과를 거두었으며, 우리 역시 투자 프로모터로서 좋은 성과를 거두었습니다.

우리는 우리가 계획한 가격으로 최종 구매자에게 9개월 만에 58세대를 모두 판매할 수 있었습니다. 우리가 돈을 받는 동안 우리는 대출총액의 6%인 최소 이자만 지불하면 되는 '중위 대출 기관'의 대출을 상환하고 있었습니다.

그런 다음 우리가 합의한 우선(기대) 수익률로 자기자본 지분을 가진 파트너에게 연간 30%를 지급하였습니다. 우리가 합의한 최소 수익은 총수익의 30%였지만, 그들이 그것을 9개월 만에 수령했기 때문에, 실질적인 연간수익은 거의 40%였습니다. 그들은 매우 행복해했고, 모두가 다음의 모기지 어음을 구입하기 위해 돈을 재투자했습니다. 채무자와 계약을 체결한 후 구매자를 대신하여 주택을 거래할 수 있었습니다. 구매자가 돈을 주고 난 후, 약 3개월 만에 일어난 일입니다. 우리는 몇 년 동안 그곳의 세대 관리 및 임대를 처리했습니다. 이를 위해 부동산 관리 사무실을 만들고, 여전히 유지 관리하고 있습니다. 임대된 세대는 운영 기간 동안 투자자에게 연간 약 5%의 수익을 냈으며, 대다수는 향후 5~7년 내에 50%에서 75% 인상된 가격에 판매하였습니다.

우리가 예상했듯이 부동산 시장은 3년 만에 안정되었으며, 프로젝트가 있던 엣지 워터라는 지역이 부각되었고, 2011년부터 훨씬 더 높은 가격으로 새로운 회복 단계에서 많은 새로운 콘도미니엄 건물이 지어지기 시작했습니다.

이것은 또한 기존 매물의 가격을 높이고 그 가치를 인정받아 좋은 수익을 얻을 수 있었습니다.

그리고 프로모터로서 우리는 어떻게 되었습니까? 아주 좋았습니다. 투자에 대한 최종 수익률은 70%로서 우리가 주식지분을 나누어 가진 파트너와 합의한 우대(기대)수익률 보다 훨씬 높았습니다. 30%를 초과하는 모든 수입은 우리의 성공 수수료였습니다.

우리는 그 돈의 일부를 현금으로 모았고, 이들을 지분 파트너와 중위 대출 기관에 지불한 후에는 남은 부동산을 전부 매각할 필요가 없었기 때문에 두 세대를 유지하기로 결정했습니다.

몇 년 후 75%의 상승된 가치로 이 부동산들을 판매할 수 있었기에 이것은 좋은 생각이었습니다.

결론

부동산 사이클이 어떻게 작동하는지, 그 시장의 기본이 무엇이며, 우리가 어떤 단계에 있는지 이해한다면, 우리는 확장 단계 뿐만 아니라 경기 침체 단계에서도 좋은 사업을 할 수 있습니다.

저는 결국 2008년과 2011년 사이에 마이애미와 포트 로더 데일의 4개 건물의 모기지 어음 인수를 통해 거의 400개의 콘도미니엄을 인수했습니다. 뒤에서 말씀드리겠지만 두 도시의 주기를 연구할 때 '폭풍'이 사라지자마자 이러한 시장의 큰 회복을 예견할 수 있었기 때문입니다.

또한 마이애미 국제공항 옆 건물에서 100채의 임대 주택을 인수했습니다. 이 건물은 '크래시 패드'라는 시스템을 통해 아메리칸 항공 승무원 및 조종사를 위한 임시 임대 건물로 배치되었습니다. 이 아이디어는 우리가 그 비행기 승무원들 중 4명에게 아파트 호실을 임대할 수 있다는 것이었습니다. 일반적으로 성인 2명이 최대 비행시간을 초과하는 날에는 마이애미에서 일주일에 2~3일만 보내고 고향으로 돌아갈 수 없기 때문입니다. 이를 통해 5년 만에 순영업이익을 두배로 늘릴 수 있었고 부동산을 매입한 가격의 두배로 기관 투자자에게 판매할 수 있었습니다.

'부동산주기 게임'을 통해 사업을 하는 것은 그만한 가치가 있습니다. 물론 우리가 '과제를 수행 하는 동안' 시장을 연구하고, 이를 기반으로 투자 전략을 설계합니다.

제12장

외부 요인들에 대하여

앞의 장들에서는 외부에서 당신의 프로젝트에 영향을 미칠 수 있는 다른 모든 현상으로부터 차단된 수정 캡슐에서 마치 모든 것들이 일어나는 일인 것처럼 '순수하게' 주기의 변화만을 분석하였습니다.

그러나 이러한 지표들이 예상대로 작동하지 않게 하는 여러 가지 요인이 있습니다. 이전 장에서 언급했듯이 **부동산 및 경제 사이클은 수요 및 공급 부동산 시장과 관련이 없는 다른 외부 요인의 영향을 받습니다.**

경제학에서 '외부 요인'은 해당 비용 또는 이익의 창출에 대한 관리 권한이 없는 제3자에 의해 발생하거나 수취한 비용 또는 이익을 의미합니다.

이 요소의 비용 또는 이익은 사적(개인 또는 조직에 영향) 또는 사회적(사회 부문 전체에 영향)이 될 수 있습니다.

경제의 특정 주체에게 이익을 창출하거나 부가가치를 창출할 때 **긍정적인 외부 효과**를 이야기하고, 해당 서비스나 소비와 관련이 없는 부분에 영향을 미치는 비용을 발생시킬 때 **부정적인 외부 효과**를 이야기합니다.

도시 경제에서 부정적인 외부 효과의 더 일반적인 예는 환경오염과 교통입니다. 공장으로 인한 오염은 원천적으로 부정적인 측면이 있지만, 그 공장은 해당 도시의 대다수 인구에게 일자리를 제공합니다.

대형 도심의 자동차 교통도 마찬가지입니다. 다음 장들 중 하나에서 마이애미의 경우에서 볼 수 있듯이, 도시의 경제가 성장하고 현대적이고 세계적이며 번영하는 도시로 변모하여 고속 도로의 교통 체증, 매일 출퇴근하는 근로자의 시간 손실, 그리고 더 많은 사고를 초래했습니다. 현재 마이애미는 로스앤젤레스 다음으로 교통 문제가 가장 큰 두 번째 도시입니다.

그러나 모두가 부정적으로 작용하는 외부 효과는 아닙니다. '직업 훈련 프로그램의 효과' 또는 '커리큘럼의 변경'은 그 자리에서 생산성과 임금을 높이는 더 나은 교육을 받은 인력을 창출합니다. 새러소타에서 저의 프로젝트에 대해 말씀드렸을 때 설명했듯이 이러한 교육적인 프로모션을 통해 이자율을 낮추고 외국인 투자 자금에 대한 수요를 늘려 프로젝트의 최종 수익성을 크게 높였습니다.

어떤 종류의 외부 효과가 우리 산업에 영향을 미치고 부동산 주기의 변동에 영향을 미칩니까? 몇 가지를 살펴봅시다.

A. 주기의 외부요인인 '인플레이션' 에 의한 효과

'인플레이션'은 무엇입니까?

1980년대 후반 예일 대학의 경제학자 로버트 쉴러와 하버드 대학의 칼 케이스는 1890년 이후 미국의 전형적인 주택 가격 변동을 추적하는 지수를 만들었습니다. 이 지수는 현재 S & P Case-Shiller **주택 가격 지수**로 인플레이션 효과를 제한 후 부동산 투자 가치를 결정하기 위해 기존 (신축이 아닌) 주택의 가격을 추적합니다.

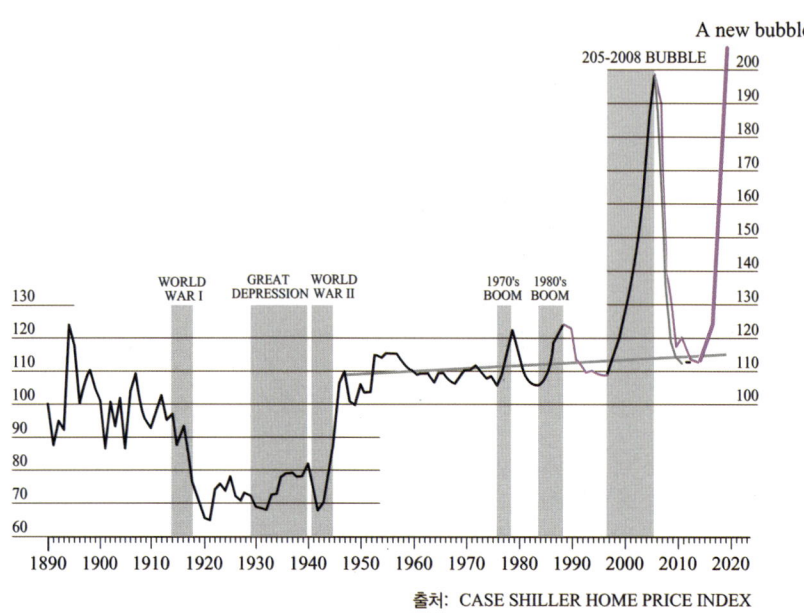

출처: CASE SHILLER HOME PRICE INDEX

이 지수는 1890년에 100의 값으로 시작합니다. 즉, 일반적인 주택 가격이 10만 달러(인플레이션을 공제한 후 오늘의 달러 가치로 조정됨)이면 부동산 2008년 붐의 정점에 200 포인트에 도달하는 것을 볼 수 있습니다. 2년 만에 거의 110 포인트로 붕괴, 즉 45%의 보정이 이루어집니다.

제가 S & P Case-Shiller가 그토록 가치 있다고 생각하는 이유 중 하나는 제가 어렸을 때 이민자 조부모님이 가르쳐 주신 유명한 속담인 '벽돌에 투자하는 것보다 더 좋은 것은 없다'는 것을 쉽게 보여주기 때문입니다.

그들은 돈을 은행에 보관하고 현금을 저축하는 것을 경계했습니다. 그들은 현지 통화가 평가절하되어 빠르게 가치를 잃은 국가에서 왔으며, 은행은 파산했고, 중앙은행이 예금을 보장하지 못했기 때문에 예금주들이 모든 돈을 잃었습니다.

이 지표들은 우리에게 무엇을 보여줍니까?

두 가지 시나리오를 상상해 봅시다.

첫 번째: 저의 할아버지의 형제 분 중 한 분이 정치적, 종교적 박해에 지쳐 1890년에 더 나은 삶을 찾아 시리아를 떠났습니다.

그는 자신이 전혀 알지도 못하고 지도에서도 찾아볼 수 없었던, 미국의 뉴욕으로 가는 배를 탔습니다.

그는 저축한 돈을 가져갈 수 있었고, 도착했을 때 10만 달러로 환전하였습니다.

이를 단순화하기 위해 이 기간 동안 인플레이션율과 유사한 이자율을 계속적으로 제공하는 은행에 예금했다고 가정해 봅시다.

그는 매우 검소한 사람이었기 때문에 예금을 한 번도 인출하지 않았습니다. 그의 꿈은 세 손자가 언젠가 대학에 갈 수 있도록 남기는 것이었습니다.

즉, 오늘날 그의 손자들은 은행에 가서 할아버지가 이자를 포함하여 예치한 모든 돈을 인출할 수 있으며, 이 기간 동안의 인플레이션을 제거되었다고 가정하면 할아버지가 예치한 것과 동일한 '10만 달러의 가치'를 '실질적으로' 갖게 될 것입니다.

그 돈의 구매력은 상대적 물가가 동일하게 유지되었다는 가정하에 1890년과 똑같습니다. 즉, 인플레이션율에 따르는 이자와 합산된 10만 달러는, 1890년 당시 미국 최고의 대학에서의 세 손자의 모든 대학 비용을 지불할 수 있었던 가치로서 현재의 교육비와 가치가 동일해서 손자 모두에게 동일한 수준의 교육을 지불하기에 충분하다는 것입니다.

두 번째 예를 살펴보겠습니다.

윗분의 형제인 저의 할아버지도 몇 달 후에 이주하기로 결정했습니다. 그는 항구로 가서 몇 주 전 그가 보낸 편지에서 본 그의 형제가 살고 있는 대륙의 이름을 말하며 '저를 아메리카로 데려가는 첫 번째 배가 어떤 것입니까?'라고 묻습니다. 당시에는 이것보다 더 구체적으로 말할 수는 없었습니다.

그러나 아메리카는 큰 대륙입니다 (그는 그것을 모릅니다). 그리고 몇 주 후에 아르헨티나에 상륙하여 남은 생애를 살게 됩니다. (그도 당시에는 몰랐으며 아마도 몇 년 후에 알게 될 것입니다).

할아버지가 미국에 도착한 형제와 같은 금액을 저축했다고 상상해 봅시다. 그는 그것을 현지 통화로 바꾸고 그들은 그에게 10만 달러의 아르헨티나 페소를 주는데, 그는 그에게 인플레이션을 충당하는 이자율을 제공하는 아르헨티나 은행에 예금합니다. (그는 운이 좋았습니다. 앞으로 120년 동안 아르헨티나는 매우 낮은 인플레이션율을 경험할 것이며, 그 다음으로 높은 인플레이션과 하이퍼인플레이션이 이어질 것입니다.)

이전의 경우와 마찬가지로 손자들은 이제 대학 학비를 지불하기 위해 돈을 인출 할 것입니다. 우리가 받는 돈은 얼마일까요?

어마어마한 금액이지만 구매력은 120년 전에 할아버지가 은행에 예치했을 때와 같은 금액입니다. 다시 한번, 할아버지의 희생과 능력 덕분에 가족 교육이 보장되었을 것입니다.

하지만 말씀드렸듯이 할아버지와 그의 가족은 은행 시스템과 현지 통화를 신뢰하지 않았습니다.

아버지는 자녀들에게 가장 안전하고 확실한 저축은 '벽돌에 투자'하는 것이라는 지식을 심어 주었습니다.

그리고 그것이 우리 할아버지와 할아버지의 형제분이 한 일입니다. 그들은 10만 달러로 부동산을 구입했습니다. 바로 그해에 케이스와 쉴러가 부동산 가치의 변동을 파악하기 위해 이 해의 부동산 가격을 기준으로 삼았고, 값을 '100'으로 보았습니다.

이후 120년 동안 이러한 자산이 가치를 잃지 않았다고 가정해 봅시다.

(또는 원하는 경우 해당 자산이 쓸모없게 되어 유사한 가치의 새로운 자산으로 대체되

었을 때 매각하였다고 생각해 봅시다).

구매력의 변화가 어떻게 되었습니까?

화폐의 구매력(인플레이션 공제)이 낮은 기간은 한 번 뿐임을 알 수 있습니다. 이 기간은 미국 경제가 1차 세계대전으로 타격을 입은 것을 시작으로, 1929년 대공황까지 계속되었으며, 2차 세계대전이 끝날 때까지 지속되었습니다. 그 당시 자산을 팔았다면 실제 가치의 최대 35%를 잃었을 것입니다.

하지만, 1946년 이후부터는 S & P Case-Shiller 지수가 100 미만으로 떨어지지 않았습니다.

이 세기 첫해의 붐이 끝나고 대불황이 시작되었을 때 화폐 구매력이 급격히 떨어졌음을 알 수 있습니다. 한편, 2008년 금융위기 이전인 2006년에 부동산을 매각했다면 1890년보다 두 배 가치의 교육비를 가질 수 있었을 것입니다! 그러나 폭락 이후 가격이 45% 하락한 후에도 2011년 지수는 115로 인플레이션 효과를 공제한 후 121년 전보다 화폐 구매력이 15% 더 높았습니다.

놀랍게도, 2019년 시장은 대불황 이후 새로운 부동산 붐에 힘입어 다시 '반등'했습니다. 이 책을 쓰는 시점에서 2019년 말 지수는 211에 도달했습니다.

이 이야기는 우리에게 무엇을 보여주고 있나요?

조부모님과 증조부모님은 고등학교를 졸업하지 않았음에도 불구하고 제가 생각했던 것보다 훨씬 더 많은 경제학을 알고 계셨습니다.

'스트리트 인텔리전스'는 '벽돌에 투자'함으로써 돈을 훨씬 더 잘 보존할 수 있다고 가르쳤습니다. 그들은 또한 그것이 경제의 기복에 영향을 받는다는 것과 케니 로저스씨가 말했듯이 '게임에 들어갈 때와 나갈 때를 알아야 한다'는 것도 알고 있었습니다.

거의 모든 상황에서 여전히 높은 구매력을 유지할 것이며, 앞으로도 계속 그렇게 될 것입니다.

이 시점에서 궁금하실 겁니다. 이 지식이 미래를 예측하는 데 어떻게 사용될 수 있을까요?

부동산의 인플레이션 대비 상대적 가격의 변화를 따르는 것은 주기 곡선에서 우리가 어디에 있는지를 보여주는 강력한 지표입니다.

지수가 역사적 수준에서 최저점에 있으면, 공급 과잉 단계가 끝나고 가격이 곧 상승하기 시작할 것입니다.

반면에 상대적 가격이 정점을 통과하는 것을 본다면, 전망이 밝아질 때까지 판매나 새로운 프로젝트의 시작을 연기할 때입니다.

시장을 조금 더 조사할 수도 있습니다. '질문하기' 장에서 보았듯이, 우리는 이 과열사태의 기본을 이해하기 위해 시장 논리에 도전장을 내밀 수 있을 것입니다. 가격 인상은 탄탄한 기반에 의한 것입니까? 지역 경제 호황에 따른 수요 증가 때문입니까? 이러한 성장이 견고하고 지속적인 토대를 가지고 있습니까?

아니면 머물러 있습니까, 혹은 가까운 장래에 사라지게 될까요?

예를 들어 샌프란시스코의 부동산 가격이 계속 상승합니다. 해당 도시의 S & P Case-Shiller 지수는 1987년 '45', 2019년 '267'였습니다.

우리는 부동산 거품에 직면하고 있습니까?

아마 가까운 장래의 일이 아닐 것입니다. 이러한 부동산 가격의 상승 이유는 우리가 아는 바와 같이 새로운 정보 기반 경제의 허브인 팔로 알토와 실리콘 밸리에 대한 접근성으로 인해 이 도시가 구매력의 증가와 세대 변화를 경험하게 되었기 때문입니다. 정보화 시대에 매일 등장하는 구글, 페이스북, 애플 및 모든 새로운 기업들은 그 '황금 삼각형'에 위치하기 위해 노력하고 있습니다. 이곳에 위치하는 것은 명성을 주고, 새로운 스타트업으로 35세에 부자가 되게 만들기도 하며 성공을 바라는 전 세계의 젊은이들을 끌어들입니다. 최고의 전문가를 유치하기 위한 경쟁에서 급여를 엄청나게 높이면, 이 젊은 전문가들은 엔터테인먼트와 유흥이 있는 도심 가까이에서 살기 위해 고군분투합니다. 임대료가 오르고 있고, 사방에 지어진 새롭고 고급스러운 콘도미니엄의 매매가도 오르고 있습니다.

따라서 이 경우에는 터지기 직전의 거품처럼 보이지 않습니다. 어떤 시점에서 가격이 너무 높아서 '새로운 젊은 백만장자' 조차도 이러한 가격을 계속 원하지 않을 수 있을 때라면 모르겠습니다.

또는 도심의 교통 체증에 따라 지치거나, 결혼을 함으로 자녀를 낳고 교외로 이동하여 더 많은 공간에서 즐겁게 지내기로 할 수도 있습니다.

그러나 아마도 최근에 이곳에 받아들여진 젊은이들의 새로운 물결이 그들을 대체할 것이며, 이 시장의 메커니즘에 계속해서 윤활유를 공급하게 될 것입니다.

가능한 지역 경제의 모든 '요소'들을 조사한 후에 결정을 내리고 미래를 예측하려고 노력할 때입니다. 때때로 우리의 예측은 다른 사람들의 것보다 현실과 더 비슷할 것입니다. 그러나 최소한 우리는 가장 정확한 방법으로 미래를 예측할 수 있도록 최선의 전문적인 과제를 수행했다고 자신합니다.

다시 할아버지의 저축으로 돌아갑니다. 지수는 2019년 말 '211'입니다. 부동산 거품에 직면하고 있습니까? 견고한 성장을 보여주고 있습니까? 부동산을 매각하고 다른 자산에 투자해야 합니까?

당신은 어떤 것을 하시겠습니까?

제 경우에는 시장을 먼저 조사해 보고 가장 적절한 답을 드리겠습니다.

먼저는 '할아버지께 감사합니다!' 라는 말씀을 드립니다.

인플레이션으로부터 프로젝트를 어떻게 보호할 수 있습니까?

저의 국제 연수 프로그램에서는 종종 독일이나 다른 저인플레이션 국가에서 온 젊은 학생들에게는 인플레이션이 무엇인지, 어떻게 작용하는지, 장기 프로젝트 계획에 어떠한 영향을 미치는지를 설명해야 합니다. 이러한 청년들이 경험하지 못했지만 독일은 1930년대에 초인플레이션을 겪었고, 불행하게도 나치즘의 출현과 히틀러의 권력 상승이 이어졌습니다. 화폐 구매력이 급격히 나빠져 마지막 월급을 산더미처럼 수레에 실은 사람들의 사진이 보이고 있었습니다. 그들은 화폐 구매력이 사라지기 전에 식료품을 사기 위해 상점으로 달려갔습니다.

저의 학생들 중 일부는 저에게 이렇게 말합니다. '사실입니다. 제 할아버지가 어린 시절에 이런 일이 일어났다고 말씀하셨습니다.'

우리는 인플레이션 기간에 화폐가 각얼음과 같다고 말합니다. 첫 번째 사람은 큰 각얼음을 받고 녹기 시작하면, 비로소 얼음을 이용해 살 수 있는 것을 사러 달려갑니다. 다음 사람은 더 작은 각얼음을 건네받게 됩니다. 그리고 그 또한 손에서 녹지 않는 방법을 강구하려고 할 것입니다. 이러한 방식으로 각얼음은 이 사람 저 사람의 손을 여러 번 거쳐 갑니다. 그래서 마지막 사람에게 남은 것은 물 밖에 없을 때까지 말입니다.

한 국가의 인구가 자국 통화를 거부하면, 유통 속도가 빨라집니다. 통화주의 이론에 따르면 인플레이션을 설명해 주는 요인 중 하나입니다.

이것은 의심할 여지없이 부동산 개발자에게 큰 단점입니다.

우리의 프로젝트는 장기적이고 시간을 두고 유지되는 경제적 재무 분석을 할 수 있어야 하기 때문입니다. 그러나 모두가 단점은 아닙니다.

인플레이션율이 높은 많은 국가에서 건설 산업은 투자자들이 자본 구매력을 보호하기 위해 찾는 안식처 중 하나입니다.

인플레이션 상황에서 사람들은 저축이나 투자보다 소비에 대해 더 많이 생각하지만, 자산의 일부를 보호하려는 일부 인구 비율이 존재합니다.

개발자들은 우리의 프로젝트를 통해 사람들을 위한 '녹지 않는' 시멘트 및 벽돌 제품을 만들어, 사람들을 구하기 위한 수단으로 변모시킵니다. 인플레이션율이 높은 국가에서 장기적으로 부동산 가격의 변동을 분석하면 Case-Shiller 원칙도 유지됩니다. 부동산 가격은 단기적으로는 인플레이션과 균등하게 상승하지 않고 '고점'에 의해 상승하기 때문에 항상 인플레이션율보다 높은 것은 아닙니다. 고려해야 할 또 다른 현상은 국가 개입이 과도하지 않은 자유 경제에서 가격이 항상 상승하는 것이 아니고 때때로 하락한다는 것입니다.

저는 미국으로 이주했을 때 이 현상을 발견하고 놀랐습니다. 2002년 이라크 침공 당시 유가는 불과 몇 달만에 40%나 상승했습니다. 제 생각에 연료 가격은 항상 올라만 갈 것이었고 내려가지 않을 것 같았습니다. 그러나 1년 후 가격이 하락하기 시작했고 놀랍게도 가격이 상승한 속도보다 훨씬 느렸습니다. 하버드에서는 이것을 '비대칭 가격 이전'이라고 하며 비공식적으로 '로켓과 깃털 효과'라고 합니다. '인플레이션 기간 동안의 가격은 우주 로켓처럼 빠르게 상승하지만 떨어질 때는 하늘에서 떨어지는 깃털처럼 천천히 떨어집니다.'

그렇다면 우리는 어떻게 4년, 5년 또는 그 이상의 프로젝트를 수행하고 악화되는 인플레이션으로부터 부동산 가치를 보호할 수 있습니까?

개발자는 종종 다음과 같은 다양한 기술을 사용합니다.
- 인플레이션은 높은 은행 이자율을 발생시켜 프로젝트에 손실을 줄 수 있고, 은행 대출을 받을 수 없게 하기도 합니다. 인플레이션이 높은 많은 국가에서 은행은 이러한 유형의 대출을 매우 위험하다고 생각하기 때문에 제공하지 않습니다. 이를 대

체하기 위해 **고객에게 사전 판매를 실시하고 이 사전 판매금으로 건축기간 내에 매월 할부금을 갚아 총액을 지불하는 방법**으로 판매하였습니다.

즉, 우리가 구매자에게 36만 달러에 콘도를 사전 판매하면서 36개월 안에 프로젝트를 건설할 계획이라면 매월 구매자가 우리에게 1만 달러를 지불해야 하며 그 돈으로 우리는 건설 비용을 지불하게 됩니다.

할부금액이 해당 구매자 그룹의 구매력에 비해 너무 높으면, 때때로 개발자가 더 낮은 월 할부금을 요청하여 특정 시점(구매 계약에 서명할 때, 건축 구조 완료 시, 등기 완료 시 등)에 일부 '보완 지급액'을 추가합니다.

- 어떤 경우에는 **달러 또는 유로와 같은 '강력한 통화'를 사용하여 가격을 설정하여 현지 통화의 인플레이션 영향을 방지**합니다.
- 다른 경우에는 시장이 이를 받아들이지 않거나 (즉, 이 조항으로 구매자를 확보하지 못할 것임) 정부가 이를 금지하기 때문에 이를 수행할 수 없습니다.

이러한 경우 우리는 이러한 **할부금에 인플레이션 반영 조항을 추가할 것입니다.** 국가에서 제공하는 일반 인플레이션 지수는 건설 비용 변동 지수이며, 매월 지급되는 변동금을 반년마다 조정할 수 있습니다. 개발자가 정부에 의해 조작될 수 있는 이 지수의 진실성을 신뢰하지 않는 경우에는 시멘트, 강철 등의 가격 변동에 대한 다른 지수가 필요합니다.

- 일부 국가에서는 '물가 연동제'라고 하는 이러한 관행이 허용되지 않습니다. 이 경우 월 할부금을 조정하지 않고 대신 공사가 끝날 때 가격 인상분에 반영하기 위해 '보완 지급액'을 추가합니다.
- 인플레이션 기간 동안 금리가 통제할 수 없을 정도로 치솟을 때, 위험을 감수하고 대출을 원하는 사람은 거의 없기 때문에 대다수의 구매자는 **부동산 구입 시 현금을 지**

불할 것입니다. 대출을 통해 구매하는 경우 일반적으로 연간 인상 한도 또는 초과 이자를 지불하는 보험, 또는 일부 국가에서는 부동산 거래를 촉진하려는 정부 재보험 정책이 있습니다.

- 인플레이션으로부터 자신을 보호하는 또 다른 방법은 **우리가 건설할 토지의 소유자와 협상**하는 것입니다. 그에게 현금으로 지불하는 것 대신 (소유자는 인플레이션으로부터 그를 보호하기 위해 그 돈으로 무엇을 해야 할지 모를 것입니다.) 우리는 우리 프로젝트에서 소유자에게 일정 세대수의 콘도미니엄을 제공하기로 협상했습니다. 이런 식으로 우리는 위험을 낮추고 프로젝트를 시작할 때 부지 매입을 위한 필요한 투입 자금도 낮춥니다.

- 건설 자본을 조달하기 위해 우리는 '**부동산 투자신탁**'을 설립합니다. 돈을 투자하는 투자자는 건설 중인 프로젝트의 파트너가 되며 대금을 받는 대신 동일한 완공된 세대들을 받게 됩니다. 이런 식으로 저축은 '시멘트와 벽돌'로 바뀌며, 돈의 가치는 희석되지 않고, 향후 임대 및 판매가 가능할 것입니다.

- 얼음조각에 대한 이야기가 있었기 때문에 **우리 개발자들은 받은 돈을 빨리 쓰기를 원했습니다. 이를 위해 우리는 구매자의 선수금으로 자재를 미리 마련합니다.** 즉, 상당 기간 필요하지 않을 것 같은 자재를 미리 구매합니다. 우리는 자재 공급 업체에 일정량의 시멘트 포대와 벽돌에 대한 대금을 미리 지급하고, 엘리베이터, 문, 창문 등의 구매 비용을 미리 지불하여 필요할 때 가격이 과도하게 인상되지 않도록 합니다. 엘리베이터 제조업체 역시 강철, 케이블, 전자 제어 장치 등을 구매하기 전 저희와 같은 방식으로 일할 것입니다. 이러한 방식으로 '각얼음'은 녹기 전에 한 사람의 손에서 다른 사람의 손으로 전달됩니다.

B. 환율평가 절하의 효과

환율평가에 대해 이야기해 봅시다.

제가 왜 저의 할아버지와 할아버지 형제 분의 이야기를 말씀드렸을까요?

왜냐하면 두 분 다 현지 통화에 투자했기 때문입니다. 한 분은 미국 달러, 다른 한 분은 아르헨티나 페소로 투자하셨습니다.

우리는 미국 경제가 아르헨티나보다 낮은 인플레이션을 경험했다는 것을 알고 있습니다. 그러나 S & P 인플레이션을 공제하기 때문에 이 요소를 배제할 수 있습니다.

다른 어떤 차이점이 있습니까? 한 통화의 다른 통화에 대한 가치의 변동, 즉 '환율'이라는 차이가 있습니다. 시간이 지남에 따라 다른 국가의 통화는 다른 가치로 교환됩니다. 한 통화의 가치가 다른 통화에 비해 증가하면 해당 통화의 '평가절상'이 있었다고 말합니다. 이는 동일한 금액의 달러를 구매하는 데 페소가 더 적게 필요할 때 발생합니다.

반대로 같은 양의 달러를 사기 위해 더 많은 페소가 필요할 때 우리는 통화가 '평가절하' 되었다고 합니다.

현지 통화 환율의 변동은 부동산 투자 결정에 큰 영향을 미칩니다.

평가 절하와 절상은 모두 경제와 부동산 투자 결과에 영향을 미칩니다.

다른 국가에 투자할 때 가장 큰 위험 요소 중 하나는 투자하는 국가의 통화와 자국 통화에 대한 환율의 변동입니다.

투자에 대한 실제 수익은 이러한 변동의 영향을 공제한 후 계산해야 합니다.

예를 살펴봅시다.

2002년과 2007년 사이의 IPD 글로벌 지수 결과를 살펴보겠습니다.

IPD[46]는 전 세계 24개국에서 수 천 개의 상업용 부동산(소매, 사무실 및 산업 자산) 의 임대 실적을 측정하는 지수입니다. 이러한 형태의 투자로 얻을 수 있는 수익률 산출을 위해 대출의 영향, 세금 및 투자금에 대한 수수료 항목은 제외합니다. 이 도구를 사용하면 매년 투자 자금을 할당할 국가를 결정할 수 있습니다.

통화(currency)	2002	2003	2004	2005	2006	2007
Euro	−1.4	−0.9	8.0	23.6	9.3	5.2
GBP	16.1	19.1	16.4	7.5	7.3	14.7
USD	5.0	7.1	8.6	20.1	22.0	16.6
JYP	5.2	7.5	11.3	23.4	23.3	9.3
Local	7.1	7.8	11.4	15.5	14.9	11.5

출처: ANDREW BAUM COMMERCIAL REAL ESTATE INVESTMENT −SECOND EDITION, 2009

2006년에 무슨 일이 있었는지 봅시다.

지수는 유로화(Euro) 기준 9.3%, 영국 파운드(GBP) 7.3%, 미국 달러(USD) 22%, 일본 엔(JYP) 23.3%의 상승률을 기록했습니다.

각 국가의 통화로 측정된 부동산의 평균 수익률은 14.9%였습니다.

이것을 어떻게 설명할 수 있을까요?

동일한 성격의 부동산에 대해 동일한 방식으로 투자한 것에 대한 수익률은 그 해 미국투자자가 영국 투자자보다 더 높았습니다.

그 이유는 2006년 미국 달러가 유로 대비 11% 하락했기 때문입니다. 즉, 북미 투자자가 해당 자산의 수익을 모아 달러로 전환하면 파운드화로 전환한 영국 동료나 유로화로 전환한 유럽인보다 더 많은 달러를 받았습니다.

---

46 Investment Property Databank Global Index

영국 레딩 대학의 앤드류 바움[47] 교수는 자신의 저서 '상업용 부동산 투자'에서 다음과 같이 말합니다.

'국제 투자에서 우리의 포트폴리오 수익의 3분의 2는 다른 환율의 차익 거래에서 발생하고 3분의 1만이 부동산 자체의 수익성에서 나온다고 말할 수 있습니다.'

그렇기 때문에 다른 국가에 대한 투자를 결정할 때 해당 국가의 물리적 주기와 관계없이 현지 통화가 어떻게 진화할지 예측하는 것이 매우 중요합니다.

이를 통해 우리는 부동산 자산에 대한 투자 전략과 병행하여 환율 전략을 만들 수 있습니다.

하지만 잠깐, 앞으로 몇 년 동안 통화 가치가 얼마나 상승하거나 하락할 것인지 어떻게 예측할 수 있습니까?

다시 우리는 미래시장을 예측하기 위한 요인들을 찾아야 합니다.

이 경우 미래시장을 예측하기 위한 요인들은 무엇입니까?

세 변수 사이에는 직접적인 상관관계가 있습니다.

- 경제의 인플레이션율
- 해당 국가의 이자율
- 환율의 변동 (평가절하 또는 절상)

어떠한 관계가 있습니까?

금리와 인플레이션의 관계를 살펴보겠습니다.

한 국가의 이율은 세 가지 요소로 구성됩니다.

- **리스크 제로 이율:** 미국은 세계에서 채무 불이행 가능성이 가장 낮은 국가로 간주되

---

47 Andrew Baum

기 때문에 일반적으로 미국 일일 국고 증권가를 표준으로 사용합니다. 이와 같은 안정성에 따라 즉각적인 유동성을 얻을 수 있습니다. 즉, 채권 보유자는 제의할 때마다 문제없이 현금으로 교환할 수 있습니다.

- **국가 리스크율**: 각 국가는 경제 상황과 합의된 조건을 준수할 수 있는 외채 지불 능력에 따른 위험률이 있습니다. 국가의 부채가 많거나 경제가 나쁠수록 부채 상환 기회가 줄어들고, 국가 위험이 증가하여 국가 내 통화 시장에 금리 변동을 유발합니다.
- **국가의 인플레이션율**: 실제 금리는 저축을 하는 사람들에게 매력적으로 보이려면 적어도 한 국가의 인플레이션율을 포함해야 합니다. 실제 물가 상승률은 인플레이션율을 제한 후 명목상의 인플레이션율이라는 것을 기억하시기 바랍니다. 금리가 '마이너스'이면 (즉, 인플레이션에 대한 보상을 제공하지 않는다면) 예금에 대한 구매력을 잃을 것이기 때문에 아무도 은행에 돈을 예치하지 않을 것입니다.

다른 한편으로, 국가의 인플레이션율과 환율 변동 사이에도 관계가 있습니다.

이 관계를 '**구매력 이론**[48]'이라고 합니다. 이 경제 이론은 두 국가의 통화 사이에 필요한 환율을 계산하여 동일한 상품과 서비스를 서로의 통화로 구매할 수 있도록, 즉 두 통화의 구매력이 동등한 가치를 가지도록 합니다.

무엇을 의미하는 것일까요?

예를 들어 신발 제조 업체가 공장을 설치할 위치를 결정해야 한다고 가정해 봅시다. 비용은 두 나라에서 동일하며 아르헨티나와 일본에 가족이 있지만 신발 산업이 남미 국가에서 매우 인기가 있기 때문에 아르헨티나에 정착하기로 결정합니다.

---

48 Purchasing Power Theory

일본에는 인플레이션이 없지만 다음 해 동안 아르헨티나에서는 연간 25%의 인플레이션이 있다고 가정해 보겠습니다.

즉, 10년 후 아르헨티나의 신발 제조 비용은 일본에서 제조하는 것보다 931% 더 비쌀 것입니다. 제조 업체가 아르헨티나 쇠고기를 좋아한다 할지라도 가장 합리적인 결정은 무엇입니까?

당신은 아마 아르헨티나에 있는 공장을 닫고, 새로운 공장을 열기 위해 일본으로 이주하고 싶을 것입니다. 아르헨티나 바비큐를 일본 스시로 바꿀 것입니다.

이를 위해 그는 아르헨티나에 공장을 매각해야 하며, 아르헨티나 페소를 받게 됩니다. 일본에 도착하면 이 아르헨티나 페소를 일본 엔화로 변경해야 해당 국가에서 새 공장을 구입하고, 설립할 수 있습니다.

이제 모든 사람들이 똑같이 페소를 팔고 엔을 사는 일을 하고 있다고 가정해 봅시다.

이 경우 어떤 일이 발생할까요?

수요와 공급의 법칙에 따르면 많은 사람들이 물건을 팔면 이 상품의 가격이 내려가고, 많은 사람들이 물건을 사면 가격이 올라갑니다.

이 경우 엔화의 가격은 상승할 것입니다. 통화 시장에서는 이를 평가절상이라고 합니다. 아르헨티나 페소는 하락할 것입니다. 이를 평가절하라고 합니다. **엔화의 가격은 양국의 인플레이션 차이로 인한 차익이 사라질 때까지 상승할 것입니다.**

이것은 두 통화가 새로운 평가로 균형을 이룬다는 것을 의미합니다.

이것은 실제로 Forex 또는 외환 시장에서 인위적인 제한 없이 세계 경제에서 매일 발생합니다. 이것은 통화 거래 및 교환의 모든 측면을 포함하는 다양한 통화의 환율을 결정하는 다핵화된 시장입니다.

요약하자면:

금리와 인플레이션율 사이에 관계가 있고 인플레이션율과 환율 변동 사이에 관계가 있으면, 다음과 같은 결론을 내릴 수 있습니다.

'두 국가의 금리 차이는 두 통화 간의 미래 변동을 예측하는 가장 좋은 방법이 될 것입니다.'

즉, 우리가 타국가에 투자하거나 개발할 계획이라면 가장 먼저 자국과 해당 국가의 금리 차이를 분석해야 합니다.

다른 나라의 이자율이 더 높으면 그 통화가 우리 통화에 비해 평가절하될 가능성이 높습니다. '규칙의 예외적인 예'는 현재 미국에서 일어나는 일입니다. 연방준비은행이 금리를 인상하면 다른 국가의 많은 투자자들이 미국 재무부 채권을 구매하기 위해, 자국의 투자를 취소합니다. 결과적으로 달러는 더욱 강해지고 다른 통화에 대해 평가 절하되지 않습니다. 이는 국제 투자자들이 미국 경제를 현재 부채 수준이 매우 높음에도 불구하고 채무 불이행 위험이 가장 낮은 세계 '저축 은행'으로 인식하기 때문입니다.

이 경우 평가 절하가 구매력에 미치는 영향을 계산하고, 이러한 평가절하로부터 자신을 보호하는 방법에 대한 전략을 수립해야 합니다.

이 전략을 Hedging(헤징)이라고 합니다.

Hedging(헤징)

헤징은 '보호'를 의미하며 투자 세계에서 특정 위험으로부터 우리를 보호하기 위해 보험에 가입하는 것과 같습니다.

환율 변동에 대한 보호 또는 헤징에는 두 가지 기본 유형이 있습니다.
- 레버리지(대출)을 사용한 헤징
- 파생 상품을 이용한 헤징

부채 레버리지를 사용한 헤징

2010년에 우리는 오스트리아 파트너와 함께 그가 살았던 체코의 프라하에 있는 쇼핑센터를 인수하기로 결정했습니다. 부동산 비용은 천만 CZK(체코크라운)입니다.

미국에서 온 투자자들이었기에 그들의 돈은 달러로 예치되었습니다. 미국 달러와 체코 크라운 사이의 평가는 달러당 17.86 크라운입니다. 즉, 쇼핑센터를 구매하려면 559,910달러를 환전해야 했습니다.

우리는 5년 동안 투자를 유지했고, 2015년에 미국에서 짓기 시작한 새로운 프로젝트에 그 돈을 재투자하기 위해 매각할 때라고 결정하였습니다.

우리가 부동산 감정을 받았을 때 우리는 놀랐고, 그들은 증서와 거래 수수료를 공제한 후의 판매 가격이 천만 크라운이 될 것이라고 말했습니다. 꽤 오래된 건물이었고 지붕, 건물 기초 및 기타 수리 작업을 하기 위해 향후 몇 년 동안 상당한 금액을 투자해야만 했습니다.

우리는 자산 운용에서 상당한 돈을 벌었으므로 어쨌든 나쁜 거래처럼 보이지는 않았습니다. 우리는 몇 달 만에 부동산을 팔았고, 은행 계좌로 천만 크라운을 받았습니다. 우리가 투자자들에게 분배하기 위해 그 돈을 달러로 교환하러 갔을 때 놀랐습니다. 겨우 407,664달러 만을 받게 되었습니다!

어떤 일이 발생한 것입니까?

체코화는 그 5년 동안 거의 23%의 평가절하되었으며 당시에는 달러당 24.53크라운으로 거래되었습니다. 즉, 현지 통화로는 사업에서 손실을 받지 않았음에도 불구하고 북미 투자자들은 다른 통화를 가진 국가에 있다는 사실 만으로도 152,246달러를 더 적게 받은 것입니다.

중립적인 사업에서 매우 부정적인 결과를 가진 사업으로 전환되었습니다! 다행히도 저와 저의 파트너는 이미 하버드에서 〈국제 부동산 투자전략〉이라는 과정을 가르치고 있었으며, 평가절하에 대한 보호 전략의 중요성을 알고 있었습니다. 부동산 자산을 현금으로만 사는 대신 현금 50%를 지불하고, 나머지 50%는 대출을 받기로 결정했습니다.

즉, 다운페이먼트(자본금)으로 5백만 크라운을 지불하고 지역 은행에 같은 금액의 대출을 준비합니다. 투자자의 자금으로 5백만 크라운을 조달하기 위해 2015년 환율은 1달러당 17.86 크라운에 279,955달러를 CZK로 교환했습니다.

5년 후 우리가 부동산을 팔았을 때 무슨 일이 있었을까요?

글을 쓰는 시점에 판매 수익금에서 그들이 우리에게 초기에 빌려준 5백만 크라운을 은행에 상환하였습니다. 우리는 나머지 5백만 크라운을 순이익으로 받았으며, 이를 새로운 환율인 1달러당 24.53크라운으로 교환함으로써 총액 203,832달러를 받았습니다.

그 후 어떤 일이 일어났을까요?

이 경우 이전 예와 비교하면 76,123달러의 손실이 발생했습니다. 즉, 손실이 50% 감소했습니다. 우연이 아닙니다. 우리의 투자가 50% 이하였기 때문입니다.

50%를 투자하는 대신 25%만 투자하고 75%의 대출을 받았다면 어떻게 되었을까요?

짐작할 수 있듯이 달러 손실은 38,062달러로 떨어졌을 것입니다. 즉, 레버리지가 없는 투자에 비해 손실이 25%에 불과합니다.

그러면, 이러한 보호 조치에 따르는 그 어떤 비용 손실도 없었을까요?

사실은 있었습니다. 그 5년 동안 우리는 체코 은행에 대출 이자를 지불했고, 그들이 우리에게 대출 실행할 때, 약간의 문서처리 비용이 있었습니다.

예제를 단순화하기 위해 이러한 비용은 쇼핑센터의 영업 이익으로 충당된다고 가정합니다. 즉, 세금 후 순영업 이익이 특정 비율만큼 감소했습니다. (영업 비용을 공제한 후 부채 상환과 세금을 지불하기 전에 부동산 자산의 이익이 순영업이익이라는 것을 기억합시다. 이 경우 수익성의 척도는 동일하지만 유효 부채 상환 후 우리 주머니에 남는 유효 이익은 감소합니다).

그러나 그것은 의미가 있습니다. 헤지 전략을 짜는 것은 보험에 가입하는 것과 같다고 말했습니다. 사고에 대비하여 차보험을 들고, 보험료를 지불합니다. 아무 일도 일어나지 않으면 묻어 두게 되는 비용으로 회수하지 못할 것입니다. 그러나 사고가 발생하면 보험에서 차수리 비용을 지불합니다. 즉, 외환 변동에 대한 모든 헤지가 보험의 예와 같이 현재에 약간의 손해를 보기로 결정함으로써 미래 위험에 대한 노출을 줄이고 있다는 것입니다. 다시 말해, 우리는 자산에 대한 외부 요인으로 인한 큰 손실을 피하고 통제할 수 없는 미래의 투자 예측 가능성을 '구매'하고 있습니다.

('외부 요인'의 가장 순수한 정의입니다).

헤지 전략은 더 많은 돈을 버는 방법이 아니라 위험을 최소화하는 방법이라는 점에 유의하는 것이 중요합니다. 실제로 평가절하 시 손실로부터 우리를 보호하는 것처럼, 투자한 국가에 비해 우리 통화가 상승하면 잠재적인 추가 이익도 감소합니다.

파생 상품을 이용한 헤징

통화 평가절하의 리스크 최소화를 위해 보다 더 정교한 형태의 헤징이 있습니다.

주로 두 가지를 언급할 수 있습니다.

- **선도 계약** : 기본적으로 이러한 유형의 계약은 미래에 교환되는 두 통화를 현재가에 고정하는 것입니다. 양 당사자는 계약을 준수할 의무가 있습니다. 즉, 평가절하 (이전 예와 같이) 로부터 나를 보호하지만 내 통화의 가치 상승으로부터는 보호하지 않습니다.
- **옵션 계약** : 계약은 향후 외화 환전에 대한 환평가를 정하지만 이전 통화와 달리 필수는 아닙니다. 내 통화가 절상되면, 환전 옵션을 행사하지 않기로 결정할 것입니다.

선도 계약

'**외환 스왑**[49]'이라고도 하는 선도 계약에서 두 당사자는 특정 환율과 특정 날짜에 일정 금액의 통화를 교환하는 데 동의합니다. 관련 당사자는 국제무역(수출입) 회사와 국제 은행입니다. 우리의 경우 개발자로서 양 국가 즉, 자국 및 우리가 투자할 국가에서 운영되는 은행을 통해 이러한 유형의 계약을 할 수 있습니다.

계약 금액(즉, 환평가)은 어떻게 결정됩니까?

이전 섹션에서 설명한 구매력 이론을 따릅니다.

예를 들면:

2008년에 제가 전에 말씀드렸듯이, 우리는 국제 투자자들의 자본으로 남부 플로리다에서 부실 모기지를 사기 시작했습니다. 제 파트너가 데려온 투자자는 유럽에서 왔으며, 유

---

49 Foreign Exchange Swaps: 은행들 간에 원화를 담보로 달러를 빌려주는 거래

로와 달러의 변동으로부터 자신을 보호하기를 원했습니다.

투자는 모기지를 매입한 순간부터 매각하고, 투자한 돈과 수익을 투자자에게 반환하는 순간까지 약 1년 동안 지속되었습니다.

연말에 고정 환율로 독일 은행과의 외환 스왑 선도계약을 마감하였습니다.

그 평가에 대한 금리는 얼마입니까?

해당 기간 동안 유로화와 달러의 금리 차이입니다. 예를 들어, 당시 유럽 은행이 유로화 예금에 대해 지불한 금리는 1.5%였고 달러 예금 금리는 2.5%였습니다.

왜 그런 차이가 있는 것일까요?

앞서 살펴본 것처럼 통화가 서로 다른 두 국가 간의 금리 차이는 두 통화 간의 환율 변동을 나타내는 지표이기 때문입니다. 즉, 내년에도 달러화가 유로화에 대해 계속 평가 절하할 가능성이 매우 높아 금리가 높아졌습니다.

우리는 2008년 7월에 달러당 1.58유로로 계약을 마감했습니다. 당시에는 41만 1천 유로에 해당하는 65만 달러의 투자를 보호해야 했습니다. 다시 말해, 우리는 유럽 투자자들이 우리에게 준 41만 1천 유로를 독일 은행의 은행 계좌에 예치했고, 은행은 저에게 65만 달러를 빌려 주었고 미국에서 모기지를 구입하게 되었습니다.

계약이 끝날 때 우리는 65만 달러를 은행에 상환하겠다고 약속하였으며, 당시 유로와 달러가 어떤 환율이던 상관없이 41만 1천 유로로 교환하겠다고 약속했습니다.

이러한 환평가를 유지하기 위해 우리는 무엇을 대가로 지불했습니까?

계약이 끝날 때 유럽 은행은 우리가 은행에 보유한 41만 천 유로 예금에 대해 1.5%이자를 지불했습니다. 즉, 연말에 6,165유로를 이자로 받았습니다. 반면 은행에서 빌려준 65만 달러의 2.5%, 즉 29,250달러를 이자로 지불해야 했습니다.

이 구조에서 발생한 비용은 얼마입니까?

환평가가 해당 기간 동안 일정하게 유지되었다면 6,165 유로를 받았을 것이며, 이는 환평가가 1.58유로라면 9,740달러로 교환되었을 것입니다.

즉, 이자로 29,250달러를 지불하고 9,740달러를 받았다면, 순 비용은 19,510달러가 되었을 것입니다.

실제로는 어떠했습니까?

예상과 달리 유로화는 2009년 7월 달러당 1.43유로에 거래되면서 그해 달러 대비 가치를 잃었습니다. **즉, 6,165유로를 8,815달러로, 헤지의 순비용은 20,435달러였으며 이는 원래 투자 65만 달러의 3.14%를 나타냅니다.**

이 경우, 이 전략이 의미가 있었습니까??

달러가 유로에 대해 절상했기 때문에 전략이 의미가 있었다고 할 수가 없습니다. 만약, 2019년 7월에 41만 1천 달러를 달러당 1.43유로의 새로운 환율로 은행에 반환하였다면, 58만 7천 달러만 필요했을 것입니다. 이 경우 통화 간 차익 거래로 62,270달러의 추가 이익을 얻었을 것입니다.

그러나 다른 보험과 마찬가지로 기간이 끝날 때에 그것이 가치가 있는지를 쉽게 알 수 있습니다. 매년 7월 플로리다에서는 허리케인 및 홍수에 대한 재난 보험료를 내고 있습니다. 그 해 이러한 자연재해가 오지 않으면, 우리가 사용하지 않는 보험료를 냈지만, 재해를 당하지 않은 것에 대해 행복할 것입니다.

그러나 운이 좋지 않게도 그 시즌에 엄청난 허리케인이 와서 우리 집 지붕을 날려 버린다면, 우리는 행복하지 않겠지만, 수리 비용을 지불하기 위해 보험에 가입되어 있다는 것에 안심하게 될 것입니다.

선도 또는 스왑 계약을 체결한다면 우리가 평가절하로부터 자신을 보호하기 위해 베팅하고 있지만, 반면 통화가 상승하면 추가 이익을 포기해야 한다는 것을 알고 있습니다.

좀 더 유연한 장치를 원할 경우 옵션 계약을 통해 자신을 보호할 수 있습니다.

옵션 계약

옵션은 구매자에게 계약 종료 시 지정된 환율로 돈을 교환할 수 있는 권리를 제공하지만 의무는 제공하지 않는 금융 상품입니다.

이 시스템의 장점 중 하나는 세계에서 가장 크고 유동적인 옵션 시장 중 하나인 '**외환 옵션 시장**[50]'이 있다는 것입니다. (금리 환율 옵션, 금리 교환, 재화 가격과 같은 다른 유형의 옵션 시장이 있습니다).

예를 들어, 영국 파운드(GBP)와 달러(USD) 옵션 계약을 GBP-USD 옵션 계약이라고 하며, 내년 12월 31일에 영국 파운드 1백만 파운드를 매도하고 2백만 달러를 매수할 수 있는 옵션을 제공합니다.

이 경우 합의된 환평가는 1파운드당 2달러입니다.

연말에 환평가가 1.90이면 이 옵션을 행사하는 것이 유용할 것입니다. 시장에서 1달러당 1.90파운드일 때, 저는 2달러에 파운드를 받을 수 있기 때문입니다. 즉, 이 거래에서 10만 달러의 수익을 얻을 수 있습니다.

반대로 환평가가 2.10에 있다면, 나는 시장에서 통용되는 파운드화 보다 더 비싸게 구

---

50 Foreign Exchange Options

매할 것이기 때문에 옵션을 행사하지 않을 것입니다.

이전과 비교하여 이번 사례의 단점은 무엇입니까?

가장 큰 단점은 계약 초기에 옵션을 구매하는 사람이 옵션을 판매하는 사람에게 프리미엄을 지불해야 한다는 것입니다. 이는 일반적으로 총금액의 일정 비율에 해당합니다. 즉, 계약이 끝날 때 본인의 옵션에 대한 실행 여부를 결정하지 못한 채 평가절하에 대비하여 투자를 보장하는 비용을 선불로 지불합니다.

C. 다른 요인들(Externalities)

부동산 산업에서는 물리적 주기에서 언급했던 수요와 공급, 재정 주기 장에서 설명한 자본 흐름 너머에 주기의 진행에 영향을 미치는 다른 외부적 요인이 있습니다.

정부 개입

예를 들어 공급 측면에서, 예측한 것과 다른 **금리의 변동**은 건축 속도에 영향을 줄 수 있습니다. 금리가 낮으면 개발자가 적은 재정적 비용을 지불하여 여러 프로젝트를 진행하는 데 도움이 됩니다. 연간 7%의 금리에서 좋지 못한 프로젝트가 4%의 금리에서 좋은 프로젝트가 될 수 있습니다. 이는 이자 지불이 프로젝트 비용 구조의 중요한 구성 요소이며, 임대 건물의 운영 단계에서 더욱 중요하기 때문입니다. **세율**도 마찬가지입니다.

1980년대에 레이건 대통령은 자본 상각을 늘려 상업용 부동산 프로젝트의 세율을 대폭 낮추는 세제 개혁을 하였습니다. 그 결과 미국 전역의 오피스 건물 건설 붐을 일으켰습니다. 다른 조건에서 빛을 보지 못했던 많은 프로젝트는 세금 공제를 활용하기 위해 진행되었기 때문에 다른 유형의 투자에 비해 더 낮은 세금을 낼 수 있었습니다. 그 결과 실제 수요가 뒷받침되지 않은 상태에서 엄청난 공급 과잉이 증가였습니다.

이 이야기는 결말이 좋지 않았습니다. 몇 년 후, 미국 정부는 이러한 세금 혜택을 없애기로 결정했습니다. 경제가 성장하고 주 정부는 세수 부족 상황을 겪었기 때문입니다. 그 결과는 암울했습니다. 사무실 관련 시장은 몇 년 동안 계속된 불황에 빠졌고, 여러 금융기관이 파산을 신청했습니다.

임대가격통제정책은 부동산 시장을 크게 혼란시키는 정부 개입의 또 다른 예입니다.

뉴욕시의 경우는 전형적인 패러다임을 보여줍니다. 1943년 루스벨트 대통령은 경제가 생산과 고용부문에서 호황을 누리자 임대료의 인플레이션이 발생하였고 이를 통제하기 위해 긴급 가격 통제법을 통과시켰습니다.

역설적이게도 이는 마치 전쟁과도 같은 부정적인 요인에 따른 결과였습니다. 또한, 많은 수의 남성이 전쟁 전선에서 싸우고 있는 동안, 여성이 직장에서 그들을 대체했으며, 무기 생산과 같은 활동은 국가가 대공황의 위기에서 벗어나도록 도왔고, 경제 재활성화 효과를 가져왔습니다.

그것은 국가 차원에서 1947년에 잠정적으로 만료된 법이었습니다. 그러나 뉴욕시는 전쟁이 끝나자 전장에서 돌아온 병사들에게 혜택을 주기 위해 계속 유지하기로 결정했습니다. 법은 시간이 지남에 따라 많은 변화를 겪었습니다. 현재 임대료 통제 아파트의 수혜자로 남아 있으려면, 세입자가 1971년부터 계속 거주해야 합니다. 또 다른 흥미로운 부분은 수혜자의 직계 가족은 수혜자가 사망하기 전에 해당 아파트에서 최소 2년 동안 함께 거주한 경우에만 이 혜택을 상속받을 권리가 있습니다.

통제 단위의 임대료는 '최소 기본 임대료' 보다 높을 수 없으며, 지방 자치 단체가 1년에 한 번 결정하는 비율 이상으로 인상될 수 없습니다. 최초 수혜자가 사망하고 가족 구성원이 혜택을 요구하지 않는 경우에만 해당 가구의 규제가 해제되고 소유자는 시장 임대료를 요청할 권리가 있습니다.

상상할 수 있듯이, 이 시스템은 매우 특이한 상황을 야기합니다. 동일한 건물에서 두 개의 동일한 세대를 찾을 수 있습니다. 한 건물에서는 세입자가 월 1천2백 달러를 지불하고, 옆집 다른 세입자는 4천 달러를 지불합니다.

물론 이 시스템은 시장을 왜곡되게 만듭니다. 한편, 시스템은 두 개의 임대 주택 하위 시장, 즉 통제된 세대와 규제 해제된 세대를 생성합니다. 후자는 지금까지 배운 패턴인 공급 및 수요의 변동으로 움직입니다. 매우 높은 밀도와 영구적인 인구 증가를 보이는 뉴욕과 같은 도시에서의 수요는 매년 극적으로 증가합니다.

그러나 공급 측면에서는 새로운 임대 건물을 짓는 것은 관료적, 규제적 어려움과 높은 토지 및 건설 비용으로 인해 새로운 건물의 생산이 크게 제한되고, 따라서 공급은 수년 동안 거의 동일하게 유지됩니다.

이로 인해 매년 임대료가 올라갑니다. 많은 사람들이 감당할 수 없게 되어, 도시를 떠나 교외에 살며 매일 2시간 이상 출퇴근합니다.

동시에 임대료 통제 아파트 거주자들은 '다른 세상'에 살고 있습니다. 그들은 주기의 영향을 받지 않고 멀리 이동할 필요가 없으며 해당 세대에 머무르고 상속인에게 할당할 수 있는 기득권이 있습니다.

개발자와 소유자는 이 장벽을 어떻게 처리했습니까?

'Buyout'라는 절차를 통해 집주인이 세입자가 이사 가도록 일정 금액을 더 지불합니다.

브루클린과 같은 고성장 및 신개발 지역에서 개발자는 새로운 프로젝트를 실행하기 위해 철거할 수 있도록 빈 건물에 최대 6자릿수(수 억원)의 돈을 지불합니다.

이러한 지불은 토지 비용에 추가되어야 하며, 전체 개발 비용의 일부로 간주되어야 합니다. 보시다시피, 가장 빈곤한 인구의 구매력을 보호하려는 의도를 가진 외부 요인은 시장에서 원치 않는 효과와 비효율성을 생성합니다.

많은 라틴 아메리카 국가에서도 임차인의 이익을 보호하기 위해 노력하는 임대 가격 통제 정책 및 기타 다양한 규정의 예를 발견하지만 시장 왜곡을 일으키기 때문에 언젠가는 시장에 영향을 미칩니다. 예를 들어 아르헨티나에서는 법이 60년 이상의 소유주보다 세입자를 훨씬 더 보호합니다. 이런 이유로 위에서 설명한 것과 같은 다가구 임대 건물을 짓기를 원하는 개발자가 없습니다. 과거에 일부 정부가 임대료를 동결(즉, 인플레이션에 맞게 조정할 수 없음)했기 때문입니다. 달러로 계약된 임대료 가치는 과소평가되었고, 미납으로 세입자를 퇴거시키는 소유주의 권한이 제한되었습니다.

이러한 모든 시나리오는 판매용 건물을 지어, 이를 임대수익을 올리려는 투자자에게 판매하고자 하는 개발자에게 불확실성을 줍니다.

이것은 매우 비효율적인 시장을 만듭니다.

한편으로 여러 세대가 모여있는 임대주택 건축물의 경우, 중앙 집중식 운영관리팀이 있어서 세대당 관리비가 적으며 투명성 및 전문성을 가질 수 있습니다. 또한 임대료가 더 효율적으로 결정되고, 250세대 아파트 건물의 관리자는 건물의 공급 및 수요와 경쟁에 따라 매주 임대료 정보 리스트를 변경합니다. 매일 호텔 객실에서 하는 것과 같은 방식입니다. 이 모든 것은 지역의 임대 건물을 둘러보는 것보다 훨씬 적은 노력으로 더 나은 서비스를 받고 더 나은 임대료를 찾는 세입자에게 큰 도움이 됩니다.

이러한 모든 이점은 소위 '그림자 임대 시장[51]'에서 사라집니다. 하나 또는 둘의 호실만을 소유하는 임대부동산 투자자의 경우, 시장에 대한 많은 정보 없이 임대료를 결정하며 수요가 적을 경우 가격을 낮출 수 있는 유연성이 부족하며 일반적으로 영구적인 유지 보수팀 또는 관리팀이 없습니다. 이로 인해 고객 서비스가 악화되고 시스템이 더 비효율적입니다.

---

51 Shadow market

주 정부가 부동산 공급에 영향을 미칠 수 있는 다른 간접적 장치가 있습니다. 지방 자치 단체는 도시 계획 코드를 변경할 권한이 있으며 이를 통해 토지 사용 강도, 허용 최대 높이, 건물 철수, 허용 사용 변경 등을 제한하거나 높일 수 있습니다. 이러한 변화는 새로운 개발 프로젝트의 수를 바꿀 것입니다. 밀집도가 제한되거나 특정 사용이 금지된 경우 개발자는 더 적은 수의 세대를 가진 새로운 건물을 구축하여 공급 및 수요 관계를 바꾸고, 주기를 다른 형태로 만들 수 있습니다. 수요가 동일하게 유지되면 결국 가격이 상승합니다.

반대로 밀집도가 증가하거나 새로 승인되는 신규 건축물의 수가 증가하여 '주기의 회귀'가 발생할 수 있습니다.

시장 투명성, 부패 및 투자 자유

다른 나라에서 프로젝트를 개발하고자 할 때 직면하는 가장 큰 어려움 중 하나는 투자 전략을 개발할 수 있는 가장 많은 정보를 얻는 것입니다. **이를 위해 우리는 가능한 한 투명한 시장을 찾습니다.**

국제 컨설팅 회사인 JLL은 매년 '**글로벌 부동산 투명성 지수**[52]'라는 전 세계 100개국의 순위를 생성합니다. 186개의 지표에 기반하며, 6개 영역으로 나뉩니다.

- 시장 실적
- 시장 기초 여건
- 투자 관리
- 법률 및 규제 제도
- 거래 과정
- 지속 가능성

---

52 Global Real Estate Transparency Index

이러한 지표를 기반으로 각 국가는 가장 투명한 경우 1부터 가장 불투명한 경우 5까지의 지수를 받습니다. 이 점수에 따라 시장은 5개 그룹으로 분류됩니다.

- 매우 투명
- 투명
- 반투명
- 낮은 투명성
- 불투명

동일한 컨설팅 업체는 중기적으로 경제와 부동산 시장에서 가장 역동적인 도시를 식별하기 위해 선진국과 신흥 국가의 130개 도시를 포괄하는 '**도시 역동성 지수: CMI**[53]'라는 도시 순위를 생성합니다. 우리가 모르는 새로운 시장에 투자하거나 개발할 가능성을 평가할 때 또 다른 훌륭한 도구입니다.

참고해야 할 또 다른 매우 유용한 지수가 있습니다.

부패 인식 지수는 '국제 투명성 기구[54]'에서 매년 발행하는 지수로, 전문가 평가 및 여론 조사를 통해 결정된 공공 부패 수준에 따라 180개국의 순위를 매깁니다. CPI는 부패를 '사적 이익을 위한 공공 권력의 부적절한 사용'으로 정의합니다.

지수는 완전 자유 국가의 경우 100에서 부패가 심한 국가의 경우 0입니다.

경제 자유 지수는 헤리티지 재단과 월스트리트 저널에서 매년 발행하여 전 세계의 경제적 자유도를 측정합니다.

---

53 City Momentum Index
54 Transparency International

국가는 1에서 100까지의 지수에 따라 7개 그룹으로 정렬됩니다.

- 청렴 (100-75)
- 대부분 청렴 (75-70)
- 보통 청렴 (70-65)
- 다소 청렴하지 않음 (65-60)
- 대부분 청렴하지 않음 (60-55)
- 대부분 부패함 (55-50)
- 부패 (50-0)

지수에 고려되는 지표는 다음과 같습니다.

- **재산권** : 지적재산권보호, 투자보호 강도, 몰수 위험, 당국에 의한 토지 관리의 질.
- **사법 제도의 강화** : 사법 제도의 질과 독립성.
- **정부 청렴성** : 당국에 대한 대중의 신뢰, 정치적 부패에 대한 불만 (갈취, 족벌주의, 뇌물 수수).
- **세금 부담** : GDP 대비 비율.
- **재정 건전성** : GDP 대비 무역 적자 및 부채.
- **사업의 자유** : 사업의 등록과 폐업은 얼마나 자유로운가 비용은 얼마이며, 시간은 얼마나 걸리는가.
- **노동력의 자유** : 최저 임금, 정리 해고의 용이성, 신입 사원 채용 규정, 근무 시간, 보상 등 노동권의 정부개입요소들을 분석.
- **통화 자유** : 물가 안정, 인플레이션과 가격 통제.
- **수출입의 자유** : 수입 및 수출 관세.

- **투자의 자유** : 투자 자본의 이동이 얼마나 자유롭고 제한되어 있는지 분석.
- **재정적 자유** : 은행 효율성의 정도, 금융 시스템에 대한 정부 규제의 정도, 신용 배분에 대한 정부의 영향력, 외국과의 경쟁에 대한 개방성.

마지막으로 세계 경제 포럼에서 매년 발표하는 '**글로벌 경쟁력 지수**[55]'라는 또 다른 지수가 있습니다. 이 작업은 국가가 시민들에게 높은 수준의 경제번영을 제공할 수 있는 능력을 평가하고자 합니다.

이를 위해 다음 매개 변수를 분석합니다.

- 기관 수준
- 인프라
- 안정적인 거시 경제 제도
- 보건 및 대학 교육
- 서비스 및 재화 시장의 효율성
- 노동 시장의 효율성
- 금융 시장 발전 정도
- 기존 기술 활용
- 국내 및 국제 시장 규모
- 재화 생산의 정교함
- 혁신

---

55 Global Competitiveness Index: 세계경제포럼에서 매년 각국의 노동시장 효율성, 거시경제의 건전성 등 12개 부문을 평가해 해당 국가 안에서 기업들이 얼마나 효율적으로 경제활동을 할 수 있는지를 보여주는 지수.

이 모든 지수는 온라인에서 무료로 제공됩니다. 이 모든 것을 분석할 때, **부패율이 가장 낮은 국가 그룹이 가장 높은 수준의 경제적 자유를 누리고 투명성이 높으며 경쟁력 점수에서 가장 높은 위치를 차지하고 있다는 것은 우연이 아닙니다.** 이들 국가에서는 1인당 국내 총생산이 더 높다는 것도 놀라운 일이 아닙니다.

외국인 투자 및 자본 이동 제한

많은 국가에서 해외 자본의 유입을 제한하고 있습니다. 외국인 투자자로서 우리는 투기에 따르는 혼란으로부터 현지 시장을 보호하려는 특정 공공 정책을 인식해야 합니다.

예를 들어 일부 국가에서는 본국으로 송금되기 전에 최소 투자 기간을 설정합니다. 다른 경우에는 소위 '냉각기간'이 있습니다. 즉, 수익금을 송환하기 위해 투자가 끝나면 해당 국가에 돈이 남아 있어야 하는 최소 기간입니다. 목표는 그 돈을 중앙은행의 준비금의 일부로 보유하는 것입니다.

극단적인 경우에는 재정적 어려움에 처한 일부 국가로서 자본 유출을 전면 금지하거나 공공재정을 위한 달러를 마련하기 위해 돈을 현지 통화로 이체해야 할 의무를 설정할 수 있습니다.

어떤 경우에는 이러한 정책이 100% 명확하지 않습니다. 예를 들어, 몇 년 전 우리는 미국 투자자들과 함께 부에노스 아이레스에서 프로젝트를 진행하였습니다. 우리가 부동산을 팔았을 때 그 돈은 페소로 은행에 예치되었고, 아르헨티나 중앙은행은 그것을 송금하기 위해 그 돈을 달러로 교환해야 했습니다. 이론적으로 며칠이 걸렸던 과정은 정부가 준비금이 거의 없었고, 곧 화폐 평가절하 상태였기 때문에 4개월 이상이 걸렸습니다. 외국 투자자들이 우리가 그들의 돈을 횡령하려 한다고 믿기 시작하면서 상황은 미묘해졌습니다. 또한, 강한 평가절하가 발생하면서 투자자의 달러 구매력이 급격히 감소할 것이라는 우려를 낳았습니다.

자본 통제의 또 다른 예는 2001년 아르헨티나에서 발생한 소위 '은행동결' 입니다. 화폐 평가절하 및 채무 불이행의 높은 위험으로 인해 아르헨티나의 예금자들은 모두 은행에서 예금을 인출하여 예금 지급 불능 사태가 시작되었습니다. 금융 시스템의 붕괴를 피하기 위해 정부는 은행에서 돈을 인출하는 것을 동결하여 매주 아주 작은 단위의 현금 인출을 승인했습니다. 거래 성사 및 결제의 어려움으로 인해 아파트 구입 및 공사가 중단되었습니다.

2008년 그리스의 빚 문제 역시 비슷한 시스템을 구축하게 했습니다.

한편, 미국에서 역시 2008년 금융위기의 발발과 리먼브라더스의 파산으로 유사한 뱅크런 사태가 벌어질 수도 있었습니다. 이 위기를 피하기 위해 경제 비상법의 일환으로 미국 정부는 주말 동안 연방 예금의 보험금액을 10만 달러에서 25만 달러로 인상했습니다. 즉, 주정부는 FDIC라는 공공 기관을 통해 은행 파산 시 최대 25만 달러를 예금주들에게 지불할 수 있을 것이라고 확신했습니다. 이 조치는 은행 시스템의 건전성에 대한 확신을 가져왔으며 은행 시스템의 파산을 방지했습니다.

투자자와 개발자로서 우리는 이러한 위험을 인식해야 합니다. 어떠한 변화라도 투자 가치에 큰 영향을 미치고 주기에 파괴적인 변화를 일으킬 수 있기 때문입니다.

구입능력 지수

시장 성장 동력은 수요에서 비롯됩니다. 우리가 보았듯이 수요가 증가하려면 사람들이 개발자가 매년 건축하기로 결정한 부동산을 임대하거나 구매할 가능성이 있어야 합니다. 그렇게 되지 않으면 시장은 공급 과잉 단계로 진입하게 되고 이후 경기 침체로 들어갑니다.

지역 주민들이 특정 자산을 구매할 수 있는지 어떻게 알 수 있습니까?

여러 가지 지수들이 있습니다.

'**구입능력 지수**[56]'은 평균 면적의 집을 살 수 있는 데 필요한 국가 (또는 도시) 의 평균 임금 수준을 측정합니다.

예를 들어, 컨설팅 회사인 '딜로이트'는 매년 70제곱 미터 주택을 구입하는 데 필요한 총임금 수준을 보여주는 유럽 국가의 구입능력지수를 생성합니다. 최고 수준은 10.9년치 연봉에 해당하는 체코 공화국이며, 구매자에게 가장 유리한 수준은 4.4년치 연봉이 요구되는 네덜란드입니다.

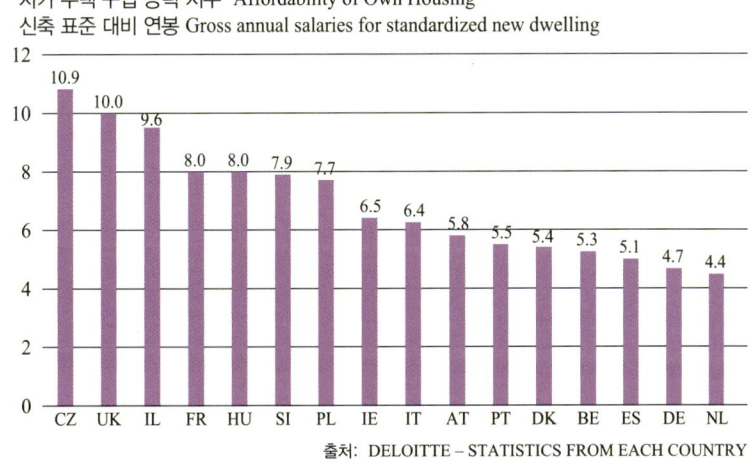

이 지표는 특정 시장에서 경기 침체 단계가 일어나고 있는지 알아볼 때에도 유용합니다. 예를 들어, 미국의 주택 붐이 절정에 달했을 때 2005년에는 평균 주택을 구입하는 데 평균 4.7년의 연봉이었습니다. 물가 하락 이후 2008년에는 3.3년치의 연봉만이 필요했습니다. 위기가 지나고 가격이 회복되기 시작하자 이 지수는 다시 증가했습니다. 2018년에

---

56 Affordability Index

는 이미 '4.1'이었습니다. 가까운 장래에 경기 침체를 의미하는 신호일까요?

많은 국가에서 부동산이 은행 대출로 구매된다는 점을 감안할 때 인구의 부채 수준을 아는 것도 중요합니다. **부채 대비 소득 비율은 개인의 부채 상환과 소득 간의 관계입니다.** 부채 상환 내역 중 우리는 모기지 상환, 자동차 할부 또는 각 국가의 양식에 따른 부동산 또는 차량 분할 상환을 찾아봅니다. 또한 학자금 대출, 신용 카드 등이 있습니다. 은행은 이 비율을 사용하여 채무자의 대출 상환 능력을 평가합니다. 예를 들어, 미국에서는 한 사람이 소득의 43% 이상을 월별 부채 상환으로 빚을 갚는 데에 쓴다면, 채무 불이행 위험이 더 높은 사람으로 간주됩니다. 소득에 비해 부채가 매우 높은 인구 비율을 알 수 있다면 경제가 과열되고 다음 경기 침체 가능성이 얼마나 되는지 이해할 수 있습니다. 예를 들어, 미국에서는 2013년에 채무자의 13%가 소득 대비 43%이상의 채무가 있었으며, 2018년에는 그 금액이 29%로 증가했습니다. 향후 시장 개발을 평가하기 위해 면밀히 모니터링해야 하는 위험 신호입니다.

인구 증가 및 이민 패턴

이미 살펴본 바와 같이 시장 동력은 새로운 부동산에 대한 수요입니다. 인구가 증가하면 시장이 성장하고 축소되면 시장이 침체되기 시작합니다.

한 지역의 인구 통계학적 차이는 출생, 사망자 수, 해당 도시에 거주하기 위해 이주한 사람 및 다른 곳으로 이주하는 사람의 수에 따라 다릅니다. 이미 살펴본 것처럼 가족 구성의 변화를 아는 것도 중요합니다.

- 이혼 가구 수
- 별거 가구 수

- 독신 가구
- 독거 노인 가구
- 은퇴 공동체
- 한 부모 가정
- 해외 이민자 가정
- 타도시 전입 가구

대부분의 선진국에서 **출산율**은 최근 수십 년 동안 급격히 감소했습니다. 출산율은 더 많은 여성이 노동 시장에 진입하게 되면서 주부로서의 전통적인 역할을 포기함에 따라 감소하게 되었습니다. 앞에서 보았듯이 이것은 주택 시장에 큰 영향을 미쳤습니다. 1950년대 가구당 3.8명에 비해 현재 미국의 가정에는 평균 1.9명의 자녀가 있습니다. 상황은 세계의 다른 지역도 크게 다르지 않습니다. 유럽 1.59명, 일본 1.42명, 라틴 아메리카에서 인구가 가장 많은 브라질 또한 1.75명입니다. 이 지역에서는 과테말라가 여성 1인당 2.87명의 자녀로 출산율이 가장 높고, 다른 한편 푸에르토 리코에서는 1.21명으로 가장 낮습니다.

중국의 경우는 흥미롭습니다. 1979년에 정부는 인구 증가를 통제하는 정책을 수립하여 가정당 한 명의 자녀만 가질 수 있도록 했습니다. 이로 인해 다양한 문제가 발생했습니다.

사회적 문제 중에는 상당수의 아이들이 형제자매가 없거나 같은 연령의 어울릴 수 있는 또래 친족들이 없었으며, 특히 농촌 부모들의 경우 일의 특성상 여자아이보다 남자아이를 더 선호하여 여자아이 출산을 꺼려하였습니다. 경제 문제 중 중국은 국가가 지원해야 하는 장수 및 은퇴 인구가 가장 많은 국가가 되었습니다. 그 결과 2015년에 두 번째 자녀를 가질 수 있는 가족계획이 승인되었습니다.

이것은 많은 국가가 중국과 같은 인구 마이너스 성장률을 가지고 있음을 의미합니다.

즉, 태어난 사람보다 더 많은 사람들이 사망합니다.

이 모든 것은 시장의 변화양상에 영향을 미치며, 미래에 어떻게 진화할 것인지 이해하려면 이 모든 상황들을 고려해야 합니다.

미국 인구가 계속 증가하는 유일한 이유는 매년 그 땅으로 이주하는 외국인 이민자들의 유입 때문입니다. 지역 인구의 성장률이 낮을수록 이민자들은 그 나라의 가족 단위 수에서 큰 성장의 원천이기 때문에 시장이 계속 성장하려면 인구 유입은 중요합니다. 그들은 현재 전체 인구의 13.7%를 차지하지만, 가족 세대 비율로는 37%를 차지하며, 결과적으로 부동산 수요에 영향을 미칩니다. 최근 몇 년간 이민을 줄이려는 정부의 노력에도 불구하고 계속 증가하여 2011년 79만 명, 2018년 98만 명, 그리고 앞으로 100만 명을 초과할 것으로 예상됩니다.

부동산 시장의 미래 성장의 일부는 이러한 이민 제한 정책에 달려 있습니다.

우리는 투자를 위한 새로운 목적을 가질 경우 이러한 모든 문제를 알아야 합니다.

그렇게 하면 미래의 수요 진화를 더 잘 예측할 수 있기 때문입니다.

문화적, 이념적 장벽

우리는 각 국가에 존재하는 문화적 차이를 인식해야 하며 이는 새로운 사업을 시작하는 우리의 역량에 영향을 미칠 수 있습니다. 다음 장에서 더 자세히 말씀드리겠지만, 우리가 진출하고자 하는 해외 시장을 결정하기 위해 스페인과 미국으로의 탐험 여행을 떠날 때 '같은 언어를 사용하기 때문에' 스페인 시장이 더 쉬울 것이라고 가정했습니다.

그러나 우리는 좋은 반응을 얻지 못했으며, 당시 스페인은 외국 투자자와 개발자를 수용할 수 있을 만큼 개방적이지 않았습니다. 마드리드의 한 은행가가 저에게 이르기를, 경제가 매우 좋은 상황이기 때문에 그들은 '우리가 필요 없다고 느꼈다'고 말했습니다. 이 상황은 2008년 위기와 스페인 부동산 부문의 붕괴 이후 바뀌었습니다. 이후 스페인 시장이 외국인 투자를 대비했기 때문에 최근 몇 년 동안 여러 국외 개발자들이 성공적으로 모기지 어음과 부실 자산을 구입했습니다. 이와 같이 때로는 타이밍의 문제입니다.

우리는 사회의 문화적, 종교적, 이념적 차이를 자세히 조사하고 이해하고 이에 적응해야 합니다.

다른 문화의 사람들간의 협상에 대한 연구 영역이 독립적으로 존재합니다. 제가 하버드에서 국제계약 및 협상 과목에서 가르치는 주제 중 하나입니다. 수업에서 우리는 상대방의 생각을 이해하는 데 초점을 맞추고 우리의 이념을 강요하려고 하지 않습니다. 우리의 사업은 실패로 끝날 것이기 때문입니다.

하버드 대학의 정서적 및 문화적 협상 전문가인 다니엘 샤피로[57] 교수는 다음과 같이 언급합니다.

우리는 고정 관념의 함정에 빠질 수 있기 때문에, 같은 그룹의 모든 사람들이 동일하다고 가정하는 것은 좋지 않습니다. 우리가 다 똑같지는 않다는 것은 사실이지만, 특정 사회 집단이 보여주는 일련의 특징에 주의를 기울여야 합니다.

한편으로 인류학자 에드워드 홀에 따르면, 문화간 의사소통은 그들이 살고 있는 상황의 문맥에 따라 달라질 것입니다. 그의 저서 '문화를 넘어'에서 그는 사회를 고맥락 문화와 저맥락 문화로 나눕니다.

고맥락 문화:

- 집단적인 이해가 개인보다 더 중요합니다.
- 명성이 개인의 성취보다 중요합니다.
- 의사소통은 종종 간접적으로 이루어집니다.

---

57 Daniel Shapiro

- 상대방의 기분을 상하게 하는 말은 피합니다.
- **우선순위는 관계입니다**: 문제보다는 사람 관계가 우선입니다.

저맥락 문화:
- 직접적이고 공개적으로 소통하는 것을 선호합니다.
- 그들은 바로 요점으로 가, 논란이 되는 주제를 피하지 않습니다.
- 실천적이고 실용적인 문화
- 개인적인 관계가 영향을 받더라도, 신경 쓰지 않고 원하는 목표를 달성하기 위해 협상합니다.
- **우선순위는 상대방로부터 'YES'의 답을 얻는 것입니다.** 사람보다는 문제가 우선입니다.

또 다른 연구는 문화를 세 가지 유형으로 나눕니다.
- 존엄 문화
- 명예 문화
- 평판 문화

존엄의 문화에 속한 개인은 독립과 자신감을 중시합니다.

일반적으로 많은 양의 토지를 사용할 수 있고, 인구가 적고, 식량 생산이 개인 노력이 달렸던 지역에서 온 사람들입니다. 이 문화의 예는 북유럽, 미국 및 캐나다의 인구에게서 나타납니다. 그들은 집단적 노력보다 개인의 노력과 자유를 중요하게 생각합니다. 그들은 감정을 드러내지 않고, 갈등을 합리적으로 처리하고, 많은 질문과 답변을 통해 협상에서 다른 당사자의 이익을 탐구합니다. 그들은 일반적으로 효과적인 법률 시스템과 매우 강력하고 안정적인 시장을 가진 국가입니다.

명예 문화에 속한 사람들은 일반적으로 인구가 적은 사회이며, 역사상 많은 순간에 유목민이었거나 현재도 유목민입니다. 이 문화의 구성원은 아프리카, 라틴 아메리카, 남유럽 및 중동 사회입니다. 이 유목민 집단은 마치 '무리'인 것처럼 집단으로 모였습니다. 이들은 가족이나 그룹의 명예가 가장 중요한 그룹이며 친구, 파트너 및 친척과 매우 강한 정서적 유대를 형성합니다. 특히 그룹을 방어할 때 감정적인 사람이 되는 경향이 있으므로, 순전한 합리적인 협상은 실패할 수 있습니다. 그들은 분노나 짜증과 같은 부정적인 감정을 숨기지 않고 표현할 것입니다.

그들은 그룹 외부의 사람들에게 배신당하는 것을 두려워하기 때문에, 그들과 신뢰를 쌓기 위해 시간과 노력을 기울이는 것을 중요시합니다.

평판 문화에 속한 사회 구성원은 일반적으로 인구가 많고, 빠르게 성장하는 농업 지역 출신입니다. 동아시아 인구는 이 그룹의 가장 특징적인 예입니다.

많은 사람들의 식량을 생산해야 했고, 실패할 경우 역사상 여러 번 일어난 것처럼 큰 기근과 죽음을 겪을 것이기 때문에 조직적인 방식으로 일할 것이며 집단적인 노력을 기울일 것입니다. 그들은 자신들을 조직하고 그룹의 각 구성원에게 작업을 할당할 매우 강력한 중앙 정부 또는 지도자가 필요합니다. 그들은 노인과 전통을 매우 존중하고 명령을 매우 쉽게 따르며 그룹의 일원으로서 책임감과 역할을 가진 사회입니다.

주요 목표는 평판을 지키면서 조화를 유지하는 것입니다. 이를 달성하기 위해 그들은 어떤 대립도 피하고 부정적인 감정을 나타내지 않을 것이지만 그들이 우리의 제안에 정말로 동의하는지 알기가 훨씬 더 어려울 것입니다. 감정적으로 닫혀 있기 때문에 겁을 먹거나 모욕감을 느끼는 경우가 거의 없으며, 우리가 그러한 모습을 보인다면 단순히 우리를 무시할 것입니다. 그들은 그룹 외부의 사람들에 대한 신뢰가 거의 없으며, 협상의 각 단계에서 문제를 더 높은 권한에 맡길 것입니다.

직접적인 소통을 하지 않으며, 각 당사자는 다른 제안들의 진행과 반응을 보고, 이를 기반으로 다른 사람의 관심사를 탐색하고 있습니다.

물론 이것은 단편적인 조각들이며 앞서 말했듯이 우리는 고정관념을 가질 수 없습니다. 우리는 고정관념을 넘어 유대감을 쌓기 위해 공통점을 찾아야 합니다. 그리고 무엇보다도 우리가 다른 문화를 가진 나라에 정착하려 배에서 하선을 계획할 때, 우리는 문화적 차이를 이해하고, 관계를 구축하고, 다른 사람들과 상호 작용하고 프로젝트를 성공적으로 진행할 수 있는 공통 기반을 구축하기 위해 많은 시간과 노력을 투자해야 한다는 것을 알아야 합니다.

우리는 또한 **문화적, 종교적 차이**가 세계의 다른 지역에서 부동산 프로젝트를 수행하는 방식에서 어떻게 매우 다른 관행을 생성하는지 이해해야 합니다.

처음 두바이에서 강의를 하러 갔을 때, 참가자의 대부분은 은행 관련자들이였습니다. 코란에 빌려주는 돈에 이자를 부과하는 것이 금지되어 있다는 것을 알고 있었기 때문에 무슬림 국가에서 은행 업무가 어떻게 이루어졌는지 알고 싶었습니다.

은행가들은 내가 그들에게 물었을 때 미소를 지었고 그들은 '사실은, 우리는 이자를 부과합니다.'라고 대답했습니다.

재미있는 대화 끝에 그들은 사업이 어떻게 이루어지는지 공개하였습니다.

한편으로 저는 서양식 은행에 두 개의 '창구'가 있다는 것을 알았습니다. 영국법 (영국관습법)이 적용되는 하나는 서양의 시스템으로 대출을 실행하였고, 그것이 문제가 되지 않았습니다. 그러나 이슬람 신앙을 고백한 종교인들은 이슬람 전통의 종교 법인 샤리아

법이 적용되는 '창구'로 갈 수 있었습니다.

같은 방식으로, 이 법에 따라서만 운영하는 지역 '이슬람' 은행이 있었습니다.

시스템은 어떻게 작동했습니까?

두바이에서 콘도미니엄을 사기 위해 5년 동안 10만 달러를 빌리고 싶다고 가정해 보겠습니다. 10만 달러를 주는 대신 12만 달러를 줄 것이고 대출금의 1/60에 해당되는 각각의 수표 60개를 쓰도록 요청할 것입니다. 첫 번째 수표의 만료일은 다음 달이며 나머지 수표가 각각 다음 달로 계속해서 만료됩니다.

매월 은행은 금고에서 내 수표 중 하나를 꺼내, 은행의 계좌에 입금합니다. 기술적으로 이것은 이자 대출이 아니므로 이슬람법을 위반하지 않습니다.

추가 사실로, 두바이에서 어떠한 자금에 대한 수표를 작성하는 것으로서 징역형에 처해질 수 있으며, 모든 사람이 매달 대출금을 지불하기 위해 고군분투합니다. 두바이는 임시 거주자의 지위만 가진 외국인에게 시민권을 부여하지 않습니다. 매년 상당한 수의 외국인 거주자들이 빚을 갚을 수 없기 때문에 (그리고 오랫동안 이슬람 왕국 교도소의 손님이 되기를 원하지 않기 때문에) 나라를 떠납니다.

전쟁, 자연재해 및 전염병

이 범주의 외부 요인은 우리가 이야기하는 국가나 지역에 따라 많이 다르지만 일반적으로 예측하기 가장 어려운 범주 중 하나입니다.

일반적으로 부동산 시장에 영향을 미치는 부정적인 외부 효과로, 해당 지역의 사회, 금융 및 경제 시스템에 강한 혼란을 일으키기 때문입니다.

투자자들은 일반적으로 위험에 대한 강한 혐오감을 가지고 있으며, 우리는 항상 전쟁과 같은 갈등이나 자연재해가 있는 곳에서 도망치려 한다고 생각합니다. 그러나 모든 경우가 이에 해당되는 것은 아닙니다.

자연재해

플로리다주는 매년 6월과 10월 사이에 격렬한 열대성 폭풍과 허리케인의 영향을 받아 홍수와 많은 부분들이 소실됩니다. 매년 폭풍의 강도와 빈도가 증가합니다.

바다의 물은 빠른 속도로 상승하고 있습니다.

국가가 강력한 조치를 취하지 않으면 해수면은 2060년까지 60cm (2피트), 금세기 말에는 1.80m (또는 6피트) 까지 상승할 것으로 추정됩니다.

가장 발전된 곳과 가장 비싼 부동산이 발견되는 곳이 가장 먼저 침수될 것입니다. 풍수해 보험 비용은 매년 인플레이션보다 훨씬 더 증가하고 있습니다.

보험 회사들은 플로리다 남부가 새로운 '북미의 베니스'가 되는 날을 준비하고 있습니다. 이것은 부동산 가격에 매우 큰 영향을 미칠 것입니다.

이 위험을 완화하기 위해 아무 조치도 취하지 않으면 부동산 가치는 2030년에는 15%, 금세기 중반에는 35% 하락할 것으로 추정됩니다. 우리는 첫 번째 경우 1,140억 달러, 두 번째 경우 2,660억 달러의 가치 손실에 대해 이야기하고 있습니다. 수치가 과장된 것처럼 보이지만, 우리는 플로리다 주 전체와 심지어 미국 남동부 전체에서 가장 비싼 부동산이 집중된 지역에 대해 이야기하고 있습니다. 약 7,600억 달러입니다.

플로리다 지방 자치 단체의 주요 수입원은 재산세에서 비롯되므로 재산 가치의 하락은 도시 소득 감소로 돌아올 것입니다. 플로리다 주 헌법은 주 정부가 지방 정부의 재정 적자를 지원하는 것을 금지합니다. 즉, 이 모든 일이 발생하면 도시는 파산 신청을 해야 합니다.

정부는 일반적으로 변화에 적응하는 데 느립니다. 수십 년 동안 지구 온난화 문제와 도시 환경에 대한 영향은 무시되었습니다. 그러나 서서히 지방 자치 단체의 시장들은 '계산을 하였고', 그들이 대응하지 않으면 올 엄청난 경제적 손실을 깨달았습니다.

2010년부터 해수면 상승의 영향에 대처하고 허리케인과 홍수의 영향에 대응하도록 설계된 다양한 인프라 계획이 주의 여러 지역에서 나타나기 시작했습니다.

이러한 작업 중 어느 것도 저비용이 아니며, 큰 투자금액으로 볼 수도 있지만, 우리가 언급한 경제적 손실과 비교할 때 작은 비율에 그칩니다. 큰 손실을 방지할 수 있다는 것은, 이들이 반응할만한 큰 인센티브였습니다.

해수면이 상승하기 시작하면서 빗물을 해안으로 배출되도록 설계된 빗물 배수관은 효과가 없었습니다. 물이 바다로 들어가는 대신 해수면의 상승과 함께 물이 파이프로 다시 들어와 거리에 범람했습니다.

마이애미 해변 도시의 경우를 예로 들어 보겠습니다. 2014년에는 거리가 범람하기 시작하면 몇 분 안에 물을 바다로 배출시킬 수 있는 지하 수로, 수조 및 펌핑 시스템에 대한 야심찬 계획이 수립되기 시작했습니다.

관에는 체크 밸브가 설치되어 물이 바다로 나가면 다시 들어갈 수 없게 되었습니다. 수위가 상승하면 펌프가 작동하기 시작하여 파이프를 통해 바다를 향해 물을 밀어냅니다. 보완적으로 도시의 여러 구역을 홍수 수위 이상으로 도로와 거리의 수위를 높였습니다.

단순한 생각처럼 보입니다. 거리의 수위가 높아지면 비가 올 때 홍수가 나지 않고, 차량 통행이 멈추지 않으며, 주민들이나 기업에 영향을 주지 않고 삶이 계속됩니다. 물론 그렇게 간단하지 않습니다. 이 모든 작업은 건설적으로 매우 복잡합니다.

예를 들면, 거리의 높이를 높이는 것과, 빌딩의 입구의 높이를 높이는 것과 같이 어려운 일들은 하나하나씩 해결해야 합니다.

마지막으로, 해수가 상승할 때 거리가 범람하는 것을 방지하기 위해 해안 벽도 세워졌습니다.

이 도시에는 해변을 따라 16km의 보행자 전용 도로가 있으며 달리기, 자전거, 또는 유산소 운동과 같은 여가를 즐기는 데에 활용됩니다. 이 도로 또한 폭풍에 대한 보호 장벽으로 역할을 하기 위해 앞으로 더 높아질 것입니다.

비용면에서 모든 것이 경제적인 것은 아니지만 좋은 소식은 그것이 효과가 있다는 것입니다. 주기적으로 침수되었던 도시의 구역은 공사가 완료되자 더 이상 침수에 영향을 받지 않았습니다.

각 도시는 전략 계획을 세우고, 자금 조달 방법을 결정합니다.

예를 들어 마이애미시(마이애미비치 인근)은 4억 달러에 'Forever Bond'라는 지방 채권을 발행하여 해수면 상승의 영향으로부터 부동산을 보호하는 40년 전략 프로젝트를 수립했습니다.

도시계획법은 기후 변화를 고려합니다.

예를 들어, 새로운 기준은 그들이 살고 있는 모든 건물의 레벨이 홍수 레벨 이상이어야 합니다. 이 수준 이하로는 건물의 차고, 창고 및 로비만 지을 수 있고, 주거용 건물은 허용되지 않습니다.

이 외에도 이러한 법규정들은 지속 가능한 건물의 설계 및 구축을 위한 LEED 표준에 따라 특정 규모의 새 프로젝트를 설계하도록 요구합니다. LEED 건물은 이산화탄소 배출량의 약 39%를 감소시키는 효과가 있으며, 기후 변화와 해수면 상승의 원인 중 하나인 온실 효과 완화에 간접적으로 기여합니다.

건축법은 또한 지난 20년 동안 허리케인이 발생한 지역에 대한 특별법 규정을 통합했습니다. 풍력과 방사체의 충격에 견딜 수 있는 이중 유리가 있는 창문의 훨씬 더 강화된 구조를 요구하였습니다. 야자수 가지 및 기타 물체의 열매가 폭풍 속에서 매우 빠른 속도(최대 400km/h)로 날리기 때문이며, 유리가 깨질 수 있습니다. 또한 문과 창틀은 강화 강철로 만들어져 실험실에서 풍력 테스트를 통과해야 하며 바람에 빨려 들어가지 않도록 금속 장치를 통해 콘크리트 구조에 고정해야 합니다. 집 타일은 특수 물질로 고정해야 하며, 법규정은 각 지붕 별 시공되어야 하는 타일의 개수도 지정합니다.

이러한 모든 요건으로 인해 건설 비용이 증가합니다. 허리케인 지역에 건설된 건물은 이러한 규정이 없는 지역보다 최대 20% 더 비쌉니다. 풍력은 높이에 따라 기하학적으로 증가하므로 가장 높은 건물에서는 천문학적으로 비용이 초과될 수 있습니다.

앞서 살펴본 것처럼 건설 비용의 증가는 부동산 가격에 영향을 미칩니다. 개발자는 임대료나 판매가가 상승할 때까지 새로운 프로젝트를 수행하지 않을 것입니다. 반면, 임차인은 임금이 비례적으로 증가하지 않는 한 더 높은 임대료를 지불할 수 없습니다. 이러한 이유로 플로리다 주의 특정 지역에서는 새로운 개발을 하는 사례를 찾지 못합니다. 20년 이상의 기존 건축물에도 모든 새로운 계획 및 건축법의 효력이 적용됩니다.

우리는 주의를 기울이지 않는 개발자에게 특정 외부 요인이 어떻게 도시 환경에 예상치 못한 방식으로 영향을 미치는지 다시 한번 보게 됩니다.

또한 많은 국가에서 태양 전지판, 수조를 사용하여 폐수를 모아 관개 또는 화장실 용수 등에 재사용하도록 장려하고 있습니다.

이것들은 모두 기후 변화가 부동산에 미치는 영향을 완화하기 위해 고안된 전략이며 부동산 가치를 잃지 않고 도시의 새로운 현실을 받아들이려고 합니다.

캘리포니아, 멕시코 또는 칠레와 같은 곳에서 지진은 끊임없이 일어나는 현실이며, 지진의 영향은 여러 번 큰 도심에 영향을 미쳐 부동산 가치에 영향을 주고, 해당 도시의 부동산 주기에 큰 영향을 미쳤습니다.

일반적으로 며칠 전에 감지되어 사람들이 대비할 수 있는 허리케인과는 달리 지진은 예측하기가 매우 어렵습니다. 이러한 이유로 불행히도 인명 손실과 건물 파괴가 훨씬 더 큽니다.

지진 활동이 있는 지역에는 균열이나 안정성 저하 없이 동적 하중 및 움직임을 견딜 수 있도록 설계된 구조 시스템을 위한 특수 건축 규정이 있습니다.

건물은 모서리와 경간 가장자리에 기둥이 있고, 상부 벽과 기초가 연결된 철근 콘크리트 구조여야 합니다. 지진 동안 변형 없이 단단한 벽을 만드는 형태는 벽의 모서리를 장력 장치로 연결하여 접합을 형성하는 것입니다.

대부분의 경우 이동식 지지대가 사용됩니다. 빔이 롤러의 기둥에 놓여 자유롭게 움직일 수 있고 구조물의 안정성을 위협할 수 있는 균열을 방지할 수 있습니다.

지구의 운동으로 고통받는 일부 국가에서는 기초에 단열 블록 시스템이 있어 지면이 움직일 수 있도록 하지만, 건물은 그렇지 않습니다. 기초 단열재는 신축 공사에서 점점 더 많이 사용됩니다.

내진 구조는 새로운 것이 아닙니다. 원래 페루에서 유래한 '낀차[58]'라는 기술이 있는데, 이는 히스패닉 이전 시대부터 사용되었습니다. 이 기술을 사용하여 10cm 두께의 벽을 모래, 점토 및 식물 섬유를 조합하여 성능을 향상시킵니다. 이 재료 조합은 20cm 두께의 벽돌 및 콘크리트와 유사한 작용을 합니다.

전쟁

전쟁은 또한 국가 경제에 영향을 미치는 부정적인 외부 효과이며, 부동산 주기의 자연스러운 움직임을 변화시킵니다. 전쟁 중인 국가는 많은 비율의 국내 총생산액(GDP)를 군

---

58 Quincha.

비로 지출합니다.

일부 국가에서는 오늘날까지도 인구 중 특정 대상에게 의무적으로 군 복무를 수행하도록 요청하기도 합니다. 이것은 생산적인 활동으로 전환하는 대신 호전적인 활동에 수 백여 시간이 낭비되는 젊은 노동력 인구를 나타냅니다.

예를 들어, 남성은 18세가 되면 3년 동안, 여성은 2년 동안 군 복무를 해야 하는 이스라엘 국가의 경우가 그러합니다. 국방에 대한 공공 지출의 비율은 전체 지출의 약 11%, 인프라 작업, 교육 등에 사용될 수 있는 자금입니다.

마지막으로 사람이 거주하는 도시에서 호전적인 시나리오가 발생하면 수 천명의 사람들이 이주하고, 도시 환경이 파괴되고 인명과 돈의 손실이 엄청납니다.

이와 관련하여 최근 몇 년간 가장 극단적인 경우는 2011년에 시작되어 현재까지 계속되고 있는 시리아 내전의 경우입니다. 550만 명 이상의 난민이 이주했으며, 수도 다마스쿠스의 대부분과 한때 중동 문화의 보석 중 하나였던 대부분의 알레포를 포함한 도시 전체가 파괴되었습니다.

반면 전쟁이 끝나면 도시 재건 과정은 대규모 경제 호황기의 시작이 될 수 있습니다. 이것은 1945년 제2차 세계대전이 끝날 무렵 독일과 다른 서유럽 국가에서 일어난 일입니다.

미국은 마셜 플랜을 통해 경제 회복 프로그램에 120억 달러 이상을 투자하였습니다. 인프라 및 건축 환경 재건 관련이었습니다.

다음 장에서는 이 책이 2020년 3월 이전에 끝났다면 책 내용에 존재하지 않았을 외부 요인인 팬데믹에 대해 이야기할 것입니다.

제13장

팬데믹과 COVID-19: 모든 외부 요인들의 근원

앞으로 몇 년 동안 COVID-19(코로나) 바이러스가 일반 경제, 특히 부동산 산업에 미친 영향을 심도 있게 연구하는 많은 책이 출판될 것입니다. 그리고 아마도 2020년 COVID-19 사태의 몇 달 전만 해도 전혀 생각하지 못했던 방식으로 우리를 놀라게 했던 이 현상을 불멸화시키는 영화도 많이 출현할 것입니다. 그러나 COVID-19와 같은 전염병은 역사상 최초의 대유행이 아닙니다.

스페인 열병은 1918년에서 1920년 사이에 세계 대부분을 황폐화시켜 세계 인구의 약 3분의 1 (5억 명) 을 감염시키고 1천 7백만 명에서 5천만 명 사이의 사람들을 죽게 만들었습니다.

2013년과 2016년 사이 아프리카의 에볼라 전염병, 2009년과 2010년의 돼지 독감, 2005년과 2010년의 조류 독감, 2002년과 2004년 사이의 SARS는 세계의 특정 지역에 영향을 미치는 주요 전염병으로 엄청난 인명 손실과 경제적 손실을 초래했습니다.

그러나 코로나 바이러스가 전 세계를 황폐화시키고 2020년에 전 세계의 인구 대다수를 집에 가두기 전까지 이러한 팬데믹이 세계 경제와 부동산 산업에 이렇게 극적으로 영향을 미칠 수 있는 위험요소로써 부동산 개발자와 투자자의 '레이더' 잡히지는 않았습니다.

부동산 사이클은 이전에는 볼 수 없었던 방식으로 갑작스럽게 중단되었습니다. 다른 어떤 '외부 요인'도 이러한 글로벌하고 빠른 경기 침체를 만들 수 없었습니다. 1차 세계대전과 2차 세계대전이나 1929년의 대공황의 사건조차도 비할 바가 못됩니다.

한편, 팬데믹의 영향은 지구의 각 지역은 물론 같은 나라 안의 도시들에서도 다르게 나타났습니다. 또한 앞에서 설명한 다양한 유형의 부동산 자산에 다른 강도로 영향을 미쳤습니다.

소비 부문: 소매

새로운 형태의 온라인 쇼핑으로 인해 이미 쇠퇴하고 있던 상업 시설 (또는 소매) 부문은 마지막 한방을 맞고 쓰러졌습니다. 몇 달 만에 미국의 주요 상업 체인은 건물 임대료도 낼 수 없었기 때문에 파산을 신청했습니다. 1818년에 설립된 JC Penney, Stein Mart, Lord & Taylor, Sur La Table, Hertz, Neiman Markus, J.Crew 및 Brooks Brothers 테일러 숍과 같은 앞에서 소개된 100주년 기업들이 라틴 아메리카에서 '채권자 소환'이라고 하는 절차를 밟게 되었습니다. 이것으로 인해 회사 구조조정이 진행되어 사업장을 폐쇄하고, 부채를 재협상하고, 직원을 해고하게 되었습니다.

소매 시장에 미치는 영향은 즉각적이었습니다. 임차인은 임대료 지불을 중단하고 소유주는 즉각적인 유동성 위기를 겪었고 모기지를 지불할 수 없었으며 대출 재협상을 시작해야 했습니다. 미국 연방 정부는 임대료 지급 유예, 모기지 구조 조정 계획, 직원에게 지급하기 위한 미상환금 대출 등 여러 지원 패키지를 수립했습니다. 구제 금융은 역사상 가장 큰 금액으로 약 3조 달러에 달했습니다. 다른 시장에서도 상황은 다르지 않았습니다. 영국에서는 Pret A Manger, Mulberry 및 Boots와 같은 견고한 기업들도 일부 가장 비싼 지역에 위치한 곳을 포함한 수 백 개의 상업용 건물을 폐쇄하였습니다.

유럽의 나머지 지역에서는 Tui, Schindler, Lufthansa 및 Nissan과 같은 100년 된 회사가 직원 및 영업 직책을 대폭 줄였습니다.

그러나 그것이 모두 나쁜 소식은 아니었습니다. 사람들을 강제로 격리한 결과, 일반적인 상품 구매뿐만 아니라 슈퍼마켓 품목, 식당에서의 식사 등에 대한 온라인 서비스 이용이 훨씬 더 많이 발생하였습니다.

당시까지 강력한 온라인 입지를 확보하지 못했던 월마트와 같은 일부 상업 체인은 몇 달 만에 온라인 판매량을 두 배로 늘렸습니다. 많은 국가에 설립된 모든 대형 상업 체인점에서 택배 시스템과 고객이 온라인으로 구매한 '가변 픽업' 시스템을 통해 자신의 차를 매장 외부의 지정된 위치로 접근하여 문자 메시지를 보냈습니다. 그리고 한 직원이 고객이 매장에 직접 들어가거나, 너무 많은 사람과 접촉할 필요가 없도록, 고객의 차로 상품을 배달했습니다.

가장 큰 혜택을 받은 곳은 다양한 제품을 판매하는 상업용 체인 유형이었습니다. 구매자는 한 번의 클릭으로 식품, 의류, 전자 제품 및 가정용품들 모두를 한 번에, 그리고 저렴한 가격에 구입할 수 있습니다. 이와 같은 체인 유형인 Target 이라는 회사는 코로나 대유행으로 첫 6개월 동안 천만 명의 신규 온라인 고객을 모집했으며, Home Depot 건설 자재 체인은 2020년 2분기 동안 매출이 23%나 증가했습니다.

온라인 판매 대기업인 Amazon은 팬더믹 가운데 가장 선호를 받는 기업 중 하나였습니다. 2020년 3월과 7월 사이에 격리된 인구의 구매로 인해 회사의 주식은 60% 증가했습니다.

온라인 판매의 새로운 붐이 일자 대형 체인뿐 아니라 지금까지 직접 온라인 소매 유통에 초점을 맞추지 않았던 전 세계의 많은 소규모 소매 업체와 제품 제조 업체들이 온라인 상거래로 전환하는 것에 대한 이점을 발견하게 되었습니다. 온라인 직거래 판매를 통해 그들은 우편으로 발송되기 전에 판매된 상품에 대한 대금을 받았기 때문에 매장에서 재고 회전율과 현금 흐름을 개선할 수 있었습니다. 이를 통해 산업용 창고에 대해 이야기할 때 볼 수 있듯이 실제 저장 공간을 줄일 수 있었으며, 많은 이들이 값비싼 쇼핑센터의 상업용 건물을 버리고 저렴한 임대료를 받는 교외 지역에 정착했습니다. 온라인 상거래로 전환했을 때의 또 다른 이점은 시장 영역을 확장할 수 있다는 것입니다. 그들은 지역구를 대상으로 하던 사업에서 전국 또는 세계를 대상으로 하는 사업을 하게 되었습니다.

호텔과 맛집들

COVID-19의 영향을 크게 받은 또 다른 부문은 호텔과 식당 부문이었습니다.

관광 시장이 대유행 첫 달 동안 완전히 얼어붙었으나 한 여름에 잠깐 약간의 회복을 보였고, 2023년에야 임대율이 위기 이전 수준으로 돌아갈 것으로 추정됩니다.

고급 호텔이 가장 큰 영향을 받았습니다. 이 부문의 객실 임대율은 15%에 이르렀고, 그 외 작은 경제적 호텔들의 객실 임대율은 40%에 머물렀습니다.

(두 경우 모두 임대율이 호텔 영업 유지가 어려운 수준).

소매 부문에서와 마찬가지로 팬데믹은 최근 몇 년 동안 발전해온 과정을 더욱 가속화시켰습니다.

1970년대와 1980년대에 대형 체인으로 지어진 250~300개의 객실이 있는 대형 풀 서비스 호텔 부문은 소비자에게 더 이상 매력적이지 않은 장소였고, 기능적 노후화 과정을 경험했습니다. 수 백만 달러를 투자하여, 호텔을 더 이상 쓸모없게 만드는 것을 막아야 할까요? 다른 종류의 호텔 등급으로 바꾸시겠습니까? 아니면 단순히 건물을 팔아서 영향을 덜 받는 다른 부문에 재투자할 수 있는 현금 자산을 확보하시겠습니까? 많은 곳에서 이러한 호텔이 존재하는 이유 자체가 문제가 되는 것 같았습니다.

또 하나 알려지지 않은 것은 비즈니스 여행객을 위한 호텔의 미래입니다. 팬데믹으로 인해 많은 사람들이 원격 회의를 통해 업무 회의를 갖는 이점을 발견하고 시간과 돈을 절약하고 오랜 시간 동안 집을 비워 둘 필요가 없습니다. 팬데믹 이후 비즈니스 여행객의 수가 회복될까요? 그리고 회복에는 얼마나 걸리나요? 아니면 새로운 원격 회의가 트렌드로 될까요? 지난 세기의 스페인 열병을 참고로 한다면 대답은 '사람들의 기억이 짧다'라는 것 같습니다. 발병 2~3년 후 정상적인 삶으로 돌아왔고, 10년 후 아무도 무슨 일이 있었는지 기억하지 못하였습니다.

바이러스가 레스토랑과 식당가에 미치는 영향도 치명적이었습니다. 많은 국가에서 수개월 동안 완전히 폐쇄되어야 했습니다. 다른 곳에서는 몇 주 후에 온라인으로 테이크 아웃 음식을 직접 배달하거나 고객이 매장 문에서 주문을 받을 수 있도록 허용했습니다. 세 번째 단계에서 그들은 야외 공간에서만 식사를 허용하거나 경우에 따라 매장 내 몇 개의 테이블에서 식사를 허용했습니다. 레스토랑의 수익 비율이 영수액에 비해 매우 낮기 때문에 경제적 영향이 매우 컸습니다. COVID-19로 인해 문을 닫은 레스토랑과 식당들의 절반 이상이 문을 다시 열지 않았습니다.

그러나 일반 소매업과 마찬가지로 일부는 온라인 시스템에 적응할 수 있었고 흐름을 이용하여 매출도 증가했습니다. 그들은 직원을 이용하여 구내 배달을 하거나, Uber Eats, Grubhub, Doordash와 같은 배달 회사를 통해 서비스를 아웃소싱하여 음식 주문 및 택배를 용이하게 하는 시스템을 신속하게 만들었습니다.

사무실

우리는 사무실 시장에 대해서도 같은 질문을 해야 합니다. 직원 중 몇 퍼센트가 사무실로 복귀하고 싶어 합니까? 그리고 일상적인 교통량을 피하고 이동 시간을 절약하며 집에서 더 편안하게 일할 수 있다는 장점을 가진 재택근무를 계속하는 것을 선호하는 비율은 얼마입니까? 앞에서 언급했듯이, 전염병이 발생하기 전에 특정 회사에서는 일부 직원이 풀타임으로 또는 일주일에 특정 요일에 집에서 일할 수 있도록 하는 경향이 있었습니다.

코로나 바이러스의 도래는 이러한 추세를 가속화하고 증가시킵니다. 대유행이 시작된 지 불과 몇 주 만에 맨해튼 중심부의 프리미엄 오피스 공간을 임대하려고 수 천 달러를 지출하고 있던 JP 모건 및 골드만 삭스와 같은 대기업은 그 평방 피트의 사무실 공간을 다시 사용하지 않을 것이라고 발표했습니다.

구글이나 페이스북과 같은 기술 회사들은 팬데믹이 끝날 때까지 모든 직원이 집에서 일할 수 있도록 허용하였습니다. 트위터 또한 이러한 경향을 따라 직원들 선택에 따른 근무를 허용하였습니다.

전 세계적으로 공실 및 연체는 임대료를 10~40% 사이로 떨어뜨리도록 빠르게 영향을 미쳤습니다. 연쇄 효과에서 많은 소유자-투자자들은 주택 담보 대출금을 지불하기 위해 임대료 징수에 의존했기 때문에 대금 상환이 연체되었습니다. 일부 국가는 다른 국가보다 더 빨리 대응하여 세입자가 임대료를 계속 지불하고, 소유주가 미납으로 인해 재산을 잃지 않도록 구제 프로그램을 만들었습니다.

집주인은 앞에서 본 모든 인센티브를 사용하여 세입자를 유지했습니다. 그들은 팬데믹 기간 동안 더 낮은 임대료를 협상하고 신규 거주자에게 몇 개월치 임대료 무료 또는 인테리어 리모델링에 많은 돈을 지원했습니다. 앞서 살펴본 것처럼 이러한 할인은 임대료에 대한 할인을 제공하는 것과 동일하지만 다른 유형을 통해 인센티브가 제공됩니다.

경우에 따라 임차인은 미래에 일어날 두려움으로 단기 계약을 재체결했습니다. 2020년 3월 이전에는 15~20년 동안의 계약체결이 정상이었던 회사는 직원이 복귀를 원하지 않을 경우에 대비한 유연성을 갖기 위해 2~5년으로 재협상하기 시작하였습니다. 이로 인해 소유주에게 자금 조달 문제가 발생했습니다. 임대 계약이 소유주에게 부채를 상환할 수 있는 영구적인 현금 흐름을 보장해야 하기 때문에 은행이 계약기간이 짧은 경우 대출을 꺼려했습니다.

많은 회사가 원격 운영에 신속하게 적응했으며 향후 이 모드를 유지하기로 결정했습니다. 그러나 이것은 모두에게 적용되지 않았습니다. 많은 직원들이 재택근무가 큰 단점을 가지고 있다고 불평했습니다. 동료와의 일상생활을 잃어버리고, 상호 작용이 부족하여 창의성과 아이디어 교환이 줄어들었으며, 집에서는 일하는 데 필요한 안락함이 없는 경우가 많았습니다.

이런 업무 선호도는 상담한 사람들의 연령에 따라 크게 달라졌습니다.

CBRE가 전 세계 여러 국가에서 실시한 설문 조사에 따르면 밀레니엄 세대는 재택근무에 가장 불만족스러워했습니다. 73%는 가능하다면 적어도 일주일에 3일은 사무실에서 일할 것이라고 답했습니다. 그 이유 중 하나는 사교와 네트워킹이 부족했기 때문입니다. 취업 회사인 '커리어 빌더'의 설문 조사에 따르면, 젊은이의 19%가 직장에서 배우자를 알게 되었다고 합니다. 그리고 그들 중 38%는 새로운 친구를 찾고, 교류합니다. 불만을 제기한 또 다른 이유는 훈련이 부족했기 때문입니다. 이제 막 졸업한 한 청년 변호사는 선임 변호사의 '그림자'처럼 전문적 실무 개발을 배우는 데 첫해를 보냅니다. 그들은 매일 신원 조사를 하고, 고객 회의에 참석하고, 사건의 논지를 만들어, 법정에 제출하는 것을 돕습니다. 이 학습 과정을 원격 작업으로 인해 잃어버리게 되는 것입니다.

밀레니엄 세대의 또 다른 불만은 멀리 떨어져 '회사 문화를 흡수' 할 수 없다는 것입니다.

주거 부문에서와 마찬가지로 대규모 고밀도 도시의 사무실이 팬데믹의 영향을 가장 많이 받은 것으로 보입니다. 소수의 사람들이 대중교통을 사용하여 수십 명의 사람들과 함께 엘리베이터를 오르고 방을 환기시키기 위해 열 수 있는 창문이 없는 사무실을 공유하기를 원합니다. 이것이 세계 대도시의 사무실 마천루의 특징입니다. 그 결과 '교외의 도시화'가 증가했습니다. 즉, 구매력이 큰 인구의 일부를 가진 도심 외딴 지역과 2차 또는 3차 도시에 '서브 센터' 사무실 건축이 증가했습니다.

주거

주거 부문에서도 동일한 경향이 관찰되었습니다. 주요 도시에서 교외 또는 밀도가 낮고 삶의 질이 더 편안한 도시로 주민들의 이주가 가속화되었습니다. 다른 도시에서 두 번째 휴가나 주말용 세컨드하우스를 가진 많은 주민들이 그곳에 영구 거주지를 만들었습니다. 뉴욕 주민을 위한 햄튼, 부에노스 아이레스 주민을 위한 푼타 델 에스테, 멕시코시티 거주자를 위한 칸쿤, 코스타 발렌시아 및 마드리드 주민을 위한 다른 내륙 마을들은 모두 큰 도시들에서 이주한 주민들의 예입니다. 밀도가 높은 1차 도시의 주민들은 일제히 2차 또는 3차 도시로 이주했습니다. 수백 가구가 유약을 바른 고층 빌딩에서 산다는 생각은 매력적 이지 않고, 함정이었다고 생각되었습니다. 팬데믹 기간 동안 식료품 쇼핑을 하려는 단순한 행동은 지루하고 위험한 활동으로 치부되었습니다.

건물은 엘리베이터 사용을 한 번에 몇 명으로 제한했고, 이로 인해 몇 분 동안 기다려야 했습니다.

2020년 5월 저는 Zoom을 통해 미국의 여러 도시에서 온 부동산 전문가들과 원격 회의에 참여했습니다. 뉴욕에 있던 전문가는 건물 지하에 배수관과 창문이 없는 사무실에서 참여했습니다. 그는 저의 집 창문에서 바라보는 풍경을 보여 달라고 요청하였고 녹색 정원, 푸른 하늘, 물을 보았을 때 자신의 답답함을 우리와 공유했습니다. '저렴한 곳에서 살 수 있고 집 정원을 가꿀 수 있다면, 누가 벽돌 우리에 갇혀 계속 살고 싶을까요?'

이러한 이유로 저밀도 주거 부문은 팬데믹의 수혜자 중 하나였습니다. 교외의 단독 주택 가격은 많은 사람들에게 꿈의 목적지가 되면서 상승하기 시작했습니다. 코로나 바이러스가 유행하는 동안 '도심에서 교외로의 이주'로 인해 많은 곳에서 주택 판매량이 증가했습니다. 많은 국가에서 건설 활동이 중단되고, 다른 국가에서는 건설 자재 공급망의 중단으로 인해 건설 활동이 느려졌습니다. 생산 중단과 결합된 갑작스러운 수요 증가는 시스템에 병목 현상을 일으켰고, 많은 곳에서 바이러스로 인한 경기 침체 속에서도 예기치 않게 가격이 상승하기 시작했습니다.

그 대가로 은행은 새로운 채무자가 일시적으로 일자리를 잃더라도 위기 동안 상환할 수 있도록 보장하기 위해 그 구매자에게 더 많은 것을 요구하기 시작했습니다. 이러한 새로운 조건 중 일부는 더 높은 비율의 계약금, 더 높은 신용 점수, 추가 보험 및 회사에서 일자리를 삭감할 계획이 없음을 증명하는 고용주의 확인서를 요구했습니다. 이것은 시장이 더 과열되는 것을 막았습니다.

주거용 임대 주택 부문도 다른 유형의 부동산만큼 팬데믹 기간 동안 고통을 겪지 않았습니다. 임대료를 내지 않은 체납 세입자의 수는 5%에서 10% 사이로 위기 초기에 예상했던 40%보다 훨씬 적었습니다. 많은 집주인은 각 경우의 특정 상황에 따라 각 세입자와 개별적으로 계약을 재협상하는 것을 선호했습니다. 일부는 임대료를 인하하였으며, 다른 일부는 몇 달 치 임대료 무상 혜택을 받았습니다. 많은 국가에서 팬데믹 기간 동안 세입자 퇴거를 금지했기 때문에 집주인은 협상할만한 큰 인센티브를 제시하였습니다.

이 부문에서 COVID-19가 초래한 영향 중 하나는 새로운 거래의 부족이었습니다. 앞에서 살펴본 것처럼 판매 가격은 부동산의 순영업이익을 기준으로 하며 자산의 판매가를 결정하는 것은 매우 어려웠습니다. 임대 수금 및 주택 소유자 리베이트의 중단으로 소득에 영향을 받았습니다. 소유자는 대부분의 경우 세금 감면과 모기지 상황에 대한 부분적인 구제 혜택을 받았기 때문에, 2020년 3월 이전보다 낮은 가격으로 판매할 이유가 없었습니다.

가장 큰 영향을 받은 주거 부문은 고층 콘도 건물이었습니다. 우리가 보았듯이, 많은 세대들과 긴 복도가 있는 건물에 살며 많은 사람들과 엘리베이터와 편의 시설을 공유한다는 아이디어는 팬데믹 당시 매력적인 아이디어가 아니었습니다. 그때까지 경제적 신분의 상징이었던 주거용 고층 건물은 비어 있었습니다. 소유주들은 많은 세대들을 판매를 위해 내놓았지만 아주 소수의 사람들만이 매수하였으며, 이는 공실을 증가시키고 가격의 하락을 불러왔습니다.

산업

창고와 상품 운송 및 물류 시설은 COVID-19의 혜택을 가장 많이 받은 부동산 유형이었습니다.

한편으로 전자 상거래의 증가로 인해 제품 보관을 위한 더 많은 창고에 대한 수요가 발생했습니다. 우리가 보았듯이, 팬데믹은 인구의 쇼핑 경험을 재창조하는 과정을 가속화하고, 이 과정의 촉매제 역할을 합니다. 그때까지 직접 소비자의 전자 상거래에 초점을 맞추지 않았던 많은 소매 체인들도 이 시스템을 채택했습니다.

이것이 산업 부문에 어떤 영향을 미쳤습니까?

예를 들어 보겠습니다. 아르헨티나의 한 의류 제조업체가 소비자에게 직접 제품을 판매하기로 한 결정을 통해 도매중개상인을 거치지 않고 매력적인 할인을 제공하여 판매량을 늘릴 수 있었습니다. 추가적으로 직접 판매 시스템 덕분에 상품을 배송하기 전에 대금을 받는 혜택을 누리게 되었습니다. 전통적인 시스템에서는 상품을 발송하기 몇 달 전에 주문을 받고, 수표를 받고, 몇 달 후에 현금을 받았었습니다. 이를 통해 현금 흐름과 재정 상황을 개선할 수 있었으며, 시장이 전체 재고를 흡수하기를 기다릴 수 있었으며 6개월 전에 시즌 전체 컬렉션을 제조할 필요가 없었습니다.

또한, 중국이나 다른 아시아 국가의 수출품들이 수입국의 항구에 대량으로 도착하면서, 항구 근처의 보관창고에 대한 수요가 증가했었지만, 팬데믹으로 인해 그 수요가 급격히 감소했습니다.

다른 투자 옵션이 거의 없기 때문에 투자자와 부동산 개발자는 좋은 신용 기록을 가진 세입자가 서명한 확고하고 장기적인 임대 계약(10년에서 20년 사이)을 보유한 위치가 좋은 유통 센터를 인수했습니다.

쇠퇴하고 있는 많은 쇼핑센터는 소비 중심지와 가깝고, 교통 활동에 필수적인 넓은 주차 공간이 있다는 장점이 있어 유통 센터로 재전환되었습니다. 그러나 과정에 어려움이 있었습니다. 많은 경우, 도시계획 기관은 용도의 변화가 지역의 소음 증가와 지역의 상권 저하에 미칠 두려움 때문에 상업용에서 산업용으로 용도를 변경하지 않으려고 했습니다. 그러나 공실률이 50%가 넘는 대형 쇼핑센터와 운영 포기 상태에 직면한 상황에서 그들은 개발자들과 개방적으로 협력하기 시작했습니다.

또 다른 어려움은 자금 조달이었습니다. 팬데믹의 첫 달 동안 은행은 미래에 최대 안정성을 확보하기 위해 대출을 중단했으며, 이는 다른 유형의 부동산 자산만큼 많은 문제를 겪지 않았지만 이러한 종류의 산업 부동산 시장에도 영향을 미쳤습니다.

대도시의 미래

엔터테인먼트 산업의 유명한 기업가인 제임스 알투처[59]는 2020년 8월에 '뉴욕시는 영

---

59 James Altucher

원히 죽었다'라는 제목의 큰 논쟁을 불러일으킨 기사에서 다음과 같이 썼습니다.

'뉴욕에서의 생활은 항상 혼잡, 교통 체증, 미국에서 가장 비싼 주택, 불안 등 많은 문제가 있었습니다. 그러나 사람들은 사업 기회, 문화 및 미식의 이 세 가지 이유로 이 도시로 이주했습니다.

우리가 본 것처럼 이제는 비즈니스를 원격으로 수행할 수 있으며, 이것을 그 이전으로 되돌릴 계획은 거의 없습니다. 그리고 그것은 악순환입니다. 더 오래 닫혀 있을수록 재개하는 데 더 많은 비용이 듭니다. 많은 미식당들이 문을 닫았고 브로드웨이 배우들은 더 나은 지평을 찾아 떠났습니다.

뉴욕시는 항상 회복력의 예였습니다. 우리는 29년의 대공황, 70년대의 불안정 및 위기, 심지어 2001년 9월의 엄청난 테러와 같은 많은 위기들을 극복했습니다. 하지만 이번에는 다릅니다.

이번에는 어떤 차이가 있었습니까?

차이점은 인터넷 대역폭입니다. 이전의 모든 위기에서 사람들은 원하지 않더라도 원래 있던 자리로 돌아와야만 했습니다. 그러나 이제 작업하고, 공부하고, 가르치고 원격으로 녹화된 연극을 볼 수도 있습니다.

왜 다른 도시보다 16% 더 많은 세금을 내는 비싼 도시로 돌아가서 살려고 할까요?'

연예계의 또 다른 유명인인 제리 세인펠트[60]는 즉시 화를 냈습니다. '뉴욕시는 결코 죽지 않을 것이며 그 어느 때보다 강하게 돌아올 것입니다. 런던, 도쿄, 로마도 마찬가지입니다. 변화할 것이고, 변형될 것이고, 재형성될 것입니다.'

현실은 당시 그 도시 인구의 5% 이상이 안전한 다른 목적지를 찾거나 팬데믹 기간 동안의 삶을 더 견딜 수 있는 곳을 찾기 위해 도시를 버렸다는 것입니다. 일부는 돌아오겠지만

---

60 Jerry Seinfeld

다른 일부는 돌아오지 않을 것입니다.

시간은 두 가지 중 어느 것이 옳았는지, 그리고 뉴욕과 코로나19의 영향을 받는 다른 많은 도시들이 2020년 3월 이전의 모습으로 돌아갈 것인지 보여줄 것입니다.

코로나 바이러스의 도전이 보여준 것 중 하나는 특히 큰 위기에 직면했을 때 인간이 가진 창의력과 적응능력이었습니다. 유발 하라리[61]가 그의 저서 '사피엔스[62] : 인류의 간략한 역사'에서 지적했듯이 고대의 인간은 가장 강한 생물체는 아니었지만 세계를 지배할 수 있었습니다. 그들은 무리의 공통적인 목표를 이루기 위해 대규모 그룹을 지어 유연하게 협력할 수 있었던 유일한 경우였기 때문입니다. 2020년에 인류는 역사상 이전에 일어나지 않았던 팬데믹으로 인한 엄청난 혼란에 몇 주 만에 적응할 수 있었습니다.

이러한 변화 중 일부는 일시적인 적응이며, 다른 일부는 영구적으로 남게 될 것입니다.

---

61 Yuval Harari
62 Sapiens

제14장

사례 연구 3: 30년 주기와 각 단계의 변화에 적응하는 방법

우리는 이미 부동산 주기 이론, 이를 결정하는 요인 및 사업을 시작하기 전에 이를 조사할 수 있는 방법에 대해 충분히 이야기하였습니다.

이 장에서 우리는 실제 생활에서 실제적인 예를 볼 것입니다. 저는 경기 및 부동산 주기의 변화가 개발자로서의 제 경력에 어떠한 영향을 미쳤는지, 이러한 변화들에 대해 다양한 투자 및 비즈니스 전략을 통해 어떻게 적응하였는지 말씀드릴 것입니다.

저는 제 경력에서 다양한 부동산 주기를 온전히 경험하였습니다. 첫 번째 시기는 아르헨티나에서, 두 번째 시기는 미국에서 입니다. 각 단계에서 저는 더욱더 효과적인 결정을 내릴 수 있도록 몇 가지를 배웠습니다.

처음 몇 년 동안은 보다 직관적인 방식으로 작업했습니다. 더 많은 이론적 사실을 파악하기 시작하면서 주기의 각 단계에서 투자 전략을 수립하기 위해 이를 적용하였습니다. 주기 뒤에 숨겨진 이론을 알면, 시장의 미래를 예측하고 '실행 계획'을 결정할 수 있습니다.

이것은 또한 우리에게 큰 이점을 줍니다. 그것은 우리가 변화의 바람에도 새로운 단계에 더 쉽게 적응할 수 있도록 더 다재다능한 개발자로 만들어 줍니다. 앞에서 논의했듯이, 이는 또한 '주기에 대응적인(contracyclical)' 전략을 수립하고, 폭풍이 닥칠 때에도 계속해서 돈을 벌고 좋은 사업을 수행하는 데 도움이 됩니다.

이 장에서 저는 각 단계에서 일어난 지난 30년 동안의 제 이야기와 바람이 바뀔 때마다 제 사업 계획을 어떻게 조정했는지 이야기하고 싶습니다.

이론과 실습을 결합하여 진로를 변경하거나 어려움에 직면할 때마다 여러분 자신만의 투자 전략을 더욱 쉽게 설정하는 방법을 모색하는데 도움이 되시기를 바랍니다.

새로운 지평을 찾아서

제 경력은 1988년 부에노스 아이레스 대학교에서 건축과를 졸업하면서 시작되었습니다. 아르헨티나에서 건축가로 일하는 것은 매우 어려웠기 때문에 졸업한 대부분의 동기들은 사업가가 되어 자신의 프로젝트를 개발하고 건설하였습니다. 이것은 공식적으로 '부동산 개발자'라는 이름이 하나의 직업으로 되기 훨씬 전이었습니다.

건축가와 엔지니어는 부지를 찾고, 프로젝트를 설계하고, 투자자 그룹을 확보하고, 건축하고, 판매하는 등의 개발자가 되었습니다. 그러나 금융 및 경제에 대한 지식은 매우 제한적이었습니다. 건축가는 프로젝트를 아름답게 디자인하는 것으로 유명하지만, 예상 시간과 원래 예산 비용으로 프로젝트를 완료하는 방법에 대해 많이 알지는 못합니다. 나는 그 단계에서 판매를 위한 약 180세대가 있는 4개의 콘도미니엄 건물을 지었습니다. 10년 후 경제학 박사였던 아버지는 미국의 유명한 경제 대학인 디텔라 대학에서 새로운 도시 경제학 대학원 학위를 홍보하는 신문 스크랩을 가지고 나에게 다가와 '진지하고 성공적으로 직업 경력을 쌓으려면 다시 공부를 해서 경제와 금융으로 연구를 보완해야 한다고 생각한다. 그렇게 하면 그러한 복잡한 비즈니스를 위해 보다 완전한 스펙트럼을 갖게 될 것이다.'라고 우회적으로 우아하게 말씀하셨습니다.

1999년에 저는 대학원 학위를 마쳤고, 그 순간부터 제 두뇌는 이중 모드로 작용하기 시작했습니다. 창의적인 오른쪽은 곡선형 커튼 벽과 두 배 높이의 아름다운 건축 외관을 가진 프로젝트를 설계했습니다. 그리고 가장 합리적인 왼쪽은 이러한 결정이 재정적 관점에서 가장 최적이 아닌 이유를 설명하려고 노력했습니다. '나의 대화'는 항상 프로젝트의 아름다움, 디자인의 품질, 비즈니스의 경제적 타당성 사이에서 균형을 이루며 중간 어딘가에서 끝나기 때문에 좋은 조합이었습니다.

2000년에 저는 부에노스 아이레스에서 두 개의 '수평 부동산' 프로젝트(아르헨티나에서 판매목적 주택 물건을 부르는 용어입니다)를 개발하고 있었습니다. 모든 것이 합리적으로 순조롭게 진행되었고, 첫 번째 건물의 80%, 두 번째 건물의 50%가 사전 판매되었습니다.

그리고 갑자기 아르헨티나 경제가 무너졌습니다. 불과 2년 만에 국가가 채무 불이행 상태에 빠졌고, 수십억 달러의 예금이 은행에 갇히는 '은행동결' 상태에 빠질 정도로, 경제가 깊은 불황에 빠졌고, 실업률은 21.5%까지 올랐습니다.

저축한 예금이 은행 시스템에 갇혀 있었기 때문에 저의 건물 구매자들은 그들이 구입한 세대들을 등록할 수 없었습니다. 정부가 마침내 구매자가 은행 예금을 사용하여 거래할 수 있도록 시스템을 구성하고, 우리가 돈을 받았을 때 아르헨티나 페소는 달러 대비 400% 가치가 하락하였습니다. 즉, 우리가 건물을 짓는데 1백만 달러를 썼다면 판매를 통해 25만 달러 이상을 받지 못하게 된 것입니다.

당시 아르헨티나에서 새로운 부동산 개발에 대해 생각하는 것은 불가능했고 오랫동안 그렇게 될 것이라는 느낌이 들었습니다. 이 경우 시장은 금융 사이클에 큰 영향을 받고 장기적인 경기 침체 단계에 들어섰습니다. 사람들의 저축은 고정되어 있었습니다. 은행 금고에 현금을 가지고 있던 사람들은 신규 규제에 대한 두려움 때문에 부동산에 투자하지 않았습니다. 따라서 이 시장으로의 자금 흐름이 하루아침에 중단되었습니다. 게다가 아르헨티나의 부동산 가격은 달러로 책정되었는데, 우리가 앞에서 보았듯이 높은 인플레이션을 가진 국가에서는 매우 일반적입니다. 현지 통화가 미국 달러 대비 400% 평가절하되었을 때 가격 구조가 위기에 처했습니다. 이 새로운 시나리오에서 부동산의 논리적 시장 가격이 얼마인지 아무도 몰랐습니다.

모기지 신용대출은 즉시 사라지고 임금의 구매력과 부동산 가격 사이의 관계가 깨졌습니다. 이러한 격차는 매도인이 거부 단계를 떠나 부동산 가격을 달러로 크게 낮출 때까지 한동안 지속되었습니다.

동시에 많은 투자자들이 위험을 줄이고 법적 확실성을 높이면서 시장에 대한 투자를 다각화하려고 했습니다.

새로운 지평을 찾아야 할 때였습니다. 저는 그 당시 제가 미래에 하버드에서 〈국제 부동산 투자전략〉이라는 과정을 가르치게 될 것이라는 사실을 알지 못했고, 부동산 주기에 대해 너무 많은 것을 알지도 못했지만, 세상 어딘가에 우리 투자에 더 유리한 시장이 있을 것이라 생각했습니다.

과제가 벅차 보였기 때문에 다른 개발자와 협력하기로 결정했습니다. 그러한 어려운 상황에서 '단결은 힘입니다'.

우리는 해외 부동산 벤처 개발을 위한 최상의 옵션을 분석하는 국제 시장 조사를 수행하기 위해 국제적으로 유명한 컨설팅 회사인 Ernst & Young(현재 빅4라는 대형 컨설팅 회사 중 하나)를 고용했습니다.

다양한 시장을 분석한 후 마지막 세 가지 옵션은 아일랜드의 더블린, 스페인의 마드리드, 미국의 마이애미였습니다.

우리는 '문화적 거리'가 너무 다른 시장처럼 보였던 더블린을 배제했습니다. 그렇게 알려지지 않은 곳에 무언가에 도전하는 것이 조금 무서웠습니다. 우리는 문화적 친숙함과 언어가 우리를 전자 쪽으로 기울일 것이라고 생각하면서 마드리드와 마이애미로 탐험 여행을 떠났습니다. 그러나 스페인은 유럽 공동체 가입 결과 경제적 호황기를 겪고 있었고, 우리가 환영 받지 못한다는 사실을 금방 깨닫게 되었습니다. 이러한 태도는 스페인 경제와 부동산 시장이 붕괴된 2008년에 극적으로 바뀔 것이지만, 2001년에는 이야기가 매우 달랐습니다.

마이애미에서는 두 팔 벌려 우리를 기다렸다거나, 아르헨티나 개발자 그룹의 상륙을 염려한 것은 아닙니다. 그러나 우리는 시스템 규칙에 따라 과제를 수행하고 좋은 전략을 만들어 이 새로운 시장에 발을 들여놓으면, 우리가 성공할 수 있다는 것을 즉시 깨달았습니다.

첫 번째 여행을 시작하기 전에 아르헨티나 시장과 관련하여 가장 큰 차이점은 건설 시스템에 있을 것이라고 확신했습니다. 나는 미국이 주로 강철 프레임과 프리 캐스트 외관 시스템으로 지어졌다는 잘못된 생각을 가지고 있었습니다. 그러나 마이애미에서 사용된 기술은 철근 콘크리트 구조물, 시멘트 블록의 외벽, 석고 보드의 내벽으로 부에노스 아이레스에서 사용된 기술과 크게 다르지 않았습니다. 다른 점은 건설 계약 방법, 프로젝트 자금 조달 방법, 마케팅, 법률 시스템, 세금 구조 등이었습니다.

초기 여정에서 가장 먼저 이해한 것은 모든 것을 다시 배워야 한다는 것이었습니다. 우리가 부에노스 아이레스에서 알고 있던 것과 정확히 똑같은 것은 없었습니다. 이것이 세계화 시대에 대한 우리의 첫인상이었습니다.

앞에서 말씀드렸듯이 우리가 여전히 토지를 찾고 있는 동안 그동안 교류했던 각 분야의 전문가들과 일련의 회의를 조직했습니다. 우리는 듣고, 질문하고, 메모했습니다. 우리는 공인중개사, 변호사, 회계사, 금융가, 은행가, 건축가, 보험 대리인, 마케팅 담당자, 계약자 등을 만났습니다. 우리는 그들 모두에게 '마이애미에서 첫 번째 부동산 프로젝트를 시작하기 위해 알아야 할 모든 것을 설명해 주십시오.'라고 말했습니다. 그리고 우리는 많은 질문을 하였습니다.

일부는 우리에게 상담 비용을 청구했지만 대다수는 무료 조언을 제공했습니다.

많은 사람들이 우리를 불신의 눈으로 쳐다보거나 우리의 계획을 신뢰하지 않았습니다. 2002년에 아르헨티나는 기본적으로 신용이 없는 나라였습니다. 디폴트와 뱅크런으로 우리는 지구 상에서 신뢰할 수 있는 시민이 되지 못하였습니다.

새로운 시장을 정복하기 위해 나갈 때 깨닫는 또 다른 사실은 당신이 아무도 모르는 곳에 도착하여 남겨두고 온 많은 **귀중한 연락망을 그리워한다는 것입니다.**

부에노스 아이레스에서는 각 문제에 대해 누구에게 전화해야 하는지, 문제가 있을 때 누구에게 문의해야 하는지 알고 있었습니다. 마이애미에서 우리는 많은 시간과 노력이 필요한 작업인 연락망을 다시 만들어야 했습니다.

10일간의 여행에서 우리는 1년 동안 부에노스 아이레스에서보다 더 많은 악수를 했으며 더 많은 사람들을 만났습니다. 우리는 모두에게 우리의 이야기, 꿈, 프로젝트를 말했습니다. 다행히도 우리를 지지해 준 착하고 정직한 사람들을 많이 만났고, 그들 중 많은 사람들이 오늘날에도 계속해서 우리의 좋은 친구로 남아 있습니다. 두 시장을 비교해 보면 아르헨티나 개발자로서 본 세 가지 약점을 구별할 수 있었는데, 이 **새로운 시장에서 성공하려면 개선해야 하는 것**들이었습니다.

저희 나라에서는 중장기적인 계획을 세우지 않았습니다. 아마도 상황이 끊임없이 변화했기 때문일 것입니다. 미국에서 우리는 **모든 것이 사전에 체계적으로 잘 계획**되었음을 금방 이해할 수 있었습니다. 예를 들어, 아르헨티나에서는 여러 번 건설 현장의 기둥에 그

려서 건설 세부 사항을 해결하는 등 즉석에서 문제를 해결했습니다. 마이애미에서는 프로젝트 승인 및 건설 허가를 받기 위해 각 전문 분야의 건설 세부 사항 및 계획이 정확도 100%로 제시되어야 했습니다. 이는 2백 개가 넘는 설계도였으며 이 모든 것들이 승인을 받기까지 여러 번 검토, 수정 및 재검토되었습니다. 승인될 때까지 10개월에서 1년 이상 소요되었습니다.

우리는 예전에 **우발적 시나리오를 계획**하지 않습니다. 예측 가능성이 더 높은 선진국에서는 세부적으로 계획할 뿐만 아니라 **첫 번째 시나리오가 실패할 경우를 대비한 대체 계획도 개발**합니다. 몇 년 후 저는 세부 사항과 개발 계획에 열광하는 오스트리아 개발자와 팀을 이루었습니다. 그는 첫 번째 계획이 실패할 경우 플랜 B가 있어야 할 뿐만 아니라 처음 두 계획이 작동하지 않을 경우 플랜 C가 있어야 한다고 가르쳐 주었습니다.

미국에는 많은 우발적인 상황이 있습니다. 추가 비용을 충당하기 위해 추가 항목이 프로젝트 예산에 배치되고, 여러 영역에서 발생할 수 있는 위험을 완화하기 위해 많은 양의 보험에 가입합니다. 그리고 20년 동안 교체 및 수리 관련 계획을 위해서 콘도미니엄의 공동 비용의 일정 비율을 매년 예비기금으로 충당합니다.

아르헨티나의 전문직 종사자들은 다중작업을 하고, 북미인들은 그 전문분야가 고도화되어 있었습니다. 예를 들어 아르헨티나에서는 한 명의 변호사가 모든 업무를 처리했습니다. 미국에서는 도시 계획 전문 변호사가 지방 자치 단체의 프로젝트를 승인할 수 있도록 도와준다는 사실을 알게 되었습니다.

각 프로젝트에 대한 최적의 법적 구조를 만드는 데 도움을 줄 기업 의회 전문가, 취업 비자 취득을 도와준 이민 변호사, 영주권과 시민권을 도와준 변호사 그리고 부동산의 매매 등의 증서만을 만드는 전문가들이 있었습니다.

이 과정은 1년이 조금 넘게 걸렸고, 매달 10일간의 출장이 필요했습니다. 동시에 우리는 새로운 건설 프로젝트를 개발할 땅을 찾고 있었고, 우리는 많은 재건축 프로젝트들을 발견하였습니다. 타이밍이 완벽하였던 상황이었습니다. 좋은 부지를 발견하고 그것을 사겠다고 제안했을 때, 우리는 연구의 성숙 단계에 도달해 있었고 저는 새로운 땅에서 첫 번째 프로젝트를 착수할 준비가 되었습니다.

플로리다 남부의 '콘도 붐'

2002년까지 마이애미 플라자는 매우 매력적인 특징을 가졌었습니다. 이 도시는 240만 명의 거주자가 있으며, 매년마다 10~15% 인상되는 10,000호의 주택을 흡수하며, 저의 나라와 비교할 때 끊임없이 행복한 기후를 가져 두배로 매력을 가진 곳이었습니다.

도시는 젊어지는 동시에 '젠트리피케이션'의 과정을 거쳤습니다. 지난 수십 년 동안 마이애미는 추위를 피해 북쪽의 도시로부터 은퇴하기 위해 이주한 사람들의 삶의 마지막 몇 년을 보낼 수 있는 따뜻한 경제적 피난처였습니다.

아이들이 거의 없는 도시였고, 백발의 노인들이 많았는데, 마이애미비치에서 소규모 단위의 많은 사람들이 50년대 아르 데코 호텔 현관에서 바다를 바라보고 천천히 인생이 흘러가는 것을 보기 위해 흔들의자에 앉아 있는 모습을 보는 것이 매우 흔한 일이었습니다.

피델 카스트로가 쿠바 감옥의 문을 열고 마리엘 항구에서 12만 5천 명의 다른 이민자들과 함께 수백 명의 수감자들이 쿠바를 떠나도록 허용했을 시기에 안타깝게도 80년대부터는 '스카페이스'와 '코카인 카우보이'와 같은 영화와 TV 시리즈 '마이애미 바이스'에서 볼 수 있듯이 마이애미는 마약 밀매와 범죄의 중심지였습니다. 그토록 위험한 곳에서 살기를 원하지 않았기 때문에 부동산 가격이 급락한 피비린내 나는 해였습니다. 다시 한번 우리는 부동산 시장과 무관한 부정적인 외부 요인이 어떻게 큰 영향을 미치는지 봅니다.

그러나 세기말 마지막 10년에 이것은 변화하기 시작했습니다.

연방 보안군이 범죄와 마약 밀매를 통제하기 시작했고, 가장 유명한 갱스터들 중 많은 수가 투옥되거나 살해되었으며, 조금씩 거리가 다시 안전해졌습니다.

1980년대부터는 도시의 역사적 건축물의 유산을 보존하고자 하는 주민들의 시민운동이 탄생하였습니다. 마이애미 해변은 세계에서 아르데코 양식의 건물이 가장 많이 밀집되어 있었으며, 많은 건물들이 극도의 방치 상태로 발견되었고 붕괴되거나 철거될 위험에 처해 있었습니다.

마이애미의 '디자인 보존 연맹[63]'이라는 그룹은 도시 시청 밖에서 촛불 시위를 조직하여, 시위행진에 참여하고 건물을 철거하려고 하는 불도저 앞에 서서 정치인과 개발자에게 영향력을 행사함으로써 이러한 건물의 보존을 위해 싸우기 시작했습니다.

그들은 건축 유산을 보전하면 도시를 극심한 쇠퇴에서 구할 수 있고, 프랭크와 같은 유명 가수와 그룹이 50년대와 60년대에 경험했던 것과 같은 도시의 새로운 황금시대를 재현할 수 있다고 주장했습니다. 이를 위해 Sinatra, Sammy Davis Jr. 및 The Beatles는 공연을 하기도 하였습니다

많은 호텔과 건물이 철거되었지만 아르데코 지구가 미국의 국립 사적지에 등재되었을 때 이 운동은 그 목적을 달성했습니다.

활동가들이 틀린 것이 아닙니다. 이 지역에 대한 새로운 관심은 도시의 문화적 경제적 르네상스로 이어졌고, 호텔, 레스토랑 및 아파트 건물을 구하고 재건하는 데 관심이 있는 투자자가 곧 등장하기 시작했습니다. 다시 한번 예술가, 영화 제작자 및 국제 모델 에이전시가 가장 좋아하는 중심지가 되었습니다. 이로 인해 20년 전에 떠난 관광객들이 이 지역에서 새로운 붐을 일으켰습니다.

---

63 Miami Design Preservation League

우리는 그 시기에 도착했습니다.

우리는 여러 가지 어려움에 직면했지만, 하나씩 극복해 나갔습니다. 많은 노력과 인내가 필요했지만 지난달의 모든 작업들은 이 단계에서 성과를 거두었습니다.

우리의 초기 프로젝트는 버려진 아르데코의 작은 호텔을 사서 재건하고 주거용 콘도미니엄으로 판매하는 것이었습니다. 그러나 우리는 이 사업을 하기엔 이미 늦어버렸습니다. 불과 4년 전에 15만 달러에 팔렸던 건물은 이미 60만 달러에서 100만 달러 사이로 팔리고 있었습니다.

우리는 경기 침체기가 지나고 수요가 붐을 일으킬 때, 이 시장에 도착했으며, 완전한 확장 단계에 있었고, 경제가 과열되어 있었습니다.

한편, **우리는 또 다른 문제가 있었습니다.** 앞서 언급했듯이 아르헨티나 경제는 하락 끝에, 페소는 400%나 가치 절하되었으며, 우리 투자 예금은 소위 '뱅크런'에 의한 은행동결로 인해 아르헨티나 은행 시스템에 갇혀 있었습니다. 이에 따라, 당시 우리는 노하우를 가지고 있었고 우리가 수행하고 싶은 비즈니스 모델이 무엇인지 알고 있었지만 **우리는 국제적인 수준에서 '가난한 개발자'가 되었습니다.**

그러나 우리는 기죽지 않았습니다.

남쪽 해변이라고 불리는 마이애미비치에서 가장 비싼 부분의 가격을 감당해낼 수 없다면, 우리는 최근 떠오르고 있는 조금 더 북쪽에 있는 해변 지역에서 기회를 찾기로 결정하였습니다.

우리가 예금해 둔 달러의 구매 가치가 25%까지 하락하면서 소수의 투자자 그룹을 모으는 대신, 20명 이상의 투자자가 각 2만 달러 이하 자본을 투자하도록 하여 자금을 모았습니다. 적은 금액이 아니었지만, 타당한 조건이었습니다. 평상시보다 더 많은 투자자들에게 알리고 거래해야 했었기 때문에 회계상으로 더 복잡하고, 많은 작업이 필요했지만, 우리가 마주한 현실이었고 적응해야 했습니다. 또한 그들을 고무시키기 위해 일주일 동안 마이애미 호텔 체류 비용도 지불했습니다.

2002년 5월 우리는 첫 번째 프로젝트 개발을 시작하기 위해 첫 번째 부지를 구입했습니다. 북쪽 해변에 있는 노르망디 제도라는 섬의 해안가 부지였으며 내륙 대수로와 멀리 있는 스카이 라인의 아름다운 전망이 있는 곳이었습니다.

그 영향은 컸습니다. 우리는 대부분의 경우 부지가 좁고, 건물의 전망이 다른 건물을 바라보는 '콘크리트 정글'인 부에노스 아이레스에서 왔습니다.

이 부지는 에메랄드빛 물에서 수영하고 공중제비를 도는 돌고래와 항해하는 보트와 지나가는 배를 정면으로 바라볼 수 있는 4배나 좋은 전망을 가지고 있었습니다.

하나하나 어려움을 극복하고 있었습니다.

우리는 '그것을 할 수 없을 것입니다.'라는 말을 자주 들었습니다.

그들은 우리가 취업 허가, 거주 비자, 은행 대출, 건축 허가 등을 받을 수 없을 것이라고 말했습니다. 추진해 나가야 할 긴 목록을 가지고 있었고, 일반적으로 같은 사람들이 우리에게 '구제 서비스(Rescue Services)'를 판매하려고 했습니다.

하지만 마침내 우리는 경주로 들어가 하나하나의 장애물을 극복할 수 있었습니다. 은행이 개발자에게 돈을 빌려주는 데 있어서 가장 중요한 조건 중 하나로 보는 신용 기록이 없었기 때문에 미국에서 첫 번째 은행 대출을 받는 것은 매우 어려웠습니다.

우리는 또한 '이것은 당신의 나라에는 좋지만 여기서는 실패할 겁니다.'라는 이야기를 많이 들었습니다. 우리는 지역 사람들이 종종 회의적인 눈으로 보는 새로운 아이디어를 저희 나라에서 가져왔습니다.

그 순간 저는 '**문화 교차**'의 개념에 대해 이야기하기 위해 잠시 쉼을 가지고 싶었습니다. 즉, 특정 '문화적 요소'를 한 사람이나 사회 집단에서 다른 사람이나 집단으로 '수출'하는 것입니다. 우리가 미국에 도착했을 때 우리는 미국에서 우리 프로젝트에 가치를 더할 수 있다고 생각한 저희 나라에서 가져온 아이디어가 있었습니다. 그러나 때로는 현지 취향에 '다르다'라고 생각되는 아이디어를 강요하기는 어렵습니다.

그럼에도 불구하고, 이것은 경쟁 업체와 차별화하고 제품의 틈새시장을 찾을 수 있는 기회였습니다. 나는 우리가 지역 관습을 고려해서는 안 된다거나, 거만하고 오만해야 한다고 말하는 것이 아닙니다. 또는, 이유 없이 우리의 아이디어를 강요하려고 하지 않았습니다. 새로운 것을 시도하지 않는 것과 너무 새롭거나 지역적 취향에 어긋나는 아이디어와 관습을 강요하려는 것 사이의 균형을 찾아야만 합니다.

다음에서 아르헨티나에서 가져온 이러한 새로운 아이디어 중 마이애미 시장에서 매우 좋은 결과를 얻은 사례를 살펴보겠습니다.

우리가 국제적인 개발자가 될 때, '문화 교차'는 양방향으로 발생합니다. 예를 들어, 2005년에 우리는 부에노스 아이레스에서 새로운 주거 프로젝트를 개발했습니다. 2001년 위기 이후 시장이 회복되었고, 새로운 회복 단계를 거치고 있었습니다. 한 가구당 투베드룸의 디자인에서 미국에서 '유닛 분할 스타일'이라고 하는 분배 방식을 채택했습니다. 이는 각 침실을 식당의 반대편에 배치하는 것입니다. 이것은 그때까지 부에노스 아이레스 아파트의 일반적인 배치가 아니었습니다. 우리 가족은 이탈리아와 스페인에서 왔고, 필요로 할 때는 언제나 아이들의 말을 들을 수 있도록 밤에는 아이들 곁에 있기를 원했습니다. 북미 문화는 개인적인 관계에서 더 많은 거리를 유지하며 아이들이 식당 반대편에서 자도록 하는 것을 불편해하지 않습니다. 십 대 자녀는 자라면서 부모로부터의 독립성과 부모와 거리를 인식하게 됩니다. 이를 염두에 두고 우리는 시장이 일반적인 것과는 다른 또 다른 새롭고 다른 것으로 '분할' 디자인을 사용하여 설계했습니다. 우리는 또한 천장부터 바닥까지 내려오는 대형 창문, 오래된 목재 롤러 블라인드 대신 암막 커튼 사용, 당시까지 아르헨티나에서 사용되던 '낮은 슬래브' 시스템 대신 아래층의 천장 위에 매달린 욕실 배수관을 미국으로부터 아르헨티나로 '수출'하였습니다. 이러한 모든 변경 사항은 아르헨티나 대중에게 받아들여졌고, 이를 통해 우리가 건설 비용을 낮추고 개발업의 최전선에 있는 개발자임을 보여줄 수 있었습니다.

저의 이야기로 돌아가 보겠습니다.

2003년에 우리는 미국에서 첫 번째 건물을 개발하기 시작했습니다.

이 프로젝트는 'Bay View Lofts'라고 명명된 각 로프트 유형이 2개 층인 24개의 주거용 콘도미니엄 프로젝트였습니다. 우리가 부에노스 아이레스에서 개발한 것에 비해 규모가 작은 프로젝트였지만 작게 시작하는 것이 편리하다고 생각했습니다. 우리는 확실히 '학습의 굴곡들'을 거치고, 시장을 공부하고 과제를 한 후였지만 오류를 범했습니다. 우리는 이러한 오류로 인해 비용이 발생될 것이라는 것을 알았고, 같은 시간과 노력을 들이는 개발자로서 더 적은 수익을 벌게 된다는 것을 알면서도 소규모 프로젝트 개발부터 시작하여 손실을 줄이는 것이 더 편리할 것이라고 믿었습니다. 또한 작은 규모의 프로젝트는 첫 건설 대출을 받는 데 도움이 되었습니다. 더 큰 프로젝트를 처리하는 데 필요한 신용도가 생성 되기 시작했습니다. 이 프로젝트에서 우리는 마이애미에서 아직 시험하지 않은 부에노스 아이레스에서 가져온 몇 가지 아이디어를 '문화 교차'하였습니다.

한편으로, 미국에서는 거실 위에 두 배 높이 공간이 있는 2층 로프트로서 벽이 없고 거실을 향한 '발코니'가 없는 위층의 방이 있는 2층 로프트 프로젝트가 있었습니다.

우리는 일반적으로 뉴욕시의 오래된 산업 창고의 재건 프로젝트에서 이러한 유형의 구조를 발견할 수 있었습니다. 부에노스 아이레스에서 유행했던 우리의 제안은 가구당 이러한 유형의 모든 것을 갖춘 새 건물을 개발하는 것이었습니다. 건물은 도시 계획 규정에 따라 최대 4층(그리고 로비층)을 가질 수 있었으므로, 우리는 2층 로프트의 하나를 다른 하나 위에 올리는 것으로 프로젝트를 디자인했습니다.

방 전체에는 7미터 높이(또는 21피트)의 이중 창문이 있어 상상할 수 있는 가장 아름다운 바다 전망을 볼 수 있었습니다. 그래서 우리는 프로젝트를 'Bayview Lofts'(만이 내려다 보이는 로프트)로 명명했고 사람들은 이 개념에 매료되었습니다.

또 다른 추가 사항은 5층 테라스를 접근 가능하게 만들고 테라스 섹션을 특정 구매자에게 개인 용도로 판매하는 것입니다. 우리가 건물을 보려고 도착했을 때 평평한 지붕이 있었지만 그곳에 접근할 수 없다는 것을 알았습니다. 이 부지의 근사한 전망을 두고 우리는 그것이 낭비라는 것을 깨달았습니다.

한편 우리는 계단과 엘리베이터를 한 층 위로 가져가고, 단열재로 사용된 분할된 돌 지붕을 세라믹 바닥으로 교체하여 접근할 수 있도록 하였습니다. 우리는 엘리베이터와 계단과 연결되는 복도를 통해 테라스를 11개의 구역으로 나눴습니다. 각 구역에는 프라이버시를 보호하기 위한 문이 있었고, 추가 비용으로 월풀 욕조와 세면대를 설치했습니다. 아르헨티나에서는 바비큐를 준비하기 위해 반드시 필요한 숯불 구이를 추가했을 것이지만, 건축법은 화재의 위험성 때문에 허용하지 않았습니다. 로프트 구매자라면 누구나 5만 달러에 이 테라스 중 하나를 구입할 수 있었습니다. 일부 현명한 구매자는 전망이 좋지 않은 주택을 구입하여 호당 가격의 10만 달러를 절약하고, 상상할 수 있는 최고의 전망을 갖춘 개인 테라스를 절반가로 소유하는 것을 결정했습니다.

우리가 아이디어를 내놓았을 때 유명한 현지 개발자가 우리에게 어떠한 말을 하였습니까? '아무도 테라스에 그렇게 많은 돈을 지불하고 싶어 하지 않을 것'이기 때문에 좋은 결과를 얻지 못할 것입니다. 따라서, 위층 로프트를 파는 데 어려움을 겪을 것입니다. '그 누구도 사람들이 걸어 다니고, 머리 위에서 파티를 하는' 매물을 사고 싶지 않기 때문입니다. 그러나 우리는 이를 무시하고 아이디어를 진행하였습니다. 테라스 접근 및 분할 비용은 10만 달러를 초과하지 않았고 테라스 판매 수입은 50만 달러 이상으로 프로젝트의 순이익을 20% 증가시킬 수 있었습니다.'

우리는 이미 북쪽 해변의 아름다운 푸른 물 운하에 56세대로 구성된 주거용 콘도미니엄인 '레가타'로 명명된 더 큰 프로젝트를 앞선 프로젝트가 완료되기 전부터 계획하고 있었습니다.

콘도미니엄 시장은 외국 구매자들의 강력한 수요로 인해 전례 없는 확장 단계에 있었습니다. 사전 판매를 위해 시작된 각 프로젝트는 점점 더 비싼 가격으로 빠르게 분양되었습니다.

호당 가격은 거의 매일 변경되었습니다. 개발자들은 가격이 오르기 전에 사고 싶어 했던 투자자들을 상대로 행복을 주는 프로모션과 대규모 마케팅으로 첫 번째 분양을 시작했습니다. 분양이 시작되기 전날 밤에 자리 잡은 부동산 중개인들의 행렬을 발견할 수 있었고, 다음날 분양사무소가 개장했을 때 모두들 앞 순서를 확보하고자 하였습니다. 당일에도 가격이 여러 번 인상되기도 했었기 때문입니다.

앞에서 우리는 심리적 주기와 감정이 부동산 주기 개발에서 어떻게 중요한 지에 대해 이야기하였습니다. **이 시장은 행복감을 느끼는 환경에 있었고, 우리는 이로부터 유익을 얻었습니다.** 우리는 건설 완료 전 사전에 두 프로젝트를 모두 판매하고 미국에서 처음으로 두 가지 개발을 성공적으로 완료함으로써 이익을 얻었습니다. 이 프로젝트에서 우리는 월풀 욕조가 있는 개인 테라스와 싱크대가 있는 조리대를 다시 통합하였는데, 이번에는 더 크고 고급스러운 펜트하우스의 일부로 통합하여 추가적인 가치와 정교함을 부여했습니다.

주거용 시장이 공급 과잉 단계에 접어들고 있다는 것을 알아차리기 시작했을 때 우리는 사무실 시장으로 눈을 돌렸습니다.

우리는 마이애미 카운티에서 1인당 소득이 가장 높은 도시 중 하나인 어벤추라 시에서 많은 근사한 곳들을 발견하였습니다.

사무실 주기와 주거 주기가 서로 인과관계가 없다고 말했던 것을 기억하십니까?

이 경우 우리는 이것이 사실인지 확인할 수 있었습니다.

주거용 콘도의 주기가 끝나고 공급 과잉 단계가 시작되는 순간, 우리는 해당 지역의 A급 사무실 건물의 재고가 매우 제한적이고 오래되고 쓸모없는 것을 발견했습니다.

또한 모든 사무실 건물이 임대용이라는 사실을 깨달았습니다. 각 사용자가 평생 임대하는 대신 사무실 공간을 구입할 수 있는 '콘도미니엄 사무실' 건물은 없었습니다.

인플레이션에 대해 이야기할 때 앞에서 언급된 바가 있듯이 저희는 대부분의 사용자가 사무실을 임대하는 대신 사무실을 구입하는 시장에서 왔습니다. 한편, '임대료'는 화폐 평가 절하나 경기 침체기에도 부동산 자산으로부터 돈을 버는 한 방법입니다.

미국에서는 기준이 다릅니다. 그들은 한 곳에서 다른 곳으로 회사를 이동할 수 있는 것을 특권으로 가지며 경제 주기에 따라 확장하거나 축소할 수 있는 능력을 가지고 있습니다.

회사의 성과 및 회사가 비즈니스 모델의 일부로서의 부동산 자산 대신 상품에 모든 자본을 투자하는 것이 더 수익성이 있다는 기준을 가지고 있습니다. 그러나 우리는 시장에서 틈새시장의 기회를 볼 수 있었고, 또 다른 '문화교차' 과정을 통해 아르헨티나 개념을 이 시장으로 이전했습니다.

사무실 공간을 임대하는 대신 구입함으로써 구매자에게 어떤 이점을 제공할 수 있습니까?

한편으로 아벤투라 도시 인구는 매우 국제적이었습니다. 많은 주민들이 라틴 아메리카 국가, 이스라엘 및 유럽에서 왔으며 사무실 구매가 일반적인 국가들이었습니다.

동시에 우리는 향후 몇 년 동안 임대 가격이 강하게 상승할 것이며, 이는 시간이 지남에 따라 이 격차가 점점 더 커질 것이라고 예상하였습니다. 모기지는 인플레이션이 연간 상환에 영향을 미치지 않도록 25년 고정 금리로 고정될 수 있었습니다. 이러한 예상은 시간이 지남에 따라 현실로 확인되었습니다. 다음 10년 동안 임대료는 연평균 3.5% 상승했습니다.

마지막으로 마이애미의 교통량은 위에서 설명한 새로운 경제 호황을 경험하면서 증가하였습니다. 이 도시의 모든 A급 사무실 건물은 마이애미 시내와 어벤추라 시에서 45분 거리에 있는 브리켈의 금융 부문에 위치했습니다. 우리는 사용자에게 더 많은 자유 시간과 자동차에서 낭비되는 시간을 줄이고 비용을 절감하고, 그들의 투자를 활용할 수 있는 삶을 제공했습니다.

경기 침체기 동안 사무실을 구매할 때 유연성이 부족하다는 우려에 대한 우리의 대응은 기존 사무실 공간보다 훨씬 많은 전면식 창과 깊지 않은 모듈식 공간을 설계하는 것이었습니다. 이를 통해 소유자는 자신의 공간을 여러 모듈로 나누어 확장 시 필요한 부분을 사용하고 더 이상 필요하지 않을 때는 전대할 수 있었습니다. 이러한 자산 유형의 공장 또한 각기 다른 공간을 세분화하여 다른 세입자에게 임대할 수 있었기 때문에 사무실을 인수한 구매자들의 투자를 용이하게 이끌었습니다.

프로젝트의 결과는 성공적이었습니다. 단 5개월 만에 5만 평방 피트의 사무실을 사전 판매할 수 있었는데, 이는 은행이 건설 자금을 조달하는 데 필요한 호당 사전 판매의 40%를 차지했습니다. 우리는 평방 피트당 240달러로 판매를 시작했고 마지막에는 360달러에 팔았습니다.

주거 부문의 주택 거품이 이미 사그러들던 2007년 중반에 이 건물을 완공했습니다. 건물은 사전에 모두 판매되었지만, 매수자가 등기를 하는 대신에 20% 보증금 손실을 감수할 가능성이 있다는 것에 대해 매우 염려하였습니다. 이는 후반에서 설명할 현상입니다.

다행히도 이전 장에서 보았듯이 주거 및 상업 부문의 주기는 일치하지 않으며, 일반적으로 반대 방향으로 실행됩니다. 위기가 콘도미니엄 주택 부문에 영향을 끼쳤지만, 경제 호황으로 인해 기업 고용 부문이 늘어나면서 더 많은 사무실 공간이 요구되면서, 이러한 유형의 부동산 재활성화가 늦게나마 시작되었기 때문에 사무실 재고가 훨씬 낮았습니다.

인터넷과 통신을 기반으로 한 새로운 경제는 2004년 3.80%, 2005년 3.51%, 2006년 2.86%의 국내 총생산(GDP)의 성장을 가져왔고, 그 시점부터 사무실 공간에 대한 수요와 새로운 건설 프로젝트 개발을 촉발시켰습니다.

우리 프로젝트는 그 '파이프라인'의 첫 프로젝트 중 하나였으며, 어벤추라 시에서는 유일한 사무실 분양사업이었습니다. 이는 우리의 매물이 유일하다는 것이었으며, 모든 매수자가 그것을 이해하였고 모든 호에 대한 등기를 완료하였습니다.

밤이 오고

2006년 중반에 저는 파트너들과 함께 플로리다 주 마이애미 해변에 새로운 주거용 프로젝트를 건설하려고 했습니다. 이 프로젝트를 설계하는 데 거의 2년이 걸렸습니다. 그것은 낙원 같은 위치의 수변공간에 120세대를 건설하는 프로젝트였습니다. 부지는 우리가 2006년에 성공적으로 건설, 완공 및 분양 완료한 '레가타'라는 프로젝트 바로 옆에 있었습니다. 이 두 번째 단계가 '레가타 2'라는 이름으로 완료되면, 전체 단지가 3백선형미터를 차지하고 거의 총 2백 세대로 인상적인 것처럼 보였을 것입니다.

우리는 이미 은행에서 대출을 마련했고, 은행에서 요구하는 40%의 사전 판매를 달성하는 중이었습니다. 건설 회사와의 계약은 이미 협상되었습니다.

또한 올랜도 다운타운에 있는 25층짜리 다목적 건물을 설계하고 승인받는 마지막 단계에 있었습니다. 그것은 판매용 주거지와 사무실이 있는 호텔 프로젝트였습니다. 곡선미와 슬림한 디자인으로 지역을 위한 진보된 프로젝트였습니다. 이 지역에서 처음으로 개발된 프로젝트 중 하나였기 때문에 큰 잠재력을 지니고 있었습니다.

그러나 지평선에 어두운 구름이 보이기 시작했습니다. 지난 몇 년 동안 건설 붐으로 인건비와 자재의 과도한 수요로 인해 건설 비용이 40% 상승했습니다.

이러한 증가를 충당하기 위해 개발자는 호당 판매 가격을 인상했습니다. 수년 동안 이것은 시장이나 판매 속도에 영향을 미치지 않았습니다. 더 많이 올릴수록 더 많이 팔았습니다! 수요는 종종 더 안정된 시장이나 돈을 보호하기 위해 더 큰 법적 안정성을 추구하는 외국 구매자에 의해 주도되었습니다.

미국 달러는 유로와 같은 다른 통화에 대해 약세를 보였기 때문에 미국에서 부동산을 구입하는 것이 다른 선진국보다 훨씬 저렴했습니다.

그러나 2006년에 상황이 바뀌기 시작했습니다. 판매 속도는 감소했으며 각 사전 판매에 이전 달보다 더 많은 시간과 노력이 소요되었습니다. 매수자가 더 많은 선택권을 가지고 있었고, 모든 프로젝트를 '쇼핑하는 것처럼' 돌아다니며 구매 결정을 내리지 않았습니다. 그들은 잠시 후 돌아와 새로운 조건을 협상했습니다. 건설을 시작하는 데 필요한 사전 판매량을 달성하기 위해 개발자는 '특별 프로모션'을 수락하기 시작했습니다.

한 명은 할인을 받고, 다른 한 명은 한 층을 무료로 제공받거나 추가 무료 주차 공간과 같은 다른 '선물'을 받았습니다. 곧 이러한 '특별한' 예외가 규범이 되었습니다. 임대 시장에 대해 이야기하면서, 집주인이 세입자 할인이나 몇 개월치 무료 월세를 제공해야 했을 때 이 모든 것이 가격 할인과 동일하다고 말했던 것을 기억하십니까? 콘도미니엄 판매 시장에서 이것은 분양 가격을 할인하는 것이 됩니다.

개발자들이 이 상황에 처할 때마다 스스로에게 말하는 '첫 번째 세대를 더 낮은 가격에 판매하여 건축을 시작하고, 나중에 건물이 구축되면 그때 가격을 늘리고 '따라잡을 수' 있을 겁니다. '최종 결과는 동일합니다.'라는 말은 '하얀 거짓말' 중 하나입니다.

하지만 우리가 주기의 끝에 도달했을 때에 이런 일은 일어나지 않습니다.

일반적으로 개발자는 20% 할인된 것으로 사전 판매를 시작합니다. 이 할인에 추가로 10% 또는 15% 할인을 적용하면, 이미 평균보다 훨씬 낮은 가격으로 판매되고 있는 것입니다.

프로젝트가 끝날 때 마지막 세대를 35-40% 더 비싸게 판매할 수 있을 것이라고 얼마나 확신합니까? 많은 사람들은 건물이 완공되면 고객이 이미 마감재의 품질을 볼 수 있고, 2~3년을 기다리지 않고 즉시 이동할 수 있기 때문에 기꺼이 프리미엄을 지불할 것이라고 믿습니다.

그러나 한 가지를 기억합시다. **우리는 주기의 끝에 도달하고 있습니다. 우리만 프로젝트를 완료하는 것은 아닙니다.** 향후 2년 동안 여러 단계의 완공 단계에 있는 다른 건물과 이미 완공되고 판매되지 않은 건물이 몇 개 있을 것입니다.

기존 재고는 매월 공급 과잉 단계에 있거나 이미 불황 단계에 있습니다. 미분양의 수가 증가하고, 일부 후발주자는 '주기를 매핑' 하지 못하고 건설을 시작합니다. 그리고 남아 있던 다른 프로젝트들도 완료가 되어 가고 있습니다. 재고는 계속 증가할 것입니다. 왜 우리는 몇 달안에 우리 매물의 가치가 더 높아질 것이라고 믿습니까?

경제에는 근본적인 규칙이 있습니다. '**수요보다 공급이 많을 때 그 제품의 가격은 조만간 하락합니다.**'

제 이야기로 돌아가 봅니다.

우리는 파트너들 사이에서 필요한 판매를 강요하는 것이 현명한지 아니면 구름이 맑아지는 것을 확인할 수 있을 때까지 몇 달을 기다려야 하는지에 대해 논의하기 시작했습니다. 일부는 낙관적이었고 약간의 시장 조정이라고 생각했으며 곧 모든 것이 정상으로 돌아갈 것이라고 생각했습니다. 그러나 심각한 시장 침체의 주인공이었던 아르헨티나 파트너들은 그렇게 생각하지 않았습니다.

2004년 9월, 포춘지는 숀 툴리씨가 쓴 기사에 '미국의 부동산 붐은 끝났습니까?'라는 제목의 기사를 게재했습니다. 그는 미국 부동산 부문의 과열과 이 '붐'이 거품의 폭발로 '파산'으로 끝날 위험에 대해 이야기하였습니다. 추가된 표지의 제목은 다음과 같았습니다. (이미 지난 3년 동안 언급되어서 이미 알고 있지만 이번에는 확실히 일어날 것입니다.)

그들이 언급한 이유는 다음과 같습니다. 부동산 가격이 수년 동안 매년 15% 이상 상승하였고, 엄청난 수의 신규 개발 공사가 시작되었으며, 더 많은 사람들이 건설 허가를 받기 위한 승인 과정에 있었습니다. 가격은 일반인 기준 구매력에서 점점 더 멀어지고 있었습니다. 앞에서 언급했듯이 제가 아는 것은 '구입 능력'입니다. 훨씬 더 나쁜 것은 미국에서 부동산 가격 총액의 80%까지 대출을 받아 주택을 구입한다는 사실을 염두에 두십시오. 매월 모기지를 상환하면서, 매월 부동산 세금과 관리 경비도 내야 합니다. 구입 비용이 너무나 치솟아 집을 사는 것보다 임대하는 것이 훨씬 더 편리했습니다.

사람들이 계속 구매할 수 있었던 유일한 이유는 구매자에게 더 많은 유익한 신용 상품이 매일 등장했기 때문입니다. 이로 인해 더 높은 가격으로 부동산을 구매할 수 있지만 동일하거나 더 낮은 월 할부금 상환이 가능했습니다. 그뿐만 아니라, 그들은 '신뢰할 수 있는 채무자'로 승인하기 위해 필요한 사항이 줄었습니다.

이 모든 '재료'는 가격에 '거품'을 제공했습니다.

우리는 일부 파트너가 동의하지 않더라도 몇 달 동안 브레이크를 밟고 기다리기로 결정하였습니다.

6개월 후 시장이 붕괴되기 시작했습니다. 2007년에는 서브프라임 모기지 위기가 발생했습니다. 이러한 유형의 모기지가 여러 개 있었으며 많은 채무자들이 상환 능력이 없었습니다. 어떤 경우에는 신뢰할 수 있는 신용 기록이 없었기 때문에 높은 이자율을 지불했습니다. 다른 곳에서는 3년 또는 5년 동안 고정 이자율로 시작했지만 하루하루 크게 상승하는 가변 이율로 변했습니다. 다른 경우에는 채무자들이 그때까지 정상적이었던 20%를 자본금으로 낼 자본이 없었고, 이 경우 은행은 훨씬 더 높은 금리 100% (또는 일부 경우 최대 105%) 대출을 실행하였습니다.

채무자들이 모기지 상환을 할 수 없었기 때문에 전체 시스템이 무너지기 시작 했습니다. 많은 사람들이 집을 떠나 부동산 열쇠를 은행에 넘겼습니다. 다른 경우에는 대출 기관이 부동산 소유권 이전을 위해 퇴거 절차를 요청하였습니다.

은행은 갑자기 깡통 매물로 가득 차게 되어 어떻게 해야 할지 몰랐습니다. 은행의 사업은 재산을 관리하는 것이 아니라 돈을 빌려주는 것입니다. 그들은 붕괴되기 시작했습니다. 예금을 해 둔 사람들이 두려워하기 시작했고, 은행 예금에서 돈을 인출할 생각을 했습니다. 이것은 '뱅크런'이 되었을 때 2001년 12월 아르헨티나에서 경험한 것과 같은 은행동결의 운영방식을 촉발시켰을 것입니다. 앞에서 언급했듯이, 다행히도 미국 중앙은행은 저축한 은행이 파산하더라도 예금 중 처음 25만 달러를 보장하는 하는 법령을 제정할 수 있는 충분한 여력을 가졌습니다.

위기가 오기 전까지 그 보장 금액은 훨씬 적은 비율의 예금주를 포함한 10만 달러였습니다.

이것은 공황을 억제하고 전체 은행 시스템의 파산을 방지했습니다. 그러나 더 많은 주택 소유자가 상환을 중단하고 집을 포기함에 따라 가격이 급락하기 시작했습니다. 예를 들어, 마이애미에서 판매용 콘도미니엄의 총공급량은 신규 및 구 매물을 포함, 기존 수요보다 1.5배나 더 많았습니다.

가격은 2005년 사이클의 정점과 2009년의 사이클의 하점 사이에서 약 50%나 하락했습니다.

그러한 가격 하락을 기회로 활용하여 부동산을 사고자 하는 소수의 매수자도 그렇게 할 수 없었습니다. 새로운 모기지 대출을 얻지 못했기 때문입니다. 금융 전문 용어로 말했듯이 '어떤 은행도 나쁜 돈에 좋은 돈을 걸고 싶어 하지 않았습니다'.

불황기에 접어들면서 마침내 신축 공사는 공사가 시작되기 전에 취소되었습니다. 우리는 계획, 설계 및 승인에 수년을 보냈고 많은 돈을 썼습니다. 그러나 우리가 건물 건설까지 시작했다면 훨씬 더 많은 것을 잃었을 것입니다.

건설이 경제의 주요 동력 중 하나인 만큼 건설 공사가 사라지면서 경제에 미치는 영향은 계속 증가했습니다. 수 천 개의 일자리가 사라지고 실업률이 높아지면서 위기가 더욱 악화되었습니다.

판매된 주택의 수는 2005년 700만 채에서 2008년 410만 채로 감소했으며, 건설중인 신규 주택 수는 2005년 200만 채에서 2011년 62만 채로 감소했습니다. 건설 중인 주택의 비율중 일부가 소유주가 자신의 영구 주택으로 사용하기 위해 지었다는 점 (즉, 개발자에 의한 투기성 매물이 아니라는 점)을 감안하더라도 그 숫자는 놀라웠습니다.

(단위 : 1천)

연도	기존 주택 매매	변동률	신규 주택 매매	변동률	주택 공급	변동률
2000	5,158	−0.67%	880	0.11%	1,573	−4.49
2001	5,290	2.56%	907	3.07%	1,601	1.78%
2002	5,593	5.73%	977	7.72%	1,711	6.87%
2003	6,098	9.03%	1,087	11.26%	1,848	8.01%
2004	6,779	11.17%	1,170	7.64%	1,934	4.65%
2005	7,076	4.38%	1,283	9.66%	2,043	5.64%
2006	6,478	−8.45%	1,051	−18.08%	1,801	−11.85%
2007	5,652	−12.80%	775	−26.26%	1,355	−24.80%
2008	4,106	−27.35%	482	−37.81%	805	−40.59%

2009	4,329	5.43%	374	−22.41%	595	−26.09%
2010	4,190	−3.21%	321	−14.17%	605	1.68%
2011	4,260	1.67%	306	−4.67%	624	3.14%
2012	4,660	9.39%	369	20.59%	829	32.85%

출처: US NATIONAL REALTORS ASSOCIATION

은행은 거부 상태에 빠졌습니다. 모두 자신이 곤경에 처했다는 사실을 인정하거나 장부에 쌓인 미지급 빚을 어떻게 처리해야 할지 알지 못했습니다.

2009년 카르멘 라인 하트와 케네스 로고프, 두 명의 하버드 교수가 〈이번에는 다르다: 8세기에 걸친 재정적 넌센스〉라는 책을 출판했습니다. 이 책에서 그들은 8백 년에 걸친 심각한 경제 위기를 분석했으며, 일부는 80년대 러시아와 태국의 금융 위기가 닥칠 때까지 나폴레옹 보나파르트가 제국 정복에 자금을 지원하기 위해 발생한 부채로 인한 금융 위기까지 거슬러 올라갑니다. 그리고 이 책은 2001년 아르헨티나의 외채 부도를 현대 경제사에서 가장 큰 규모 중 하나로 봅니다. 그의 분석은 5개 대륙에 있는 66개국을 대상으로 하였습니다.

모든 경우에 공통분모가 있었습니다. **주요 경제 주체(은행, 투자자, 주 규제 기관)는 위기의 심각성을 부정하였습니다.** 그들은 항상 '이번에는 다르다. 이런 이유로 시장이 무너지지 않을 것'이라고 말할 변명거리를 찾았습니다. 대규모 채무는 일반적으로 몇 세대에 걸쳐 장기간에 걸쳐 일어나기 때문에 이는 비현실적인 느낌을 만듭니다. 이는 붕괴가 다시는 일어날 수 없다는 환상을 만들어 냅니다.

예를 들어, 미국에서는 1929년 대공황에 대한 기억이 이미 먼 곳에 있었습니다. 저자들은 '이번에는 다르다 라는 몇 개의 단어 때문에 근래의 어떠한 자연재해로 인한 피해보다, 더 많은 돈은 잃었습니다.'라고 말했습니다.

이러한 부정의 본능은 세계를 2008년 대불황으로 이끈 위기에서 다시 나타났습니다.

은행들은 문제가 터지기 전에 인정하기를 거부했고 이로 인해 위기가 악화되어 세계 경제가 흔들렸습니다.

대불황

경제와 은행 시스템의 붕괴는 즉시 전국의 모든 부동산 부문을 마비시켰습니다.

앞에서 금융 사이클을 논할 때 보았듯이 돈이 주택 시장으로 유입되는 것이 멈췄습니다. 앞에서 본 그래프는 더 이상 돈이 없어지는데 1980년대와 같은 6년 또는 1990년대와 같은 2년이 걸리지 않았음을 보여줍니다. 눈 깜짝할 사이에 돈이 사라졌습니다.

한편으로 자본 투자자들은 유동 자산에 대한 모든 투자를 철회하고, 부동산 투자와 같은 비유동성 투자에 '갇혀' 있었습니다. 콘도미니엄 구매자는 즉시 사라졌고 많은 사람들은 공포에 휩싸여 판매를 시작했습니다. 이로 인해 높은 수준의 과잉 공급이 발생했습니다.

7개월 치의 매매물건에 대한 공급이 있을 때 시장은 정상으로 간주됩니다. 즉, 당시의 판매율로 시장에 새로운 매물이 판매되지 않으면 기존 매물의 전체 재고를 판매하는 데 7개월이 걸립니다. 2008년 판매 물량은 12개월치 였으며, 이것은 이전에 기록된 바 없는 수치입니다. 이는 콘도미니엄 공급이 수요를 50% 초과했음을 의미합니다.

부동산 가격은 폭락하여 많은 경우 60% 이상 하락하였습니다.

건설 기간 동안 유닛 판매 가격의 20%만 지불한 건설 전 콘도유닛의 사전구매자는 이미 60% 이상 하락으로 그 물건의 잔금을 지불하는 것보다, 20%의 보증금을 포기하는 것이 낳습니다.

앞에서 보았듯이, 시장은 '토지 가격의 마이너스의 가치' 영역에 들어섰습니다. 즉, 구매자가 지불한 가격이 유사한 건축 세대의 건설 비용마저 충당하지 못했을 때입니다.

다음 그래프에서 앞서 언급한 Case-Shiller 물가 지수에 따라 전년대비 부동산 가격의 변동을 볼 수 있습니다. 지수는 2006년 말 192.29로 2011년 115.84로 떨어졌습니다. 이는 해당 기간 동안 자산 가치의 40% 손실을 의미합니다.

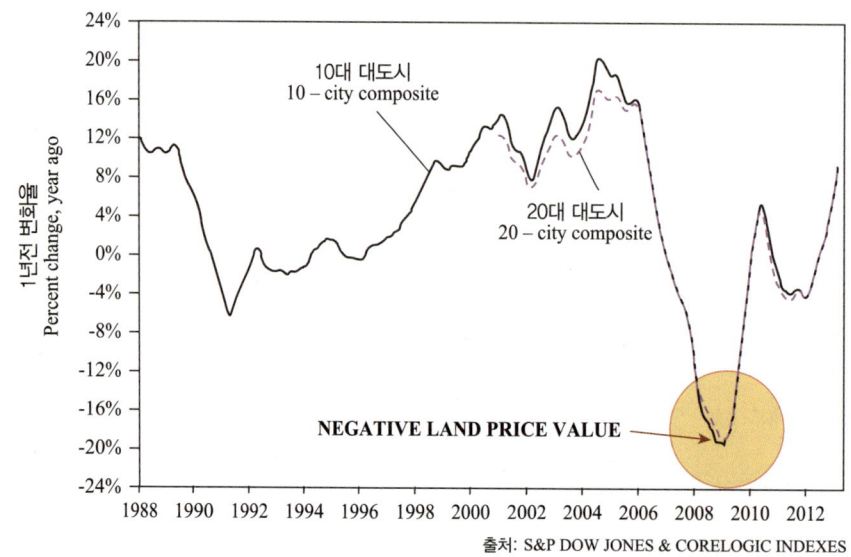

[S & P / 케이스-쉴러 주택 가격 지수(S&P/ Case- Shiller home price indices)]

콘도미니엄 주택의 공실률은 2006년 1%에서 2009년 6.4%로 급등했습니다.

2009년 초 남부 플로리다의 콘도미니엄 시장에는 2년 전 평균보다 두배 이상 많은 10만 호의 매매물건이 나와 있었습니다.

더 걱정스러운 점은 판매 또는 계약 중인 호가 (즉, 향후 몇 개월 내에 등기될 예정) 1만 개 미만이었습니다. 국가 경제가 불황에 빠졌습니다. 경제의 원동력인 공공 소비가 급감하고 실업률이 2007년 4.4%에서 2010년 10%로 급증하였습니다.

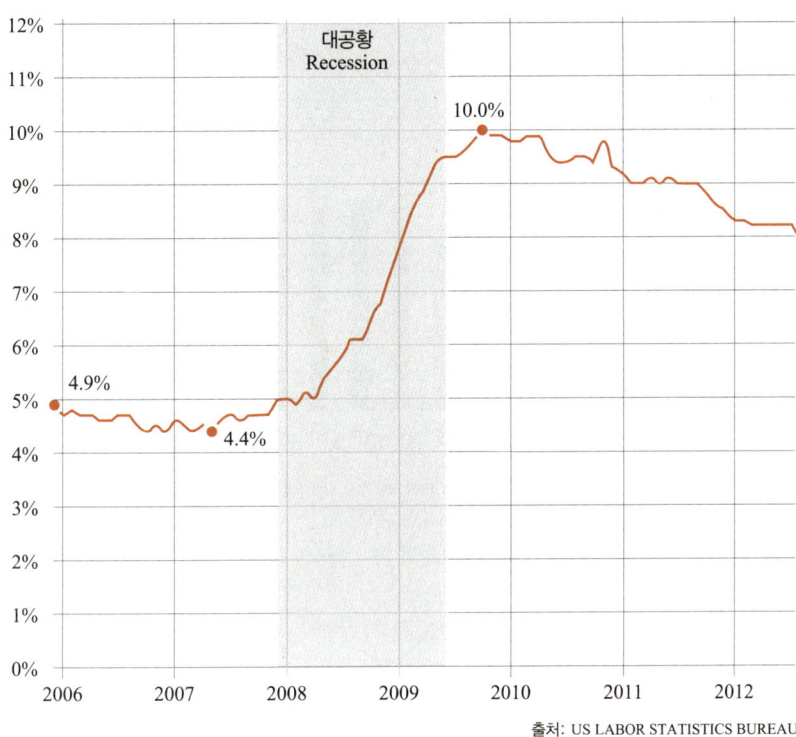

출처: US LABOR STATISTICS BUREAU

    그러나 역설적이게도 콘도미니엄 시장의 붕괴는 곧 임대 주택에 혜택을 주기 시작했습니다. 다음 그래프에서 1999년과 2015년 사이에 임대료가 어떻게 변했는지(녹색 사각형으로 표시)와 임대율(파란색 선으로 표시)의 변동을 볼 수 있습니다. 왼쪽에서 이 기간 동안 평균 임대료는 800달러에서 1,250달러로 상승했으며 경제 위기의 영향으로 가격이 하락한 2009년과 2010년을 제외하고는 지속적으로 상승했습니다.

    동시에, 임대율이 위기 당시 2007년 94.5%에서 2009년 92%로 어떻게 하락했는지 오른쪽에서 볼 수 있으며 경제상황이 개선되기 시작하고 더 많은 주택소유자들이 집을 잃고 다시 임차인으로 살게 되면서 임대율이 다시 상승했습니다.

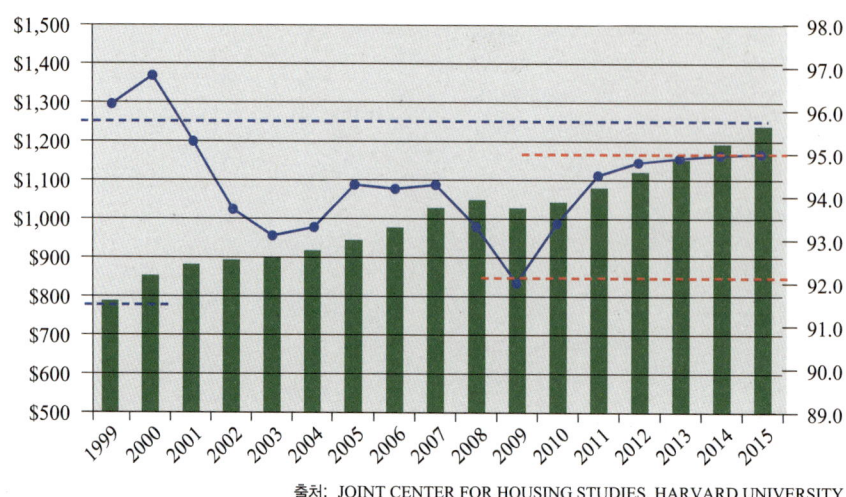

[미국내 아파트 임대율과 임대 수준(National apartment occupancy and rent levels)]

임대율은 2007년 94%에서 2009년 92%로 하락했는데, 위기의 규모가 부동산 시장에 미친 초기의 영향으로, 주로 임대료를 계속 지불할 돈이 있는 다수의 활동적인 인구가 일자리를 잃었기 때문입니다.

그러나 앞서 말했듯이 인구의 다른 부문이 위기에 적응하고 있으며 다행히도 그러한 불황에도 불구하고 '노숙자'가 되는 비율은 미미합니다.

은행에 대한 모기지 대출 미납으로 집을 팔게 된 사람들은, 집을 잃었기 때문에 주거용 임대 시장으로 돌아갔습니다. 이 위기 동안 은행은 4백만 개의 부동산을 사법적 공경매에 부쳐졌습니다.

2008년과 2011년 사이에 거의 8만 가구가 주택 소유에서 임대로 전환되었습니다. 이것은 일반적으로 청년, 이혼 등으로 자연스럽게 임대 시장에 처음으로 참여한 집단에 더해져, 주거용 임차인 시장에 3백만의 새로운 세대가 추가로 형성되었습니다. 집을 소유한 인구의 비율은 전국적으로 3년 동안 67.8%에서 66.2%로 감소했으며 세입자 비율은 같은 비율로 증가했습니다. 이 비율은 도시마다 상당히 다르다는 점에 유의해야 합니다. 세입자 비율이 4%를 넘지 않은 북쪽 플로리다의 은퇴 커뮤니티인 '더 빌리지'와 같은 특정 도시와 인구의 87%가 임대된 뉴저지의 뉴브런즈윅 같은 극단적인 도시가 있습니다.

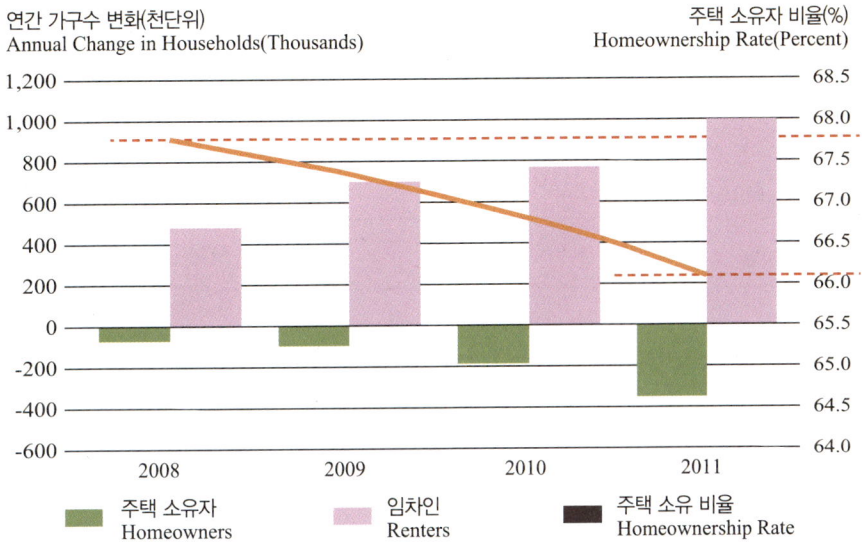

[2011년 주택 소유에서 임대로 전환된 가구(Losses of Homeowners and Increases in Renters Accelerated in 2011)]

다음 그래프에서 볼 수 있듯이 위기가 주택 소유자 비율에 미치는 부정적인 영향은 수년 동안 지속되었으며 2016년에야 회복되기 시작했습니다.

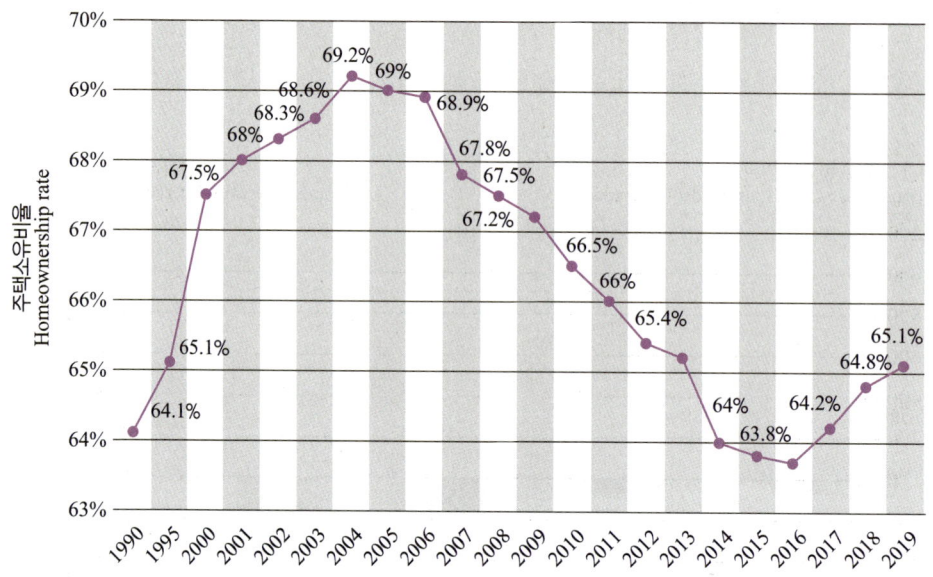

다음 그래프에서 볼 수 있듯이, 역사적으로 미국의 주택 소유 비율은 세입자에게 강력한 사회지원 시스템을 제공하는 국가그룹(예: 독일, 오스트리아, 덴마크 및 영국)과 사회적 지원이 적고 특정 문화적 가치가 주택 구매를 장려하는 또 다른 그룹(슬로바키아, 크로아티아 및 루마니아 등)의 중간 수준입니다. 일반적으로 이탈리아, 스페인 및 벨기에와 같은 국가의 주택 소유자 비율가 일치하는 경우로 나타납니다.

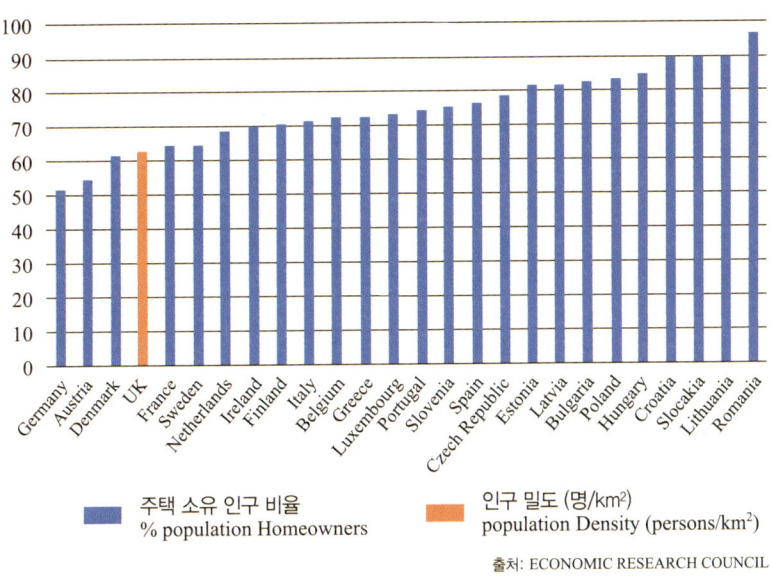

[유럽의 주택 소유 비율과 인구 밀도(Rates of Home Ownership in Europe vs. Population Density)]

터널의 끝과 빛

2009년에 저는 매사추세츠주 케임브리지에 위치한 하버드 대학에서 다시 부동산을 체계적으로 공부하기로 결정했습니다. 저는 마이애미에 있는 사무실에서 하루 종일 문제를 해결하는 데 지쳐 있었고, 제 경력을 다시 시작하고 더 나은 미래를 구상할 수 있는 '희망의 빛'을 찾고 있었습니다.

그 당시에는 쉬운 결정이 아니었습니다. 미국에서 가장 비싼 대학 중 한 곳에서 1년 동안 공부하는 학비와 매달 왕복 항공료, 경제적이지 않은 보스턴의 주택 비용이 발생하게 되었는데, 제 아내는 '**비용이 아니라 투자라고 생각하세요. 나는 당신이 당신의 시간을 활용하고 이 경험에서 생산적인 것을 얻을 것이라고 확신합니다.**'라고 말하며 현명하게 격려해 주었습니다.

미국의 유명한 대학에서 공부하는 것은 항상 제 꿈 중 하나였지만 가장 좋은 타이밍 같아 보이지는 않았습니다.

그러나 나는 그들의 조언을 따랐고, 입학지원서가 받아들여져, 2009년 7월 나는 큰 열의와 기대를 가지고 개강일에 도착하였습니다.

그 해의 연구 기간 동안 나는 그 전문 분야의 최고로 여겨지는 교수들과 부동산 순환 주기가 어떻게 작용하는지에 대한 이론을 자세히 공부하기 시작했습니다.

최종 논문을 쓸 때가 되었을 때 제가 선택한 주제는 2010년 마이애미와 같은 침체된 시장에서 투자 전략을 만드는 방법과 주기의 미래의 주기 변화에 대해 추적한 예상치와 이러한 변화로부터 혜택을 받을 사업에 관한 계획이었습니다.

저는 위기를 이용하여 미국에서 사업을 하고 싶어 했던 오스트리아 동급생과 파트너가 되었습니다. 그의 경우는 정반대였습니다. 그는 유럽의 부동산 순환주기가 뚜렷한 침체기에 접어들었고, 유럽 연합의 여러 구조적 문제가 구대륙의 폭풍우를 예고했다는 것을 인식했습니다. 틀린 것이 아니었습니다. 2009년에 유럽 경제가 삐걱거리기 시작했습니다. 그리스와 아일랜드는 파산에 가까웠고, 나머지 지역 사회 국가들은 여전히 계속되는 불황기에 접어들었습니다.

논문 공개 발표일 나는 긴장되었습니다. 배심원단은 미국은 물론 아마도 세계 최고의 부동산 교수들로 구성되어 있었을 겁니다. 그들 중 몇몇은 각 분야의 가장 중요한 책들을 썼습니다. 그러한 책들은 과목의 모든 학생이 알고 있는 일종의 '부동산 성경'이었습니다. 제 프레젠테이션은 글렌 뮬러 교수가 2009년 1학기에 준비한 주거용 주기의 그래프를 기반으로 우리가 주기의 어느 위치에 있었는지 보여 주는 것으로 시작되었습니다.

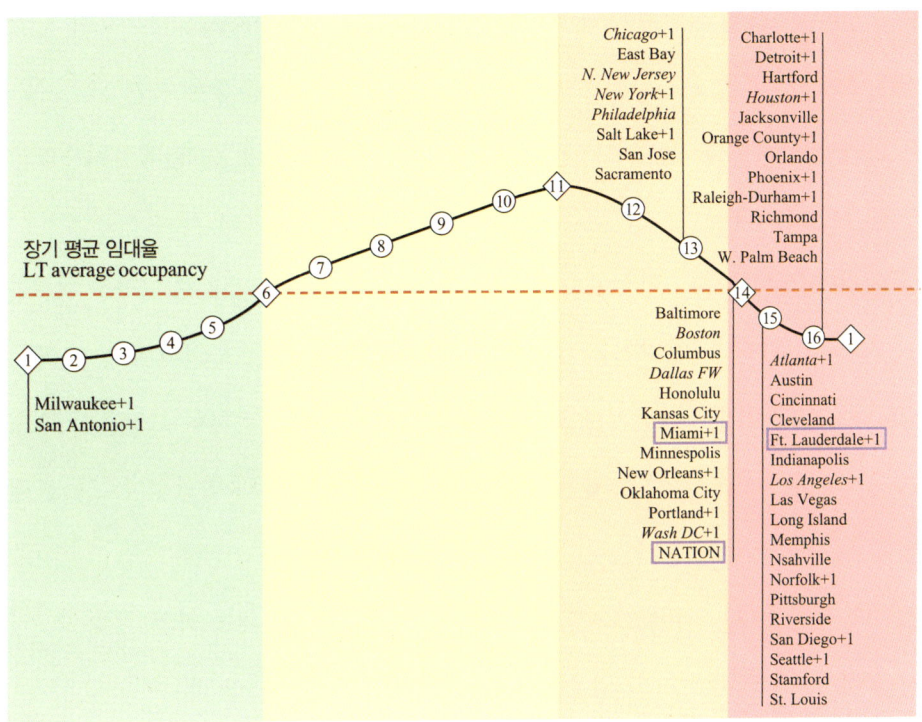

[아파트 시장 주기 분석(Apartment Market Cycle Analysis)]

2009년 1분기(1st Quarter, 2009)

분명히 업계는 매우 어려운 단계를 거치고 있었습니다.

미국 상위 50대 대도시의 거의 모든 시장이 불황 또는 공급 과잉 상태였습니다.

우리는 마이애미가 위치 14에 있었고, 국가 전체의 평균이라는 것을 알 수 있었습니다.

운명적인 위치 14는 시장이 과거 평균보다 높은 공실률에 진입하고 있음을 나타내는 것입니다. 이는 가격이 하한선을 찾을 때까지 멈출 수 없을 정도로 계속 하락한다는 것을 의미합니다. '자매 도시'의 일종인 마이애미의 이웃 도시인 포트 로더데일은 위치 15에 있었는데, 이는 과정에서 한 단계 더 나아간 것일 뿐이었습니다.

야윈 소의 시대가 다가오고 있었지만 우리는 이것을 역사상 가장 낮은 가격으로 시장에 진입할 수 있는 기회로 삼았습니다. 많은 사람들이 팔고 싶어 하였고, 대부분이 사고 싶어 하지 않았습니다. 제 발표는 제가 앞에서 말씀드린 경매가로 곤경에 처한 모기지를 매입한다는 사업 계획에 대한 설명으로 구성되었습니다. 설명을 마쳤을 때 배심원들의 회의적인 얼굴을 보았습니다.

당시의 전망으로 그들은 시장이 2020년 이전에는 회복되지 않을 것이라고 예측했습니다. 저는 회복이 훨씬 더 빨라지고 2013년에는 이 지역에 신축건물들이 보일 것이라고 예측했습니다. 그 당시에는 망상으로 보였거나 적어도 선의의 표현처럼 보였을지 모릅니다. 나는 내 논문에서 최종적으로는 좋은 성적을 받았지만 내 이론의 타당성이 그들을 완전히 설득할 수 없다는 느낌을 받았습니다.

2011년에 우리 둘 다 하버드로 돌아와 새로운 학생들에게 강의를 하고 있을 때, 저는 캠브리지 펍에서 이 교수들 중 한 명을 만났습니다.

그가 저를 보았을 때 가장 먼저 한 말은: '당신은 남부 플로리다에서 부동산 자산을 사기 위해 뮤추얼 펀드를 만들 계획을 세운 마이애미의 개발자입니다. 나는 아주 잘 기억합니다. 뮤추얼 펀드에 내 돈을 투자했어야 했다고 생각해요. 뮤추얼 펀드가 많은 돈을 벌었겠죠?'

그리고 그는 옳았습니다. 앞에서 말씀드렸듯이, 그 기간 동안 우리는 오스트리아 파트너들과 함께 남부 플로리다에 있는 500호 이상의 주택을 시장보다 70% 낮은 가격에 구입했습니다. 우리는 극심한 경기 침체 단계를 이용하여 투자자와 프로모터였던 우리에게 엄청난 이익을 가져다주었습니다.

그 동안 주기는 어떻게 되었습니까? 2011년 4분기에 Mueller교수의 그래프를 살펴보겠습니다.

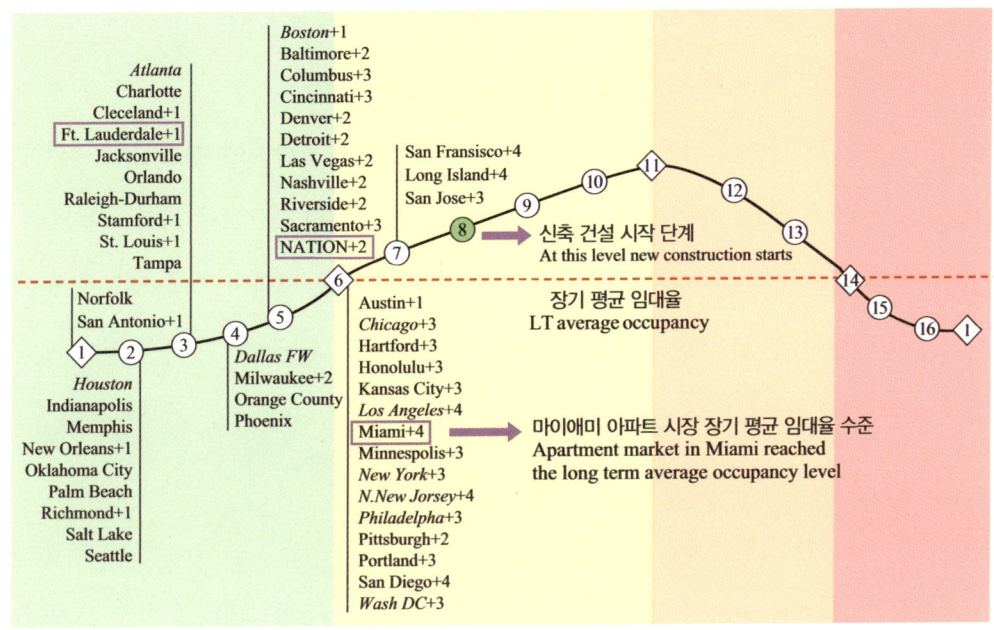

[아파트 시장 주기 분석(Apartment Market Cycle Analysis)]

2011년 4분기(1st Quarter, 2011)

보시다시피, 그 삼 년 동안 온갖 종류의 폭풍이 지나갔습니다! 매년 봄 남부 플로리다를 통과하는 허리케인이 이 지역의 해안을 강타하는 것처럼, 그들은 결코 끝나지 않을 것이며 파괴와 손실의 흔적을 남길 것 같았습니다. 그러나 허리케인과 마찬가지로 그것들 역시 조만간 지나가게 됩니다. 그리고 그들이 지나갈 때 상당한 소란을 일으키지만 하늘은 맑고 투명해지며 구름 한 점 남기지 않고 떠나갑니다. 도시의 재건과 회복을 시작할 준비가 된 땅이 됩니다. **불과 삼 년 만에 시장은 교수님들이 예상했던 것보다 훨씬 빠르게 전체적으로 경기 침체 및 회복 단계를 거쳤습니다.**

마이애미는 다시 장기 임대율을 표시하는 점선에서 위치6에 있었습니다.

그러나 이번에는 경기 침체, 공실률 상승, 가격 하락이 아니라 '구름 없는 미래'를 향한 것이었습니다. **확장 단계가 곧 임박했습니다.**

특히 대침체의 '못생긴 아이'였던 마이애미는 국가 전체(위치 5)와 자매 도시 포트 로더데일(위치 5)보다 세 지점 뒤에서부터 빠르게 회복했습니다.

2011년 4월, 7년 전 대불황을 예견했던 기자 샨 툴리씨는 포춘지에 '부동산의 귀환(The Return of Real Estate)'라는 기사를 표지 기사로 실었습니다. 2004년 기사의 동일한 경제 토대를 검토하면서 그는 급격한 하락 이후 마침내 부동산 시장이 회복 조짐을 보이고 있다고 주장했습니다. 그 기본 토대는 무엇입니까? 하락을 촉발시킨 것과 동일한 것이지만 이번에는 반대 방향입니다. 즉, 주기의 방향이 변경되었습니다.

어떤 일이 발생한 것인가요?

- **부동산은 2006년 이후 전국적으로 30% 하락하였습니다.** 플로리다와 같은 특정 지역에서는 이러한 하락이 50~70% 사이였지만 이것은 5년 전보다 더 많은 사람들이 집을 살 수 있다는 것을 의미했습니다.
- **건설이 갑자기 중단되었습니다.** 2005년에는 120만채의 신규 주택이 지어졌으나 2010년에는 겨우 47만 채에 불과했습니다. 세기의 첫 5년붐 동안 구축된 모든 공급 과잉이 하반기 10년 동안 중단되었으므로 곧 다시 주택 부족 현상이 시작될 것입니다. 승인 중인 건축 허가건은 매우 적어 짧은 시간에 수요가 공급을 초과할 것입니다.
- **미국은 인구가 계속 증가하는 유일한 선진국이었습니다.** 매년 인구가 감소하는 서유럽 국가나 일본에서 일어난 일과는 정반대의 상황이 었습니다. 이 성장은 둔화되었지만, 국가는 여전히 매년 2%씩 성장하고 있었습니다. 살 곳이 필요한 사람들은 6백만 명 이상이었습니다. 이 새로운 인구의 대부분은 이민자로 구성되었습니다. 2008-2009년 위기에도 이민자의 흐름 (합법적 및 불법적)이 중단되지 않았습니다.
- **집을 사는 것과 임대하는 데 드는 비용**: 하락 이전에는 집을 소유하는 것보다 임대하

는 것이 더 저렴했습니다. 모기지 비용, 재산세 및 공동 비용을 지불하려면 월 소득의 17.2%가 필요했습니다. 2011년에는 가격이 하락하면서 집주인이 소득의 9.8%만 주택 비용으로 지불했었는데, 이 수치는 지난 15년 동안 월 소득의 21%였던 과거 비율보다 상당히 낮았습니다. 대부분의 대도시에서는 집을 소유하는 것이 임대하는 것보다 경제적이게 되었습니다. 예를 들어, 2011년 마이애미에서는 모든 비용이 추가되었을 때 소유하는 것보다 세입자가 되는 것이 20% 저렴했습니다. 물론 모든 도시가 그렇게 저렴하지는 않았습니다. 경기 침체가 절정에 달했을 때에도 뉴욕 주민들은 소득의 27%를 주택에, 샌프란시스코는 42%를 지출했습니다. 역사적으로 주택 가격은 15.5년의 기간 동안 부동산을 임대한 가격과 같았습니다. 즉, 임차인이 1년에 1만 2천 달러의 임대료를 지불한 주택은 시장에서 약 18만 6천 달러의 가치를 가질 것입니다. 가격이 하락한 후에 진짜 기회가 왔습니다. 가격 하락 직후부터는 연간 임대료 대비 매매 가격이 10배를 넘는 경우가 드물게 나타났습니다.

- **이미 살펴본 바와 같이 동일한 현상을 보는 또 다른 방법은 '수입대비 구입능력 지수[64]'를 통해서 입니다.**

앞에서 언급했듯이 호황기의 미국인 근로자에게 평균 4.7년의 연봉이 필요했습니다. 평균 가격의 집을 사기 위해 2011년에는 2.7년이 필요했는데, 이는 위기 이전 20년 유지되는 기록입니다.

- **호황기에 일어난 일과는 달리 2005년 이후 수요 부족으로 건설 비용이 20% 감소하였습니다.** 이로 인해 첫 개발을 시도한 개발자는 보다 경쟁력 있는 가격으로 판매할 수 있으며 이는 부동산 성장의 새로운 주기로 이어질 것입니다.

---

64 Income Affordability Index

가격이 너무 많이 떨어졌기 때문에 건축비용 대비 30~50% 저렴한 가격으로 부동산을 구입할 수 있었습니다. 그 당시 구매할 여력을 가진 투자자는 확실히 큰 규모의 재평가로부터 재산상 이익을 얻을 것입니다. 기본 경제학이 우리에게 다음과 같은 가르침을 주듯이 말입니다. '규제가 없는 자유로운 시장에서는 한동안 그 어떤 것도 비용 이하로 가치가 내려가지 않습니다.'

- **과잉 공급은 많은 사람들이 예상했던 것보다 훨씬 빠르게 감소했습니다.** 외국인 투자자들의 대규모 부동산 매입 때문이었습니다. 세계 주요 도시의 평방미터당 평균 가격을 비교해 보면 대부분의 북미 대도시의 부동산이 이렇게 저렴한 가격인 적이 없었습니다. 파리는 평방미터당 약 12,000달러, 마드리드는 5,500달러, 런던은 10,000달러였습니다. 2차 유럽 도시인 프라하와 비엔나에서도 평방미터당 4,500달러 미만의 가격은 찾아볼 수 없었습니다.

제 고객이 거주하는 라틴 아메리카의 경우, 상파울로에서 평방미터당 7,000달러에서 8,000달러 사이, 해변 앞의 리우데 자네이루에서는 25,000달러 그리고 부에노스아이레스의 좋은 동네는 2,000~3,500달러 사이의 가격이 책정되어 있었습니다.

'빌라 크레스포' 또는 '알마그로와' 같은 전통적인 중산층 지역의 가격은 평방 미터당 1,500달러 이하였습니다.

이러한 모든 예를 비교해 보면 미국에서 다섯 번째로 큰 도시인 마이애미의 평균은 1,500 내지 1,800달러 사이로 매우 저렴했습니다.

이 가격 차이를 고려하기 위해서는 주민 9백만인 남쪽 플로리다의 GDP가 브라질과 멕시코를 제외한 라틴 아메리카의 어느 국가보다 높았다는 점을 고려할 필요가 있었습니다. 즉, 이러한 불균형은 경제 기본원리의 토대에 근거한 것이 아니라 2008년에 시작된 위기에 대한 충격을 반영한 것이며 조만간 재조정되어야 했습니다.

이러한 가격의 불일치 이유 중 하나는 달러가 다른 통화 대비 강력하게 평가절하 되었기 때문이었습니다.

환평가는 2005년 11월 달러당 1.18유로에서 2008년 7월 1.56유로로 떨어졌습니다. 32%의 평가 절하는 외국 구매자들에게 부동산 가격을 더욱 저렴하게 만들어 이미 국제적으로 경쟁력이 있던 이 시장을 더욱 국제적으로 만들었습니다.

투자를 제안했을 때, 저는 투자자들에게 마이애미의 평방미터당 가격이 장기적으로 세계의 다른 도시들보다 낮게 유지될 수 없다는 글로벌 관점을 제시했습니다. 저는 마이애미에서 그 부동산의 달러 가치가 상승하지 않더라도, 우리가 서로 다른 환율 사이의 관계에 대해 이야기했을 때 보았듯이 그 통화에 대한 달러의 가치가 상승할 가능성이 있기 때문에 유로화도 상승할 것이라고 말했습니다.

우리는 미국에서 가장 중요한 10대 도시 중 하나에 대해 이야기하고 있었는데, 대불황의 경제 붕괴 이후에도 여전히 세계에서 가장 큰 경제 규모였습니다.

나는 그들에게 다음과 같은 질문을 하였습니다. '어떻게 그러한 불균형이 존재할 수 있습니까? 그리고 이러한 모든 깡통 매물이 판매되고 가격이 상승하기 시작하기 전에 그러한 차익 거래가 얼마 동안이나 유지될 수 있다고 생각하십니까?' 그래프에서 볼 수 있듯이 답은 삼 년이었습니다.

이러한 상황으로 인해 국제적인 주택 수요가 폭발적으로 증가했습니다. 최대 70%의 가격 하락으로 인해 마이애미는 세계에서 가장 저렴한 부동산 자산을 보유한 도시 중 하나가 되었습니다.

그리고 그것은 보스턴에 있는 그들의 사무실에서 그 주제를 본 하버드 교수들과 나의 관점의 차이였습니다. 때때로 우리는 글로벌 관점에서 시장을 보아야 합니다. 앞서 말했듯이, 세계는 지난 수십 년 동안 '지구촌 마을'로 변모했습니다. 돈은 매 순간 최고의 기회를 찾기 위해 매우 빠르고 쉽게 극에서 극으로 이동합니다. 임대 수준 회복과 관련하여 방금 설명했듯이 집주인이 되는 것을 중단한 많은 가족이 임대 주택으로 전환했습니다. 이로 인해 임대율은 이미 장기임대율 선을 넘어섰고, 시작된 이 새로운 주기 단계에서 아직 건설 중인 프로젝트가 없었기 때문에 임대율이 계속해서 증가할 것으로 예상되었습니다. 이러한 변수를 바탕으로 앞에서 자세히 말씀드린 반주기적인 투자 전략을 설계하여 위기를 활용하고, 전망이 매우 심각해 보였을 때도 매우 좋은 거래를 성사시켰습니다.

불사조처럼 다시 살아난 시장

어떤 사람이 말했듯이 '항상 폭풍 구름 뒤에는 푸른 하늘과 빛나는 태양이 있습니다.'

2012년 6월, 2008년 이후 남쪽 플로리다 부동산 시장을 뒤흔든 깊은 불황이 사라지기 시작하는 것처럼 보였습니다.

부동산 가격은 하락을 멈추고 서서히 회복되기 시작했습니다. 임대료가 오르기 시작했고 빈주택 수는 감소했습니다.

2008년에 미분양된 42,000호의 재고는 점차 흡수되었고, 4,500호 만이 비어 있었습니다.

당시 아르헨티나 부동산 신문에 썼던 기사에서 저는 '이제 다시 이 시장에 진입할 때입니다. 앞으로 24개월 안에 진입하는 사람들은 부동산 확장의 새로운 선순환이 시작될 때 구매하게 될 것이며, 가격이 회복되는 4~5년 내에 아주 좋은 수익을 얻을 수 있을 것입니다.'

플로리다에서 판매되는 매물은 2009년 1월에 10만 호가 넘었습니다. 2011년 7월에서야 이 숫자는 약 46,000호에 달하는 절반 이하로 떨어졌습니다. 동시에 분양 및 소유권이 부여되는 계약 중인 매물의 수는 같은 기간에 1만 호에서 22,000천 호로 100% 이상 증가하였습니다.

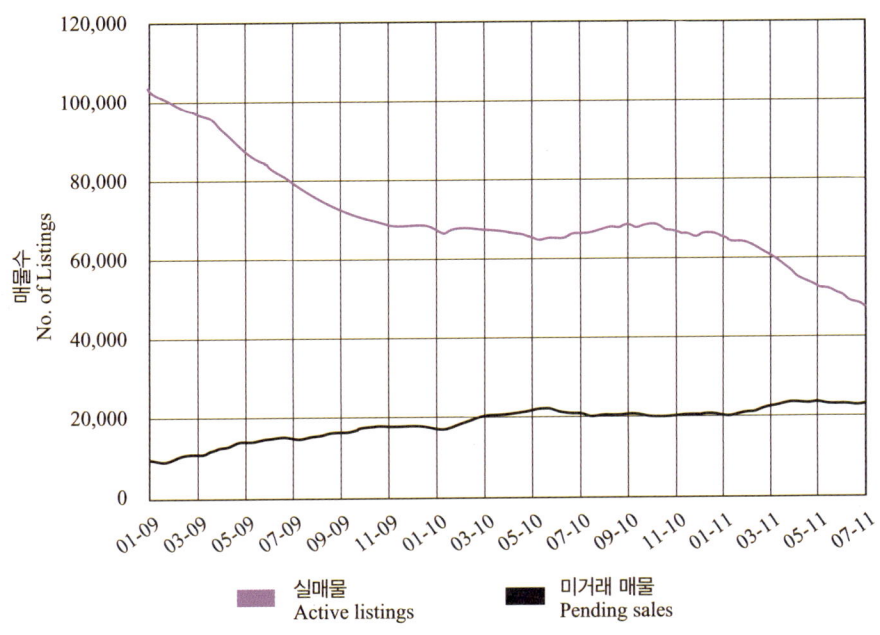

이 지역의 콘도미니엄 시장의 회복은 저와 같은 낙관주의자조차도 부인할 수 없을 정도로 놀라운 일이었습니다.

4만 2천 개의 콘도미니엄(다른 국가에서는 수평 부동산이라고 부름) 중 650호의 아파트만 2012년에 매각되지 않았습니다. 빈 주택은 역사적으로 낮게 기록되었습니다. 전국 평균 4.5%의 공실률 대비 전체 주택의 1.4%만이 임대되지 않았거나 혹은 집주인이 살고 있지 않은 빈 주택이었습니다.

마이애미의 도심 지역[65]에서만 도시의 변화가 근처에 거주하여 매일 몇 시간 동안 자동차로 출퇴근하는 것을 피하는 젊은 사람들의 새로운 트렌드로 인해 **매년 6,542호의 신축에 대한 수요가 있었습니다.** 이 수요는 충족되지 않았습니다.

7년 동안 이 지역에서 새로운 프로젝트가 시작되지 않았기 때문에 2012년에는 수요

---

65 Brickell-Downtown-Edgewater-Midtown, 다운타운에서 NE 33번가 다리까지

보다 공급이 적었습니다. 이러한 이유로 임대료는 빠르게 상승했습니다. 2012년에는 10.6%(인플레이션이 2% 미만인 국가에서)였습니다. 2013년에는 6%, 향후 4년마다 3.5%씩 계속 증가할 것으로 예상했습니다. 경제학을 공부하는 우리는 임대료가 오르면 부동산 가격이 올라가고, '재화의 가치는 그들이 창출하는 소득에 정비례합니다.'를 알고 있습니다.

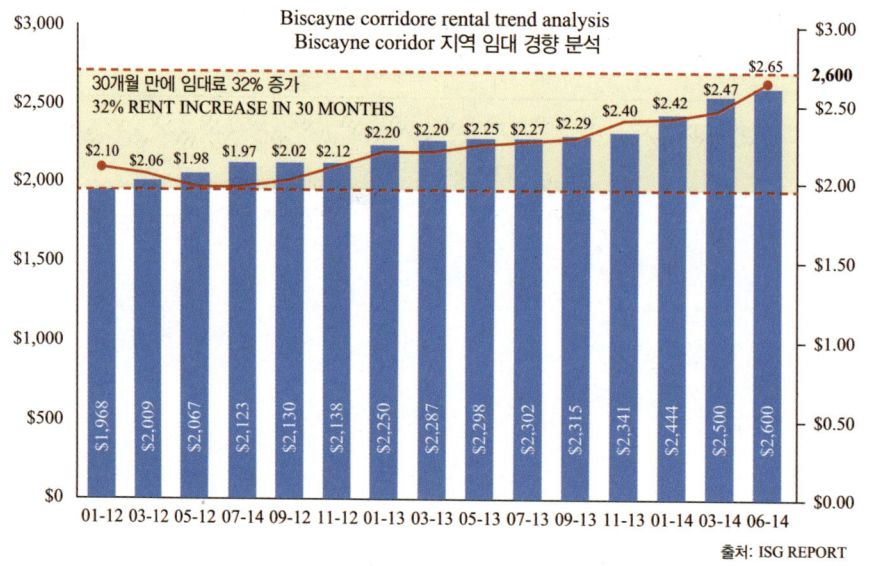

미국의 선두 시장조사 회사인 CBRE의 **시장 조사**에 따르면 마이애미 시장은 미국에서 가장 강력한 시장 중 하나였습니다. 2013년 초 임대율과 가격은 회복되었고, 위기 이전보다 더 좋았고, 그들은 이 시장이 '완전히 회복 되었다'라고 생각했습니다.

미국 최대 규모의 전문기관 중 하나인 '미국 공인중개사 협회[66]'는 마이애미를 '2012년 회복 속도 부문 1위 시장'으로 선정했습니다.

---

66 National Association of Realtors: 미국 부동산 중개사 협회

마이애미가 다른 도시보다 회복이 더 강했던 이유는 무엇입니까?

- 한편으로 마이애미는 미국에서 인구 증가율이 가장 높은 대도시 지역 중 하나였습니다. 디트로이트와 같은 도시와 미국 중심부의 다른 산업 도시가 빠르게 줄어들고 있는 동안 (지난 13년 동안 연간 최대 2%) **마이애미는 밀레니엄이 시작된 이래로 매년 2%에서 1.2%까지 성장했습니다.**

- 다른 곳에서는 찾을 수 없는 삶의 질, 좋은 날씨, 전문성 개발 가능성이 있는 곳을 찾기 위해 그 도시에 온 외국인들에게는 여전히 천국이었습니다. 이 도시는 '슈로더 투자 신탁 운용 지수[67]'에서 세계 30대 도시 순위 안에 듭니다.

- 또한 **이민자들의 대다수는 25세에서 45세 사이의 젊은 층으로**, 가족이 형성되고 성장하는 과정에 있었습니다. 새 천년의 첫해 동안 남쪽 플로리다는 이제 미국 은퇴자들만의 '은퇴 도시'가 아니었습니다. 인구는 증가하고 활력을 되찾았으며 더 많은 주택을 필요로 하였습니다.

- 앞서 살펴본 바와 같이 인구 통계학적 구성의 변화도 기여합니다. 1인 가구가 23.5%, 2인 가구가 27.5%, 3인 가구가 18.7%를 차지했습니다. 이로 인해 10년 시작 초입보다 주거용 주택에 대한 수요가 증가했습니다.

- 그 결과, 지난 7년 동안 단 2백 채의 새로운 콘도미니엄이 이 지역에 건설되었으며, 위기로 인해 남은 잉여 재고가 흡수되기를 기다리고 있었습니다.

- 마지막으로 대불황 이후에 도착한 수천 명의 외국인들이 예금 자본을 투자할 수 있는 견고하고 안정적인 시장으로 이곳을 인식하고, 거주자가 아니어도 누구나 사업을 할 수 있었던 강력한 효과를 언급하지 않을 수 없습니다. 지역 주민보다 더 높은 세금을 내지 않고 부동산을 매매한 날 바로 대금을 받고 완전한 자유를 누릴 수 있습니다. 플

---

67 Schroder Global City Index

로리다주는 세금을 가장 적게 내는 주 중 하나입니다. 뉴욕이나 캘리포니아와는 달리 주정부 소득세가 없습니다. 같은 투자금에 대해 캘리포니아에서 최대 53%의 세금을 플로리다에서는 세금의 20%를 징수합니다.

이번에는 모든 곳에서 투자자들이 왔습니다. 이전 붐이 일어나기 전까지는 대부분의 자본이 라틴 아메리카에서 왔습니다. 2012년에 처음으로 가장 큰 해외 바이어 그룹이 프랑스에서 왔습니다. 프랑스는 당시 올랑드 대통령이 선거 공약의 일환으로 부과했던 75%의 소득세율에서 벗어나고자 하는 프랑스인들의 열망에 따라 해외 투자에 대한 전통적인 혐오감을 버리고 2009년에 이 지역에서 판매되는 전체 매물의 20%를 매입했습니다. 도시의 전통적인 부동산 구매자였던 캐나다, 베네수엘라, 브라질 및 아르헨티나 사람들보다 더 많았습니다. 이러한 추세에 따라 저는 많은 구매자들이 있는 파리 'Salón National de l' Immobilier'와 유럽 최대 부동산 투자자 전시회인 칸의 'MIPIM'에서 전시자 및 연사로 4년 연속 참가했으며, 많은 구매자들에게 우리의 유닛을 판매했습니다.

마지막으로, **마이애미는 '젠트리피케이션'라는 강력한 과정을 거쳐 미국에서 가장 중요한 도시 중 하나가 되었다는 사실을 덧붙여야겠습니다. 남부 플로리다의 대도시 지역은 GDP가 가장 높은 10대 대도시 지역 중 하나로 나타났습니다.** 이미 말했듯이 주민 9백만 명, 길이 90km의 면적인 남부 플로리다의 국내 총생산은 브라질과 멕시코를 제외한 라틴 아메리카의 어떤 국가들보다 더 크다고 언급한 바 있습니다.

새로운 복구 단계를 시작하기 위한 모든 조건이 실천되었습니다. 저는 2003년에 부에노스 아이레스에서 일어난 일을 투자자들에게 보여주며 그들이 이해할 수 있도록 했습니다. 심각한 위기 이후, 그 해에 낮은 판매 가격과 비용으로 인해 첫 번째 개발 프로젝트가 나타나기 시작했습니다. 그 당시 평방미터당 1천 1백 달러에 구입한 사람들은 그들이 값

비싼 대가를 치르고 있다고 생각했지만 삼 년 후 2천 5백 달러에 재판매하였습니다. 당시 현명한 개발자들은 지금은 7층 건물을 짓기 위한 작은 부지도 얻을 수 없는 가격으로, 당시 30층 타워를 짓기 위한 거대한 부지를 사들였습니다.

새로운 회복의 단계

2011년 사이클 그래프에서 알 수 있듯이, 주거 시장은 6지점에 있었고, 8지점에 매우 가까웠으며, 새로운 프로젝트를 개발하는 사업이 다시 한번 수익성을 나타나려고 할 때였습니다.

그 당시 우리의 전략은 무엇이었겠습니까?

주기의 허용을 기다리지 않고 '정점'에 다다를 수 있도록 토지를 구매하여 신규 건설사업 추진을 준비하는 것이었습니다. 토지 구입 주기의 가장 좋은 순간은 새로운 건설 단계의 시작이 아직 인식되지 않았을 때입니다. 시장은 진로의 변화에 매우 민감하며, 경기 침체 또는 확장 단계에 진입하는지에 따라 토지 가격이 크게 다릅니다. 일반적으로 투자 금액이 매우 크며, 주머니가 넉넉한 개발자만이 사전에 토지를 구매할 수 있습니다.

우리는 이 전략을 '랜드 뱅킹'이라고 부르며 충분한 자원이 있을 때 가장 성공적입니다. 불황 단계에서 토지를 획득하면 훨씬 낮은 토지 비용을 지불할 수 있습니다. 이전 장에서 '부지의 마이너스 가치'에 대해 이야기했던 것과 이 전략으로 얼마나 많은 이득을 얻을 수 있는지에 대해 기억해 봅시다.

저렴한 가격으로 토지를 사는 것은 개발 사업이 성공할 것을 보장하는 것들 중 하나입니다. 반대로 개발자가 토지에 너무 많은 비용을 지불하거나 위치가 좋지 않은 부지를 구입했기 때문에 많은 유망한 프로젝트가 실패하는 것을 보았습니다. 건설 비용은 도시 어디에서나 동일하며 더 나은 판매 또는 임대료를 얻을 수 있는 방법은 입지임을 기억하십시오. 이것은 전혀 새로운 것이 아닙니다. 단지 그 유명한 '입지, 입지, 입지'에 관한 것입니다.

따라서 지난 삼 년 동안 많은 콘도미니엄을 보유한 부실 모기지를 구입했던 것처럼 2012년에는 빈 땅의 부실 모기지를 구입했습니다.

2012년 1월, 우리는 마이애미의 새로운 최고 지역인 '에지워터'에 위치한 수변부지를 m^2당 260달러에 인수했습니다. 이는 이전 호황이 끝날 때보다 70% 낮은 가격이었습니다.

당시 마이애미 데이드 카운티에는 경매를 위한 부동산이 너무 많았기 때문에 Ebay와 매우 유사한 입찰 시스템을 사용하여 온라인에서 압류가 이루어졌습니다. 이 부동산은 삼분 동안 전자 경매에 올랐고 모든 입찰자들이 '내기를 걸었습니다'.

그 시간이 끝날 무렵, 시스템은 가장 높은 입찰자를 낙찰자로 선정했으며, 24시간 내에 부동산 구매 가격의 10%를 보증금으로 입금했습니다. 시장은 아직 깨어나지 않았고, 우리가 그렇게 낮은 비율로 그러한 좋은 위치의 땅을 사는 유일한 입찰자임을 알았을 때는 크게 놀랐습니다. 몇 달 후, 마지막 수변공간의 두 개의 획지가 평방미터당 850달러로 팔렸습니다!

물론 이번 구매에는 복잡한 문제가 있었습니다. 이전의 경우와 마찬가지로 우리가 구입한 것은 채무 불이행의 모기지였으며, 부동산을 유치권 없이 유지하는 것은 우리의 책임이었습니다.

다행히도 우리는 지난 몇 년간 콘도 주택담보대출 채무자들과 협상을 하면서 경험을 쌓았습니다. 우리는 예비 계약을 체결할 수 있었고, 적은 돈으로 '압류 증서'라는 문서에 서명하여 사법절차상 경매 과정에서 돈을 쓰지 않고 토지를 소유할 수 있었습니다.

우리는 하버드 대학 신문의 이름인 '더 크림슨'이라는 92호의 주거용 콘도미니엄 세대들이 있는 20층 건물을 이 부지에 구축하였습니다. 우리는 인생의 가장 어두운 순간에 전문적인 경력을 다시 시작할 수 있게 해 준 대학에 경의를 표하고, 동시에 우리의 프로젝트와 우리의 궤적을 그렇게 유명한 대학과 연결함으로써 마케팅 측면에서 이익을 얻고 싶었습니다.

주기는 항상 동일합니다. 회복 단계가 시작될 때 토지 가격이 상승한 다음 건설 비용이 증가하며, 이는 먼저 신축 판매 가격으로 이전되고, 나중에 구축 판매 가격으로 이전됩니다.

그 주기 동안, 판매가와 관련하여 평방 미터당 토지의 상승률은 판매 가능 평방 미터당 250달러에서 1,000달러로 4배 증가했습니다. 이것은 우리가 주기의 어느 부분에 있는지 확인하려고 할 때 또 다른 중요한 지표입니다. 시장이 매우 높은 상승률을 보일 때 우리는 확실히 공급 과잉 단계에 있으며 시장은 곧 경기 침체에 접어들 것입니다.

일부 라틴 아메리카 시장에서 가끔 발생하는 것처럼 가격이 100% 인상될 것으로 예상되지는 않았습니다. 남부 플로리다와 같은 성숙한 시장에서는 매우 과장되어 보이는 인상폭 이었을 것이기 때문입니다.

한편 **임대료의 급등에 따라 20%에서 30% 사이로 콘도미니엄의 가격이 인상될 것이라는 예상은 보수적인 예상이었습니다.**

투자자는 은행 대출을 통해 투자의 50% 또는 60%의 자금을 조달할 수 있었기 때문에 **자신의 투자를 '활용'할 수 있었으며, 재산을 재판매 한 날 40~60%의 수익을 올렸으며 아주 짧은 시간에 상상할 수 없는 수익을 올렸습니다.** 2008년 위기 이후 남아 있던 재고가 고갈되자 공급보다 수요가 더 많은 분위기가 조성되었습니다. 다운타운 마이애미[68]의 임대료는 2013년 14.6%, 2014년 8.4%, 2015년 3.7%, 2016년 3% 상승했습니다. 공실률은 2005년 11%에서 2015년 4%로 떨어졌습니다. 이것은 지역에서 새로운 주거 프로젝트를

---

68 Downtown, Edgewater, Brickel 및 Biscayne Corridor 포함

계획하고 건설하기 시작한 개발자들 사이에서 행복감을 불러일으켰습니다.

이 기간 동안 마이애미는 세계적인 도시로 고급화되며 거듭나는 과정을 거쳤습니다.

지난 10년 동안 파나마는 새로운 운하를 위해 엄청난 건설 작업을 수행했습니다. 신규 운하는 중국 출신의 회사가 건설하였으며 태평양에서 대서양으로 운송할 수 있는 화물의 양을 세 배로 늘리게 되었습니다. 이 새로운 운하를 순환할 새로운 화물선은 'Post-Panamax'급에 속했으며 이전 선박보다 훨씬 넓고 깊었습니다. 2014년 마이애미 항구는 2억 2천만 달러의 비용으로 준설 작업을 완료했으며, 이를 통해 이 유형의 선박을 수용할 수 있는 미국 내 최초의 입항 항구이자 몇 안되는 항구 중 하나가 되었습니다. 상품의 양은 세 배 이상으로 예상되었고, 마이애미 다운타운을 지나 I-95 고속도로를 이용하여 미국 동부 해안의 모든 목적지로 이동하려는 컨테이너가 적재된 트럭이 교통사고를 일으키는 것을 방지하기 위해 해저 터널을 포함한 인프라 공사에 20억 달러 이상을 투자했습니다.

2015년에 터널이 개통되었고, 2016년 중반에 새로운 파나마 운하가 운영되기 시작했습니다.

이것을 언급하는 이유가 무엇일까요?

이전에 본 것과 같은 또 다른 '외부 요인'이기 때문입니다. 이 경우 일자리와 국내 총생산(GDP)이 증가하여 이 지역의 주택 수요가 더욱 증가했기 때문에 '긍정적인' 외부 효과였습니다. 동시에 계획과 예측을 통해 이러한 외부 요인의 부정적인 영향을 피했습니다.

이 기간 동안 성장한 것은 국제 무역 뿐만이 아닙니다.

2015년 마이애미 국제공항은 국제 항공 물류로 미국에서 첫 번째로 손꼽히는 공항이 되었고, 뉴욕 JFK 이후 국제 여객 부문에서 두 번째 공항이 되었습니다.

마지막으로 마이애미 크루즈 항구와 로더데일 항구 및 에버글레이즈 항구가 결합하여 매년 3천6백 척 이상의 선박이 플로리다 남부 해안에서 출발하는 세계에서 가장 큰 크루즈 항구 중심지가 되었습니다.

국제 운송 인프라 중심지로서 이 지역의 중요성은 마이애미의 성장과 중요한 글로벌 도시로서의 입지를 강화하는 데 도움이 되었습니다.

동시에 마이애미는 소위 '울트라 백만장자'라고 불리는 고소득자들이 살고 싶어 하는 세계에서 가장 선호하는 도시 중 하나가 되었습니다. 이 순위를 산출하는 런던 연구 기관인 '나이트 프랭크 글로벌 설문 조사'[69]에 2011년 마이애미가 세계 인구의 1%가 살고 싶어 하는 곳으로 29위를 차지했으며 4년 후 2015년에는 런던, 뉴욕, 홍콩, 싱가포르, 상하이에 이어 6위에 올랐습니다.

그 이유는 폭풍 시즌을 제외하고 일 년 내내 온화한 날씨와 안전, 삶의 질, 비즈니스 환경을 가지고 있었기 때문입니다. 그러나 다른 도시의 초호화 콘도미니엄에서 사는 것이 훨씬 더 비싸다는 사실도 있습니다. 5백만 달러로는 마이애미에서 4,500 평방 피트의 콘도를 살 수 있었지만 이 돈은 런던에서 1,200 평방 피트, 뉴욕에서 2,500 평방피트, 홍콩에서 2,000 평방 피트를 살 수 있었을 뿐입니다.

이 외에도 우리는 이미 플로리다 주에서 제공하는 세금 혜택에 대해서도 언급 했습니다. 이 경우 주 소득세가 징수되지 않습니다 (다른 국가에서는 지방세라고 부릅니다). 연간 수입이 수백만 달러에 달하는 가장 부유한 인구층에게 이것은 의심할 여지없이 큰 인센티브입니다!

이러한 조건은 고급 콘도의 개발을 촉발시켰고, 최근에는 이 지역에서 상상할 수 없는 판매 가격을 기록했습니다. 뉴욕, 뉴저지, 매사추세츠와 같은 주의 많은 주민들은 이미 북동부의 추위를 피해 남부 플로리다에서 겨울을 보내는 습관이 있었습니다.

매년 11월 말(추수감사절 후)부터 부활절을 위해 집으로 돌아오는 3월 중순까지 마이애

---

[69] Knight Frank Wealth Report Global Survey: 영국의 부동산 정보 업체인 나이트 프랭크의 글로벌 설문 보고서

미, 포트 로더데일, 팜 비치로 이주한 은퇴자들을 중심으로 성인 인구의 상당 부분이 국내 이동을 하였습니다. 플로리다의 따뜻한 해안에서 겨울 추위를 피하기 위해 캐나다와 미국 북부에서 오는 제비와 다른 새들의 계절과 일치하기 때문에 '눈새', 즉 철새라고 불립니다. 이 지역에 대한 친숙함으로 인해 이 부유층 인구는 고급 콘도미니엄을 구입하고 플로리다 주에 영주권을 신청했습니다. 그 목적은 우리가 이전에 언급한 소득세를 절감하기 위한 것입니다. 트럼프 대통령조차도 2008년에 플로리다의 주민이 되었습니다!

구매력이 높고 고향에서 더 높은 가격을 지불하는 데 익숙한 인구 집단의 강력한 수요로 인해 고급 콘도미니엄의 판매 가격과 호화 편의 시설 및 6성급 서비스를 갖춘 새로운 프로젝트들이 급격히 늘어났습니다.

우리 프로젝트의 타이밍은 완벽했습니다.

'더 크림슨'은 이 새로운 주기에 구축된 최초 개발 프로젝트 중 하나였습니다. 이 땅은 앞서 언급한 화물 및 크루즈 항구에서 몇 블록 떨어져 있으며 다운타운, 브리켈의 금융 부문, 마이애미 공항 및 도시의 새로운 '핫 플레이스' 지역인 예술적 벽화와 아트 갤러리가 있는 Wynwood와 디자인 디스트릭트는 럭셔리 브랜드 쇼핑 지역입니다.

'유리한 입지'에서 시작하여 시장이 과열되고 건설 비용이 상승하기 전에 건설 회사를 계약할 수 있었습니다. 또한 이 지역에서 판매를 시작하는 첫 번째 프로젝트 중 하나가 되어, 경쟁이 많지 않았을 때 은행의 사전 분양 판매 요건을 쉽게 완료할 수 있었습니다. 2016년 6월 공사를 마치고 구매자들에게 양도했고 시공 대출을 즉시 상환할 수 있었습니다.

그러나 그 당시 이미 공급 과잉 징후가 있었습니다. 너무 많은 프로젝트가 건설되었고, 더 많은 프로젝트가 사전 분양 판매 단계에 있었습니다. 평방 피트 가격은 2013년 약 365달러에서 2016년 563달러로 팔리게 되었습니다.

건설의 '붐' 단계에서 항상 발생하듯이 개발자는 결국 시장에서 필요로 하는 것보다 더 많은 물량을 구축하게 됩니다.

내려가는 모든 것은 다시 올라오게 되어 있습니다: 새로운 공급 과잉 단계

다시 말하지만, 개발자들은 '눈먼 집단행동'을 한 것입니다. 대불황 기간 동안 모든 프로젝트가 중단되고, 투자자들이 부동산 시장에서 철수했습니다.

반대로 2012년부터는 새로운 커리어에 대한 '청신호'가 켜지고 콘도미니엄 시장은 지난 10년의 첫해와 비슷한 새로운 붐을 맞았습니다.

여느 경기와 마찬가지로 유리한 지점에서 출발한 주자는 대회에서 우승할 가능성이 가장 높은 선수였습니다.

2012년과 2019년 5월 사이에 19,868호의 신규 콘도미니엄이 마이애미에 지어졌으며 가격은 40% 이상 인상되었습니다. 이 새로운 물량 중 개발자는 여전히 2,101호의 미분양분을 보유하고 있었으며, 1,331호는 여전히 건설 단계에 있었으며, 다른 183호는 계획, 허가 승인 또는 사전 분양의 단계에 있었습니다.

그러나 판매 재고는 훨씬 더 높았습니다. 2019년 5월에 17,617호가 거래 매물로 등록되었습니다.

왜 이런 차이가 발생하는 것일까요?

많은 투자자들이 사전 분양을 통해 몇 년 동안 임대하고 나중에 재판매하기 위해 구매를 합니다.

그러나 대부분의 사업 계획은 건설 단계에서 할인된 가격으로 구매하고, 새 프로젝트를 위해 투자 자본과 이익을 재투자하기 위해 등기 후, 즉시 재판매를 합니다. 2003년부터

2007년까지 공사 기간 동안 이 물량을 재판매할 수 있었으며, 이는 더 많은 투기를 불러 일으켰습니다. 개발자는 이 주기에서 이러한 관행을 금지했기 때문에 모든 구매자는 판매하기 전에 단위를 등기하고 지불해야 했습니다.

이 모든 물량은 짧은 기간 동안 매각되어 공급 과잉, 판매 감소 및 가격 하락을 초래했습니다.

문제를 더욱 복잡하게 한 것이 있다면, 최근 달러 가격이 다른 통화에 비해 절상되었다는 것입니다. 2008년 위기가 통화의 평가절하를 촉발한 것처럼 회복과 경제의 탄탄한 토대로 인해 2008년 7월 유로당 1.58달러에서 2015년 3월 1.08달러로 유로의 평가 가치가 하락했습니다. 동시에 달러는 강세를 보였습니다. 부동산이 외국인 구매자에게 더 비싸지고 있다는 사실을 알게 되었습니다. 우리는 앞 장에서 서로 다른 통화 간의 차익 거래와 이것이 국제 투자자의 수익성에 어떤 영향을 미치는지에 대해 이야기하였습니다. 사이클의 이 단계에서 건설 전 구매한 어떤 외국인 투자자는 인수 후 동일한 달러 가격으로 또는 심지어 더 낮은 가격으로만 물량을 재판매할 수 있었습니다. 한편, 3월에 구매한 브라질 투자자는 2013년에는 달러당 2레알의 비율로 2015년 9월 달러당 4.17레알에 매도할 수 있었고 통화 간 차익으로 인해 현지 통화로 100% 이상의 수익을 올렸습니다.

이미 설명했듯이 시장은 조만간 스스로 조정될 것입니다.

주기가 시작될 때 새로운 프로젝트 수가 급증하는 것처럼, 확장 단계 동안 경기 침체 단계에서 주기가 끝나면 자동적으로 수축됩니다.

2012년, 이 새로운 주기가 시작될 때 15개의 새로운 콘도미니엄 프로젝트가 시작되었습니다(이 통계에는 20개 이상의 세대가 있는 프로젝트가 포함됩니다). 2013년에는 20개의 프로젝트가 시작되었고, 2014년에는 23개의 새 건물이 시작되었습니다. 그러나 다행히도 시장 자체가 조정되었습니다.

시장이 이미 강력한 공급 과잉 단계를 겪고 있던 2018년에는 4개의 프로젝트만 시작되었고, 2019년에는 5개(항상 '경쟁에서 후발 주자'가 있음)가 있었고 2020년에는 새로운 프로젝트가 없을 것으로 예상되었습니다.

우리는 '더 크림슨' 프로젝트의 마무리에 있었고, 다음과 같은 질문을 합니다. 그다음은 무엇인가?

콘도미니엄 시장에서 임대 부동산 시장까지

나는 마이애미의 콘도 시장이 불황기에 접어들었다는 것을 알고 있었기 때문에 같은 유형의 새로운 프로젝트를 시작할 계획이 없었습니다.

저의 대안은 무엇이었습니까?

우리가 이전에 이야기했듯이 도시마다 주기가 다르며 같은 시기에 여러 다른 유형의 부동산이 혼재할 수 있습니다. 그래서 논리적으로 해야 할 것이 다음 프로젝트를 개발할 곳을 찾기 위해 다른 시장을 분석하기 시작하는 것이었습니다. 10장에서 말씀드렸듯이 멕시코만 연안에 위치한 '새러소타'라는 도시에서 임대 주택에 대한 강력한 수요를 파악할 수 있었습니다. 시장 조사에서 제공받은 정보로 주기를 '매핑'할 수 있었고 모델이 매우 좋아 보였습니다.

어떤 어려움이 있었습니까?

한편으로, 저는 주로 콘도미니엄 주택과 사무실, 즉 판매용 건물을 짓는데 전념했습니다. 7장에서 설명한 대로 임대 부동산 시장이 어떻게 작용하는지 연구했지만 이론적으로만 알고 있었습니다.

20층 높이의 판매용 건축물을 콘크리트 프레임 짓는 것과 여러 개의 4층 건물에 걸쳐 있는 임대용 286세대를 목재 프레임으로 짓는 것은 또 다른 일이었습니다. 다시 한번, 저는 시장이 저에게 보여준 변화에 적응하고, 나의 안락한 지대에서 벗어나 400km 떨어진 미지의 도시에서 이전에 사용해 본 적이 없는 건설 시스템으로 프로젝트를 시작해야 했습니다. 기존 경험이 없었고 매우 다른 금융 시스템과 출구 전략을 가지고 있었습니다. 그때까지 했던 것처럼 전체 프로젝트를 뮤추얼 펀드에 판매하는 것과 다른 구매자에게 하나씩 판매하는 것이 똑같지 않다는 것을 알게 되었습니다. 그러나 주기의 논리는 저에게 이 길을 제시해 주었습니다. 한편, 저의 부동산 주기 수업에서 가르치는 내용들을 저 스스로 따르지 않고는 수업을 가르칠 수 없었습니다. 그리고 그곳에서 저는 새로운 도전에 맞서고 새로운 각각의 프로젝트에서 각각의 새로운 것들을 배우기 위해 다시 한번 모험을 떠났습니다.

  '50 파라마운트'라고 불리는 이 프로젝트는 제 경력의 수익성 측면에서 가장 성공적이었습니다. 이 경우 성공의 열쇠는 뮤추얼 펀드에 의한 부동산 자산에 대한 높은 수요와 미국 경제의 강력한 성장, 그에 따른 일자리 창출과 실업률의 조합이었습니다. 2019년 4월에 3.6%라는 미국 역사상 가장 낮은 실업률을 기록했습니다.

출처: US LABOR STATISTICS BUREAU

2008년 위기 이후 주거 프로젝트 공급의 증가는 인구 증가에 거의 뒤지지 않고 정상보다 느린 속도로 증가했습니다. 2006년 위기 이전에는 210만 채의 임대 주택이 지어졌으며 2009년에는 53만 4천 채로 급감했습니다. 그러나 2018년에는 경제 성장률과 낮은 공실에도 불구하고 120만 채의 아파트가 건축되었는데 이전 건축 붐의 정점 때보다 훨씬 적었습니다.

처음으로 혼자 살기 위해 이주하는 청년들의 욕구를 충족시키고, 노후화되고 있는 낡은 집을 교체하고, 세컨드 하우스를 새로 짓기 위해서는 신축 물량 150만 호를 넘어야만 했습니다.

수요가 충족되지 못한 것에는 여러 요인이 있을 수 있습니다.

우선, 대불황의 기억은 개발자, 건축업자, 금융가들에게 여전히 생생했습니다. 모든 사람들은 또 다른 투기 거품을 피하기 위해 훨씬 더 조심스럽게 경계 했습니다.

둘째, 한편으로는 낮은 실업률도 바람직하지 않은 영향을 미칩니다. 노동자 부족은 노동력 부족을 야기해 건설 비용으로 전이되는 인건비를 증가시킵니다.

인건비 및 건축 자재 가격의 지속적인 상승은 고급 주택은 아니지만 중산층 및 하위 계층의 주택 개발에 영향을 미쳤습니다.

이로 인해 역사적으로 약 3.5%의 낮은 공실률에 도달했습니다.

동시에 임금 인상은 위기 동안 집을 사거나 임대할 가능성이 없었던 대다수의 인구가 주택 거래에 접근하는 것을 더 쉽게 만들었습니다.

우리가 이미 언급했듯이 **경제학자들이 사용하는 척도 중 하나는 일반 주택의 평균 비용과 인구의 평균 연봉 사이의 관계입니다. 즉, 평균 주택 가격 대비 가구 연봉 비율의 평균 값이라고 합니다.**

2005년에는 보통의 주택을 구입하기 위해 일반적인 가정에 4.7년 치 연봉 수준의 연봉이 필요했습니다.

2008년에는 가격 하락으로 인해 3년 치 연봉 수준으로 떨어졌습니다.

그러나 2018년에는 가격의 회복에도 불구하고, 임금도 많이 상승했기 때문에 3.9년 연봉 선을 유지했습니다.

요약

저금리, 전체인구 소득상승, 그리고 2008년 위기로 인해 신용도에 오점이 없는 새로운 세대의 신용대출 가능성이 주기를 이끈 요소였습니다. 돈의 안식처를 찾는 국제 투자자들로부터 많은 자금을 받은 투자 펀드의 임대 부동산에 대한 높은 수요는 개발자가 즉시 충족할 수 없었습니다. 새로운 프로젝트를 다시 운영하는 데는 시간이 걸리고, 시장은 항상 제안이 만족스럽지 않은 기간을 거치게 됩니다.

2019년에 우리는 프로젝트를 완료하고, 임대를 완료하고, 판매 준비를 마쳤으며, 이를 통해 호당 기록적인 가격과 함께 이전에 이 시장에 등록된 적이 없는 자본환원율 5%의 상한선으로 판매할 수 있었습니다.

우리의 수수료는 항상 투자자의 이익과 관련이 있기 때문에 투자자에게 예상보다 훨씬 더 높은 수익을 제공했을 때, 매우 좋은 개발자 수수료를 받을 수 있었습니다.

다시 한번 반복해서 말씀드리자면, 주기 사이클을 올바르게 분석하고 나머지 경쟁자들이 반응하기 전에 '유리한 입지'에서 경주를 시작하면 개발자에게 항상 더 높은 수익과 더 성공적인 프로젝트를 차지할 경쟁 우위를 제공합니다.

이전 장에서 배운 것처럼 주기 곡선을 그리고 '새로운 개발의 창'이 시작되는 시기를 식별하는 것은 우리 모두의 과제입니다.

제15장

결 론

저는 커리어를 시작한 아르헨티나에서 두 번의 '부동산 주기'를 겪었고, 미국으로 이주한 후 또 다른 '완전한 두 번의 주기'를 거쳤습니다. 이 미국이라는 나라에서 두 번의 확장 주기를 경험하였습니다. 이 가운데 성공적인 프로젝트를 개발할 수 있었고, 민첩하게 사이클을 분석하며 호기를 유리하게 활용하였습니다. 그러나 야윈 암소의 불안한 시기에는 우물에서 나가기 위한 전략을 생각하느라 잠 못 이루는 밤도 있었습니다.

그러한 순간들이 씁쓸하게 기억되는 것은 정상일 것입니다. **그러나 고요는 폭풍 후에 온다는 것을 기억하는 것이 중요하며, 우리가 시장을 연구하고 이를 수행해 나간다면 항상 '길'을 찾을 수 있다는 것을 기억하십시오.**

가장 어려운 순간에도 계속 진행해야 할 사업이 있었습니다.

개방적이고 차분한 마음으로 생각하고 여러 가지 변수와 다양한 '시장의 요인'을 연구하여야 합니다. 친숙한 사무실 안에서 안주하는 것이 더 편하고 다른 도시나 국가로 이동하는 것이 어렵거나 불편한 일이겠지만 안락함을 주는 그곳을 떠나는 것은 필요한 일입니다.

우리도 마찬가지로 수정 구슬도 없고 미래를 예측할 수도 없습니다. 잠자리에 들 때 다음날 깨어날지조차 모릅니다.

하지만 이 책을 통해 수정 구슬을 재현할 수 있는 도구가 있다는 것을 보여 드리고 싶었습니다.

많은 연구, 많은 작업, 때로는 희생도 필요합니다.

때때로 상황은 극복할 수 없는 것처럼 보이며, 다른 경우에는 평소보다 조금 더 위험하게 베팅해야 할 수도 있을 것입니다.

100% 성공을 보장하는 '성공 공식'은 이곳에 없습니다.

그러나 우리가 전문성을 갖추며 연구를 통해 활동한다면, 성공적인 개발자가 될 가능성이 훨씬 더 높습니다.

다른 사람들보다 더 잘할 수 있을 때도 때때로 있을 것입니다. 그러나, 모든 경우에서 확실한 것은 상황이 허락하는 한의 최대 수익을 낼 수 있도록 최고의 사업수행을 위해 우리가 최선을 다하였으며, 투자자, 파트너, 건축 업자 및 금융 업자들로부터 부동산 업계에서 신뢰를 얻을 것이라는 것입니다.

이 책에서 저의 목표는 부동산 개발자로서 처음에는 아르헨티나와 미국에서 몇 년 동안 배운 것과 교육 및 연구한 것의 결론을 여러분에게 전달하는 것이었습니다.

즐겁고 성공적인 순간을 보낸 풍부한 경험으로 가득 찬 경력뿐만 아니라 다른 고통과 긴장감을 보낸 경력도 있습니다.

이러한 것들이 다음 프로젝트에 도움이 되기를 바랍니다.

부동산 주기가 바뀌기 시작할 때 더 쉽게 의사 결정을 내리고 새로운 전략을 구상할 수 있는데 도움이 되기를 바랍니다.

점점 더 세계화되며 변화와 혼란이 고착화되는 세계에서 개발자들이 결정을 내리는 방식과 비즈니스에 대한 관점이 적어도 조금은 바뀌었기를 희망합니다.

저는 항상 '오라시오'의 고아하고 장중한 송시에서 인용한 내용으로 저의 하버드에서의 강의를 마칩니다.

'오늘은 다시는 반복되지 않을 것입니다. 마지막인 것처럼 매일 강렬하게 살아가십시오.'

저의 소원은 제가 저의 꿈을 따라갔던 것처럼, 사람들이 자신들의 꿈을 쫓아가게끔 하는 것입니다. 다른 사람들이 틀렸다고 말하더라도 주저하지 말고 그 꿈을 따르십시오.

위험을 감수하고 안전지대에서 벗어나 새로운 일을 시도할 수 있는 기회를 스스로에게 허용하십시오. 물론, 절대 '과제를 하는 것'을 그만두지도 마십시오.

전 세계가 당신을 기다리고 있습니다.

다음 부동산 프로젝트 또는 투자에 좋은 결과가 있기를 바랍니다.

페르난도 레위 하라 Fernando Levy Hara

참고문헌

- 'This time is different: Eight Centuries of Financial Follies' by Carmen Reinhardt and Kenneth Rogoff, 2009
- 'The Real Estate Game: The Intelligent Guide To Decisionmaking And Investment' by Jeffrey L. Cruikshank and William J. Poorvu, 1999
- 'Commercial Real Estate Investment' by Andrew Baum, 2000
- 'Beyond Reason: Using Emotions as You Negotiate' by Daniel Shapiro and Roger Fisher, 2005'
- 'Beyond Cultures' by Edward Hall, 1976
- 'Understanding the Barriers to Real Estate Investment in Developing Countries' by Andrew Baum, 2010
- 'The Cycle Monitor-Real Estate Market Cycles' by Glenn Mueller, 2019
- 'Downtown, Inc. : How America Rebuilds Cities' by Lynne B. Sagalyn and Bernard J. Frieden, 1989
- 'A Global Perspective on Real Estate Cycles' by Stpehen Brown and Crocker Liu, 2001
- 'The State of the Nation's Housing', by Joint Center of Housing Studies of Harvard University, 2019
- 'Analyzing Seniors' Housing Markets' by Susan B. Brecht, 2002
- 'Urban Economics' by Arthur Sullivan, 1996
- 'Real Estate Development, Principles and Process' by Mike Miles, Gayle Berens and Marc Weiss, 2006
- 'Profesional Real Estate Development' by Rick Peiser & Anne Freij, ULI, 2007
- 'Urban Economics and Real Estate Markets' by Denise DiPasquale & William Wheaton, 1999

도서출판 경록('경록')

Kyungrok,
Traditional Publisher Since 1957

서울시 강남구 영동대로 114길 7

www.kyungrok.com

전화 1544-3589

팩스 02-556-7008

이메일 wj@kyungrok.com

이 도서의 국내저작권은 원저자와
도서출판 경록의 독점계약에 따라 '경록'에게 있습니다.

ISBN: 978-11-90923-19-4

가격: 21,000원

저자: Prof. Fernando Levy Hara in collaboration with Alejandro Sparacino

역자: 경록

내지디자인: 박은경